MERIAN*momente*

HAMBURG

MARINA BOHLMANN-MODERSOHN

W0178735

HAMBURG ENTDECKEN 4

Mein Hamburg 6
MERIAN TopTen 10
MERIAN Momente 12
Neu entdeckt 16

HAMBURG ERLEBEN 20

Übernachten 22
Essen und Trinken 26
Grüner reisen 30
Einkaufen 34
Kultur und Unterhaltung 38
Im Fokus – Bretter, die die Welt bedeuten 42
Feste feiern 46
Mit allen Sinnen 50

HAMBURG ERKUNDEN 54

Einheimische empfehlen 56
Stadtteile
Innenstadt 58
Speicherstadt und HafenCity 72
Im Fokus – Die Zukunft
der Waterkant 80
St. Pauli 84
Schanzen-, Karolinenviertel
und Eimsbüttel 92
Altona und Ottensen 100

Rotherbaum, Harvestehude
und Eppendorf 108
St. Georg, Uhlenhorst und
Winterhude 118
Im Fokus – Lauf, Pferdchen, lauf ... 128
Nicht zu vergessen! 132
Im Fokus – Auf nach Amerika! 140
Museen und Galerien 144
Spaziergang: Immer am Fluss
entlang – der Elbuferwanderweg .. 154

DAS UMLAND ERKUNDEN 162

Zur Apfelblüte ins Alte Land 164
Nordseeinsel Helgoland.. 166

HAMBURG ERFASSEN 168

Auf einen Blick 170
Geschichte 172
Service 178

Orts- und Sachregister................ 186
Impressum 191
Hamburg gestern & heute 192

KARTEN UND PLÄNE

Hamburg Innenstadt .... Klappe vorne
Schnellbahnen .... Klappe hinten
Innenstadt 60–61
Kontorhausviertel 65
Innenstadt-Passagen 71
Speicherstadt und HafenCity 75
St. Pauli 86–87

Schanzen-, Karolinenviertel
und Eimsbüttel 95
Altona und Ottensen 103
Rotherbaum, Harvestehude
und Eppendorf 111
St. Georg, Uhlenhorst und
Winterhude 121
Spaziergang 156–157

Ankommen, einen Kaffee bestellen, staunen: das Fleetschlösschen in der Speicherstadt.

HAMBURG
ENTDECKEN

MEIN HAMBURG

In dieser Stadt ist das Fernweh zu Hause, denn gefühlt liegt Hamburg bereits am Meer. Der Wind trägt den Klang des Hafens übers Wasser, hinüber zum prächtigen Jungfernstieg, zu den Schwänen auf der Alster, dem Leben in den Straßen. Ein Hoch auf den Norden!

»Spieglein, Spieglein an der Wand, wer ist die Schönste im ganzen Land?« Du, Hammonia, kein Zweifel, Du bist die Schönste!
Wolkenloser Himmel über dem Alsterfleet, auf den kleinen Wellen tänzelt zartes Sonnenlicht, eine milde Brise sorgt für klare Luft. Unter den weißen Arkaden entlang des Fleets trinke ich meinen Kaffee und blättere in der Morgenzeitung. Was für ein Vergnügen! Bühne frei für die Parade der Alsterschwäne! Als Wahrzeichen sind sie älter als der Michel und stehen seit Jahrhunderten unter besonderem Schutz. Wehe dem, der die stolzen Tiere zu beleidigen wagte oder ihnen gar Schmerz zufügte. Von Frühjahr bis Herbst ist die Alster ihr Revier. Ein Spektakel, wenn sie kurz vor Wintereinbruch in einen Kahn gehievt und zum kältegeschützten

◀ Das Wasser ist der Lebensmittelpunkt der
Hamburger – hier auf dem Alsterfleet.

Eppendorfer Mühlenteich transportiert werden. Apropos Winter: Ist der Frost stark genug und dauert er an, friert die Außenalster zu. Zeit für Hamburgs Bürger, die Eismessungen der Stadt zu verfolgen, bis die Wasserpolizei die Fläche für Spaziergänger und Schlittschuhfahrer, Bratwurstbuden und Glühweintheken freigibt. Sage noch einer, die Nordlichter verstünden das Leben nicht zu feiern!

Doch zurück zur Kleinen Alster. Ein Blick auf das Rathaus. Wie überreich verziert die Renaissancefassade unter seinem grünen Dach, wie hanseatisch würdevoll sein hoher Turm. Hier schlägt das politische Herz des protestantisch-liberalen Stadtstaats Hamburg. Und der Rahmen ist, wenn auch nicht prunkvoll, dennoch prächtig: Bürgerschaftssaal, Senatsräume, der große Festsaal als Empfangszimmer für Staatsgäste. An jedem 24. Februar lädt Hamburg hier mit dem »Matthiae-Mahl« zu einem festlichen Essen ein, dem weltweit ältesten, das seit 1356 dazu dient, politische Freundschaften zu pflegen und wirtschaftliche Macht zu stärken.

HAMBURGS SÜDLÄNDISCHER CHARME

Königliche Plätze, Triumphbögen oder gar ein Schloss – Hamburg erstrahlt nicht in monarchischem Glanz. Es hatte zwar einen gotischen Dom, doch der verwahrloste nach der Reformation, und so machten die Hamburger, ganz pragmatisch, kurzen Prozess und das Gotteshaus dem Erdboden gleich. Nicht nur ein Straßenname, die Domstraße, erinnert heute noch an die älteste Kirche der Stadt, sondern auch ein großer Jahrmarkt. »Auf den Dom gehen«, sagt man an der Elbe und feiert dreimal im Jahr ein riesiges Volksfest auf dem Heiligengeistfeld nahe der Reeperbahn mit Feuerwerk, Karussells und Doppel-Looping-Bahnen.

Vom Rathausmarkt sind es nur wenige Schritte, und Sie stehen auf dem Jungfernstieg, einem Boulevard, der Noblesse wie auch heitere Kurortstimmung ausstrahlt: mit dreireihiger Lindenallee und breiten Freitreppen zum quadratischen Becken der Binnenalster, mit Schiffsanlegern und Cafés. Stolze Gründerzeitpaläste aus hellem Sandstein säumen das Gewässer.

Die Hanseaten reden von der »City«, wenn sie die Innenstadt meinen, den Kern der Zwei-Millionen-Metropole mit seinen exklusiven Straßen Neuer Wall, Große Bleichen oder Ballindamm. Hier gehen sie zum Einkaufen zu Unger, Staben, Ladage & Oelke oder in das Schuhhaus Görtz, treffen sich zum Business-Lunch im feinen Restaurant Le Petit Délice in der Galleria-Passage oder zum Aperitif im Vier Jahreszeiten am Neuen Jungfernstieg. Dort liegt auch der Übersee-Club, Hamburgs vornehmer Gesellschaftsclub von 1922 mit prachtvollen Salons im Empirestil. Kolonnaden und Arkaden im klassizistischen Stil prägen das Innenstadtbild. Glasüberdachte Passagen und Galerien laden zum Schlemmen und Shoppen ein. Auf dem geschäftigen Gänsemarkt steht, taubenumflattert, der große Lessing, den Blick auf jene Stelle gerichtet, an der sich ab 1765 das Theater befand, für das er die »Hamburgische Dramaturgie« schrieb. Jenseits der Kennedybrücke und der behäbigen Lombardsbrücke mit ihren gusseisernen Kandelabern und Putten am Sockel liegt die Außenalster, mit einer Fläche von fast zwei Quadratkilometern ein beliebtes Revier für Segler, Ruderer und Kanuten. Gemächlich tuckern die Fährschiffe der Weißen Flotte über das weite runde Bassin mit den zahlreichen Bootsanlegern. Entlang seiner Ufer siedeln Botschaften in repräsentativen Großbürgervillen, von weitläufigen Gärten umgeben.

FERN UND NAH ZUGLEICH: DAS MEER

Das Schöne an Hamburg ist, dass es so viele unterschiedliche Viertel hat. Dass es so reich an Grün ist und durch das Wasser geprägt wie keine andere Metropole in Europa. Dass Fleete, Flüsse und Kanäle es durchziehen und dass es hier mehr Brücken gibt als in London und Venedig zusammen und so schöne lange Strände wie in Barcelona.

Doch wo ist das Meer? An manchen Tagen meint man, es riechen zu können, aber natürlich ist es weit und breit nicht zu sehen. Denn Hamburg liegt nicht am Meer, wie vielfach angenommen. Die Nordsee nämlich ist über 100 Kilometer entfernt, und der Strom, der sie mit der City verbindet, heißt Elbe. Sie teilt sich im Südosten in Norder- und Süderelbe, ihre Arme umfassen die Hafen- und Industriegebiete, um sich bei Hamburg-Altona zu einem Großschifffahrtsweg zu vereinen, eine der meist befahrenen Wasserstraßen der Welt. Für die Strecke vom Hafen bis zur Elbmündung brauchen die Containerriesen und Kreuzfahrtschiffe bis zu einen halben Tag, bevor sie hinter Cuxhaven in See stechen können.

An der Elbe sitzen, die nackten Füße im Sand, und Schiffe gucken! Als Kind war das für mich das Größte. Später dann, während des Studiums, brach sich die Sehnsucht nach der Ferne Bahn und führte immerhin auf eine Fähre: Wer, wie ich, nach England wollte, bestieg im Hamburger Hafen die traditionsreiche »Prinz Hamlet« mit Kurs Harwich. »Muss i denn, muss i denn«, klang es zum Abschied aus dem Lautsprecher an Bord. Leinen los! Wie gut kann ich mich an das lange, eindringliche Tuten des

Schiffshorns beim Ablegen erinnern, auch an die Träne, die beim Anblick meiner winkenden Familie am Kai wider Willen rollte.

DIE HAFENCITY – EIN NEUER SUPERSTADTTEIL

Einst die verruchte Heimat der Matrosen, symbolisiert das »Tor zur Welt« heute Hamburgs Boom als Dreh- und Angelpunkt der internationalen Warenströme zwischen Asien, dem Ostseeraum und Mitteleuropa, aber auch als touristischer Anziehungspunkt und größte Baustelle Europas: Bis 2025 soll das Projekt HafenCity abgeschlossen sein, der neue Superstadtteil am Wasser mit futuristisch anmutenden Häusern aus Glas und Stahl, nur zehn Gehminuten vom Rathausmarkt entfernt, ein Ort zum Arbeiten, Wohnen und Ausgehen mit einem spektakulären Konzertgebäude als kulturellem Kernstück.

Ob die Elbphilharmonie jemals fertig wird? Das fragen sich die Hamburger seit Jahren, wenn die Sprache auf ihre »Elphi« kommt. Die Baustelle gilt als unvergleichlich schwierig. Man mag es kaum laut sagen, dass die Kosten während des Bauprozesses von 77 auf 789 Millionen Euro stiegen.

Auch wenn sich die Flügeltüren des Originals voraussichtlich erst im Frühjahr 2017 öffnen, wer möchte, kann das Bauwerk schon jetzt im Kleinen bewundern: In der Speicherstadt, wo die größte Modelleisenbahn der Welt ausgestellt ist, steht auch ein Miniaturformat der Elbphilharmonie, 82 Zentimeter hoch, nicht ganz einen Meter lang.

Kleinkrämer und Pfeffersäcke? Heinrich Heine hätte, könnte er die wachsende »Elphi« sehen, wohl keinen Grund mehr, die Hanseaten als kunstfern zu verspotten. Mag auch der Kaufmannsgeist blühen wie in kaum einer anderen Stadt – auch die Musen haben in Hamburg eine Heimat. Und die Stadt hat viele Mäzene, die den Musen helfen. Nur so können sich Oper und Ballett so glanzvoll gestalten, das Theater seit Gustaf Gründgens berühmt, ein Brahms-Abend in der barocken Musikhalle ein Genuss, die Matthäus-Passion von Bach im Michel wunderschön und ein Jahrhundertprojekt wie die Elbphilharmonie überhaupt denkbar sein.

DIE AUTORIN

Marina Bohlmann-Modersohn, seit Kindheitstagen Elbe und Alster aufs Engste verbunden, lebte nach dem Studium viele Jahre als Reisejournalistin und Autorin im Ausland, bevor es sie wieder in Hamburgs Nähe zog, aus der sie fasziniert zusehen kann, wie rasant diese wunderschöne Stadt am Wasser wächst und immer mehr Menschen aus aller Welt willkommen heißt.

MERIAN TopTen

Diese Höhepunkte sollten Sie sich bei Ihrem Besuch auf keinen Fall entgehen lassen: Ob Alster, Reeperbahn oder Speicherstadt – MERIAN präsentiert Ihnen hier die wichtigsten Sehenswürdigkeiten Hamburgs.

1 Alster

Zwei teichartige Gewässer sind Hamburgs Schmuckstücke: die innerstädtische Binnenalster und die grün eingebettete Außenalster (▶ S. 60).

2 St. Michaelis

Der neobarocke »Michel« mit seiner Kupferhaube ist Hamburgs Wahrzeichen und von keinem einlaufenden Schiff aus zu übersehen (▶ S. 64).

3 Speicherstadt

Das denkmalgeschützte Lagerhaus-Ensemble mit seinen charakteristischen Backsteinhäusern bildet den Kern des Freihafens (▶ S. 72).

4 HafenCity

Europas größtes Stadterweiterungsprojekt am Wasser nimmt Gestalt an (▶ S. 73).

5 Elbphilharmonie

Noch muss sich die Öffentlichkeit mit einer Miniaturausgabe begnügen, die den Konzerthausbau im Miniatur Wunderland zeigt (▶ S. 75).

6 Reeperbahn

Alles begann mit einem Jahrmarkt auf dem Spielbudenplatz. Inzwischen hat sich der »Kiez« in ein angesagtes Viertel mit Clubs, Revuen und schicken Restaurants verwandelt (▶ S. 85).

⭐ Övelgönne

An schönen Wochenenden ein Lieblingsziel sonnenhungriger Hamburger: Malerische Häuser säumen den schmalen Elbuferweg, an dem die kleine Lotsen- und Kapitänssiedlung liegt (▶ S. 102, 157).

⭐ Blankenese

Der feine Ort am steilen Elbhang mit Fischerkaten, Villen, Strand und Promenade mutet südländisch an. Wer hier aufgewachsen ist, möchte nie mehr weg (▶ S. 133, 160).

⭐ Tierpark Hagenbeck

Löwen, Nashörner, Tiger und Giraffen in gitterlosen Freisichtgehegen – als erster Zoo der Welt bot Hagenbeck seinen Tieren ein Leben ohne Käfige an (▶ S. 137).

⭐ Hamburger Kunsthalle

Unter der Leitung Alfred Lichtwarks begann 1886 die Entwicklung des Hauses zu einem der führenden Museen Deutschlands (▶ S. 146).

MERIAN Momente
Das kleine Glück auf Reisen

Oft sind es die kleinen Momente auf einer Reise, die am stärksten in Erinnerung bleiben – Momente, in denen Sie die leisen, feinen Seiten der Stadt kennenlernen. Hier geben wir Ihnen Tipps für kleine Auszeiten und neue Einblicke.

1 Hygieia-Brunnen im Rathaus · G 5

In der Regel kommen Hamburgbesucher nicht auf die Idee, ihren Spaziergang durch die Stadt mit einer kleinen Pause im Innenhof des imposanten Rathauses zu unterbrechen, der auch »Ehrenhof« genannt wird. Hier steht ein Brunnen mit einer hoch aufgerichteten Quellnymphe, die einem Untier wehrt: Hygieia, die Göttin der Gesundheit, soll an die verheerende Cholera-Epidemie erinnern, die 1892 in Hamburg wütete und über 8600 Menschen

das Leben kostete. Im Sommer finden im Ehrenhof die traditionellen Rathauskonzerte mit den Hamburger Symphonikern statt. Bei Mondschein Romantik pur.
Innenstadt | U-Bahn: Rathaus (c5)

2 Bach-Konzerte in St. Michaelis · F 5

»Aus der Seele muss man spielen und nicht wie ein abgerichteter Vogel«, fand Carl Philipp Emanuel Bach (1714–1788), zweitältester Sohn Johann Sebastian Bachs, der 20 Jahre Hamburgs städtischer Musikdirektor war und fortan als »Hamburger Bach« galt. Wenn im »Michel«, wie die Hanseaten zärtlich die jüngste ihrer fünf Hauptkirchen St. Michaelis nennen, die Werke Bachs oder die seines berühmten Vaters aufgeführt werden, bleibt selten ein Platz leer. Betritt man die ganz in Weiß, hellem Grau und Gold gehaltene Kirche mit der marmornen Kanzel an einem sonnigen Tag, wirkt sie ganz besonders festlich. Seit einigen Jahren erinnert die Carl-Philipp-Emanuel-Bach-Orgel an den Komponisten, der vor 300 Jahren starb und in der Krypta des »Michel« begraben liegt.

Innenstadt | Krayenkamp | S-/U-Bahn: Landungsbrücken (c5)

③ Fleetinsel   F 5

In den Speicher- und Kontorhäusern zwischen Herrengraben- und Alsterfleet, die dank des ideellen und finanziellen Engagements eines kunstsinnigen Hamburger Mäzens vor dem Abriss bewahrt werden konnten, haben sich zahlreiche namhafte Galerien für zeitgenössische Kunst niedergelassen. Admiralitätsstraße heißt ihre wassernahe Adresse im Herzen von Hamburg. Hier siedeln auch der experimentierfreudige

Kulturraum »Westwerk« (Nr. 74) und die hervorragende Kunstbuchhandlung Sautter+Lackmann. Zur Mittagspause treffen sich Galeristen und Künstler im Restaurant Marinehof, das an der italienisch anmutenden Piazza vor dem Steigenberger Hotel liegt, und im Juli feiert das attraktive Viertel unter dem Motto »Kunst, Kultur und Kulinarisches« das Fleetinsel-Festival.

Innenstadt | S-Bahn: Stadthausbrücke (c5)

④ Altonaer Perlenkette   C/D 5/6

Vor lauter Begeisterung über die Aussichten in der HafenCity könnte man glatt vergessen, dass sich an der Großen Elbstraße westlich des Fischmarkts einige imposante Neubauten aneinanderreihen, die als Hamburgs »Perlenkette« gelten, darunter das schicke Bar-Restaurant »Au Quai«, das aus einem ehemaligen Kühlhaus entstand. Von seiner Außenterrasse ist der Elbblick perfekt: Zum Abendessen bei südlichen Temperaturen und untergehender Sonne über der Elbe haben Sie vielleicht Appetit auf Hummer, in Basilikumbutter gebacken, Zanderfilet oder Jakobsmuscheln?

Altona | Große Elbstr. 145 b-d | S-/U-Bahn: Landungsbrücken (c5) |

Tel. 3 80 37730 | Mo–Fr ab 12, Sa ab
18 Uhr | www.au-quai.com

 Alsterpark ⚓ G–H/2–4

Sie ist schön, verträumt, idyllisch, von einer weißen Stadthaus-Landschaft und so viel Grün wie nirgendwo sonst in Hamburg gesäumt: die Außenalster. Geht man an einem warmen Sommertag, etwa von der U-Bahnstation Klosterstern kommend, auf dem Harvestehuder Weg bis zur Krugkoppelbrücke, führt ein Fußweg direkt am Wasser entlang in den Alsterpark. Geblähte Segel, Ruderboote, Jogger und Radler. Liegestühle auf hölzernen Stegen, Eiskaffee, und im Schatten alter Bäume tollen Mütter und Kinder aus dem feinen Harvestehude mit ihren Hunden. Nicht zu glauben, inmitten einer Zwei-Millionen-Metropole zu sein!
Harvestehude | U-Bahn: Klosterstern (c4)

 Blankeneser Treppenviertel
⚓ westl. A 5

Wo gibt es das sonst in Deutschland? Ein mediterran wirkendes Dorf am steilen Uferhang, ein Wirrwarr enger Gässchen, winziger Gärtchen und Treppen mit insgesamt 4864 Stufen, kleinen Kapitänshäusern, niedrigen Fischerkaten und darüber hinaus einem feinen, hellen Sandstrand, der einladender ist als viele Strände an der Adria. Und unten am Elbufer ein kleines, strahlend weißes Hotel im Jugendstil, das zu den schönsten Herbergen Hamburgs zählt (www.strandhotel-blankenese.de).
Blankenese | S-Bahn: Blankenese (a4)

Ohlsdorfer Friedhof
⚓ nördl. K 1

Rasenflächen und Rosenbeete, alte Bäume und verschlungene Wege, Teiche, Skulpturen, über 2000 Parkbänke und wohl 235 000 Grabstellen. »Auf dem Friedhof soll Schönheit das Auge entzücken und die Pflanze das Grab verdecken«, hatte es sich Johann Wilhelm Cordes (1840–1917), der erste Direktor der Ohlsdorfer Anlage, vorgestellt. Aus einem moorigen Stück Ackerland in Hamburgs Norden schuf er das »Gesamtkunstwerk Friedhof«, den größten Parkfriedhof der Welt, auf dem auch viele Hamburger Prominente ihre letzte Ruhestätte gefunden haben.
Ohlsdorf | Fuhlsbüttler Str. 756 | S-Bahn: Ohlsdorf (d3)

Impressionismus in der Hamburger Kunsthalle ⚓ G 4

Er war ein passionierter Museumsmann und prägte die Kunststadt Hamburg wie kein Zweiter: Alfred Lichtwark (1852–1914) regte hamburgische Künstler zur Freilichtmalerei nach dem Vorbild der französischen Impressionisten an, lud Pierre Bonnard und Jean-Edouard Vuillard ein, an der Alster den »Abend am Uhlenhorster Fährhaus« und viele andere Szenerien festzuhalten, und bat ebenso Künstler wie

Lovis Corinth, Max Slevogt und Max Liebermann, die Stadt künstlerisch zu dokumentieren.

Innenstadt | Glockengießerwall | S-/U-Bahn: Hauptbahnhof (d5) | www. hamburger-kunsthalle.de

9 Hirschpark und Witthüs
westl. A 5

Max Liebermann malte das kleine Gemälde 1902: »Das Godeffroysche Landhaus im Hirschpark von Nienstedten an der Elbe«. Es hängt in der Hamburger Kunsthalle: Eine Lindenallee führt zu einem weißen Herrenhaus in streng klassizistischem Stil. Den stattlichen Sommersitz zwischen den vornehmen Elbvororten Nienstedten und Blankenese ließ sich die Reederfamilie Godeffroy 1789 von dem dänischen Architekten Christian Friedrich Hansen entwerfen. Zum Haus gehörte ein Landschaftspark mit Wildgehege, der heute als Hirschpark für die Öffentlichkeit zugänglich und der wohl schönste Park an der Elbchaussee ist. Nach einem Spaziergang locken am Kamin des ehemaligen Kavaliershauses Witthüs russischer Rauchtee und die berühmte Süßspeise »Qualle auf Sand«.

Blankenese | Elbchaussee 499 a | S-Bahn: Blankenese (a4) | Tel. 86 01 73 | Di–Sa 14–23, So 10–23 Uhr

10 St.-Pauli-Landungsbrücken
E 5

Was da los ist! Zwischen Schleppern und Containerriesen kreuzen von früh bis spät fünf Fähren an Hamburgs berühmtem Wasserbahnhof: Sie bringen die Arbeiter auf die Elbinseln gegenüber, machen vor dem Auswanderermuseum BallinStadt auf der Veddel fest und schippern ihre Gäste nach Blankenese oder in das Alte Land. Gellende Möwenschreie mischen sich mit den lauten »Haaaaafenrundfahrt«-Rufen der Männer in ihre Megafone, die Touristen zur Tour einladen. Bis das Schiff ablegt, ist noch genügend Zeit, sich an einem Kiosk mit Krabbenbrötchen oder Bratwurst zu stärken.

St. Pauli | S-/U-Bahn: Landungsbrücken (c5)

NEU ENTDECKT
Darüber spricht ganz Hamburg

Hamburg befindet sich stetig im Wandel: Sehenswürdigkeiten werden eingeweiht, es gibt neue Museen, Galerien und Ausstellungen, Restaurants und Geschäfte eröffnen, und ganze Stadtviertel gewinnen an Attraktivität, die Stadt verändert ihr Gesicht. Hier erfahren Sie alles über die jüngsten Entwicklungen – damit Sie keinen dieser aktuell angesagten Orte verpassen.

◄ Rustikale Raffinesse: Im Alten Mädchen
(▶ S. 17) wird Bierbraukunst zelebriert.

MUSEEN UND GALERIEN

Loki Schmidt Haus ⚓ westl. A 4

Der leuchtend blaue Kubus im Botanischen Garten der Universität ist Hamburgs neuer eigenwilliger Museumsbau: Benannt nach Loki Schmidt, der pflanzenkundigen Frau des Altbundeskanzlers, stellt sich das Museum die Aufgabe, dem Besucher Vielfalt und Bedeutung der Nutzpflanzen – von Apfel bis Zucchini – auf anschauliche Art und Weise deutlich zu machen, die Wissenschaftler und Laien seit dem 19. Jh. zusammengetragen haben. Die Botanische Sammlung umfasst heute rund 50 000 Objekte. Seit 2009 präsentiert das Museum seine Dauerausstellung »A bis Z der Nutzpflanzen« und »Nutzpflanzen im Alltag«.
Klein Flottbek | Ohnhorststr. 18, Botanischer Garten | S-Bahn: Klein Flottbek (b4) | www.loki-schmidt-haus.de | Tel. 42 81 65 83 | Di–Sa 13–17, So 10–17, Nov.–März bis 16 Uhr | Eintritt frei

Telemann-Museum ⚓ F 5

Dass Johannes Brahms gebürtiger Hamburger war und hier, am Totenbett seiner Mutter, das »Deutsche Requiem« op. 45 komponierte, wer unter den Musikliebhabern wüsste es nicht. Wenig bekannt hingegen ist, dass auch der bedeutende Barockkomponist Georg Philipp Telemann (1681–1767) mehr als die Hälfte seiner Lebenszeit in Hamburg verbrachte: Als Komponist und Musikdirektor der fünf Hauptkirchen und zeitweiliger Leiter der Oper am Gänsemarkt organisierte er das gesamte Konzertleben an der Elbe. Von einer »Ära Telemann« zu sprechen ist also nicht übertrieben, und wenn dem berühmten Musiker nun nach Jahrhunderten des Vergessens ein eigenes winziges Museum gewidmet wurde, welch' kulturelle Bereicherung für die Stadt!

Das – weltweit erste! – Telemann-Museum liegt in der historischen Peterstraße, im selben kleinen Barockhaus mit den liebevoll restaurierten Zimmerchen, das auch die Adresse des Brahms-Museums ist und, nur wenige Schritte von St. Michaelis entfernt, einer der Hauptwirkungsstätten des großen Komponisten.
Innenstadt | Peterstr. 39 | U-Bahn: St. Pauli (c5) | Tel. 87 60 40 22 | Di, Do–So 10–17 Uhr | Eintritt 3 €

ESSEN UND TRINKEN

Altes Mädchen ⚓ E 4

… heißt Hamburgs neuer gastronomischer Hotspot in einer ehemaligen Schlachthalle, frei nach Freddy Quinns Heimatschnulze »Hamburg, altes Mädchen« … Es geht um Bier! Nein, nein, nicht die üblichen Biere, sondern um handwerklich hergestellte Gerstensäfte, die spezielle Aromen verströmen und nach Maracuja, Pfirsich oder

Amarillo schmecken. Auf 3500 qm serviert die flotte Mannschaft des Braugasthauses über 60 verschiedene Biere am prasselnden Kamin, dazu Stullen und das gute alte »Abendbrot«.
Schanzenviertel | Lagerstr. 28b | S-/U-Bahn: Sternschanze (c4) | Tel. 8 00 07 77 50 | www.altes-maedchen.com | Mo–Sa 12–1, So 10–1 Uhr | €€

Lokal 1 ✔ E4
Raffiniertes Konzept. Im Schanzenviertel weht eine frische Brise! Ihrem Restaurant einen Feinkostladen anzuschließen, in dem der Gast heimische Produkte von kleinen Höfen und Manufakturen kaufen kann – was für eine gute Idee! Bei Robert Wullkopf und Hagen Schäfer wechselt die Karte täglich. Meerestiere, Lamm, Gans oder Schellfisch und als Dessert ein Quitten-Parfait mit Nusskuchen.

Schanzenviertel | Kampstr. 25–27 | S-Bahn: Sternschanze (c4) | Tel. 49 22 22 66 | www.lokal1.com | Di–Sa 12–14.30, 18–22 Uhr | €€€

Petit Bonheur ✔ F5
Oft ist »das kleine Glück« gleich um die Ecke zu finden, wie in diesem Fall, nämlich im Stadtinnern, zwischen St. Michaelis und Johannes-Brahms-Museum. In dem Restaurant mit Bar im Pariser Bistro-Stil – rote Wände, Bilder in goldenen Rahmen, weiße Tischdecken, Messing – wird französische Küche zelebriert. Erlesene Weine.
Innenstadt | Hütten 85 | U-Bahn: St. Pauli (c5) | Tel. 33 44 15 26 | www.petitbonheur-restaurant.de | Mo–Sa 12–24 Uhr | €€

KULTUR UND UNTERHALTUNG

Elbjazz ✔ E6
Könnte es eine ungewöhnlichere Kulisse für eines der größten europäischen Jazzfestivals geben als den Hamburger Hafen? Wenn an zwei Tagen im Mai Jazztime an der Elbe ist, lassen sich Tausende neugieriger Besucher in kleinen Barkassen zu den verschiedenen Locations von Bühne zu Bühne schippern und beklatschen so hochkarätige Künstler wie Chilly Gonzales, Till Brönner, Klaus Doldinger oder Helge Schneider. Ein mitreißendes Musikereignis und spannender Schauplatz für Entdeckungsfreudige.
St. Pauli | www.elbjazz.de

Frau Hedis Tanzkaffee ✔ E5
Ein schwimmender Club! Wenn die Barkasse »Frau Hedi« und ihre Schwestern, Frau Claudia und Frau Christa und viele andere mehr, mit Bar, Bands und DJ's in den Abendstunden an den Landungsbrücken ablegt und zu ihrer Tour durch den erleuchteten Hafen aufbricht, ist Party auf dem Wasser angesagt: Reggae & Soul, Elektroswing und Balkanbeat. Doch Frau Hedi organisiert auch Lesungen, Spielabende und Konzerte.

St. Pauli | Landungsbrücken |
S-/U-Bahn: Landungsbrücken (c5) |
www.frauhedi.de | 18–0 Uhr | Halt der
Barkasse an der Landungsbrücke 10

Internationales Musikfest Hamburg

2017 soll das Konzerthaus Elbphilharmonie in der HafenCity seinen Gästen
endlich die Portale öffnen. Um die Geduld der Musikliebhaber aus aller Welt
nicht länger zu strapazieren, will Hamburg bis dahin mit einem großen Musikfest locken und herausragende Sänger und Ensembles an die Elbe holen:
Für das jährliche Festival sind über 100
Konzerte in der Laieszhalle und an
weiteren Spielstätten geplant.
www.musikfest-hamburg.de

Nachtasyl   G 5

Ob als Treffpunkt für Theatergäste
kurz vor der Vorstellung oder als Aus-
klang danach – ein paar Treppenstufen
hinauf, und man gelangt unter dem
Dach des renommierten Thalia Theaters in eine Bar, die ihresgleichen sucht.
Manchmal verwandelt sie sich in einen
lauten Konzertsaal, manchmal wird sie
zur Bühne für Schauspieler, und immer
wieder bietet sie den idealen Hintergrund für Lesungen oder Poetry Slams.
Innenstadt | Alstertor 1 | U-Bahn: Mön-
ckebergstraße (c5) | Tel. 32 81 42 07 |
www.thalia-theater.de | tgl. ab 19 Uhr

Nochtspeicher   E 5

Kultur total im Herzen von St. Pauli
und dennoch abseits der üblichen
Kiez-Schneisen. In dem über 150 Jahre
alten Niebuhr-Speicher wird Musik gemacht, getanzt, vorgelesen, Kunst gezeigt, aber auch über Architektur und
Stadtentwicklung diskutiert. Ein an-
und aufregender Ort.
St. Pauli | Bernhard-Nocht-Str. 69 a |
S-/U-Bahn: Landungsbrücken (c5) |
www.nochtspeicher.de

⚑ Weitere Neuentdeckungen sind durch
dieses Symbol gekennzeichnet.

Wenn die Beats von der Barkasse die Seeluft erfüllen und gut gelaunte Leute eine Party feiern,
dann ist die schwimmende Barkasse »Frau Hedi« (▶ S. 18) wieder auf Tour.

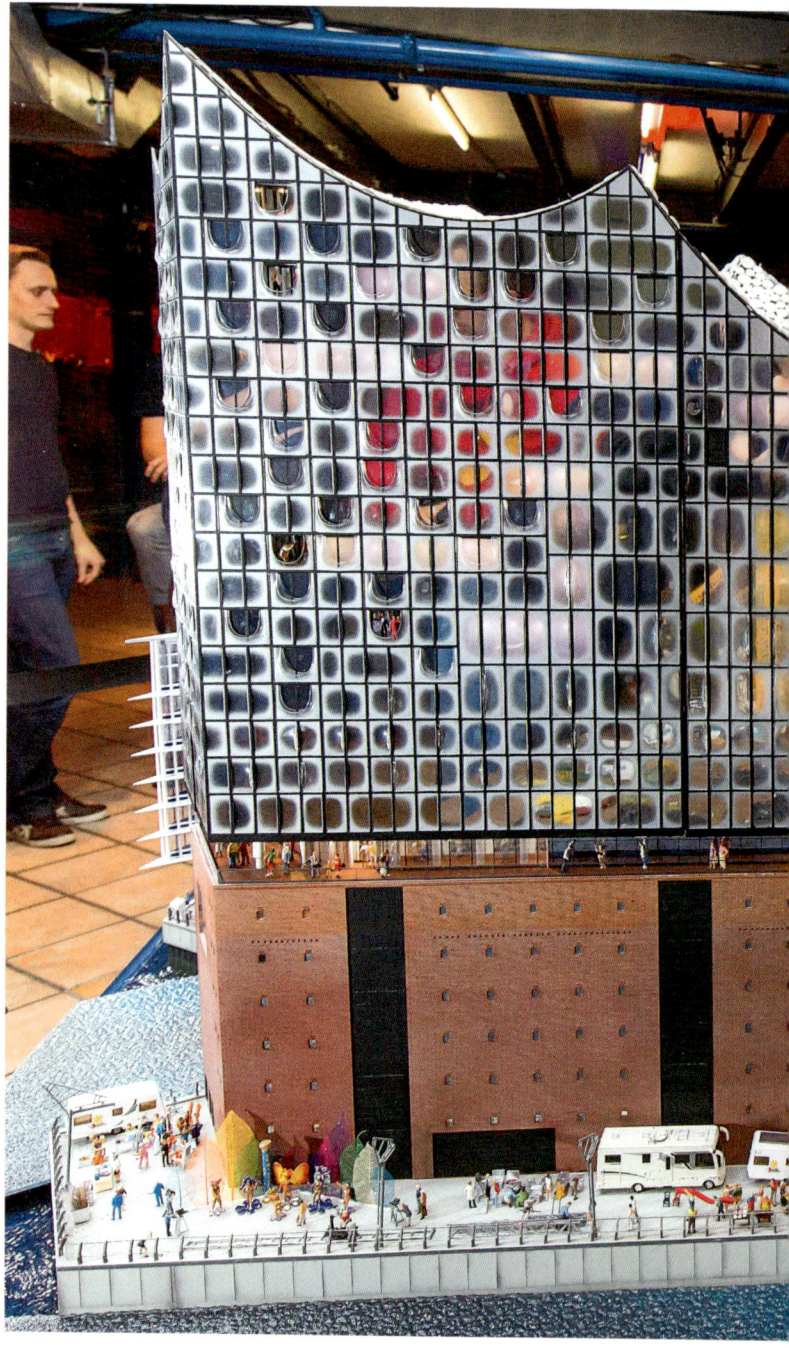

HAMBURG
ERLEBEN

Die fertige Elbphilharmonie – im Miniatur Wunderland (► S. 75) steht sie schon bereit.

ÜBERNACHTEN

Hamburg ist Boom-Town. Bis zu 7 Millionen Gäste übernachten jedes Jahr zwischen Elbe und Alster. Entsprechend groß und auch vielfältig ist das Bettenangebot. In der Jugendstilvilla, im Szeneviertel oder hoch über dem Hafen – hier schlafen Sie gut.

Die Elbmetropole, nach New York und London bereits der drittgrößte Musical-Markt der Welt, ist bekannt für ihre vielen angesehenen Hotels. Neben den legendären Grandhotels Vier Jahreszeiten und Atlantic, das eine an der Binnenalster gelegen, das andere mit Blick auf die Außenalster, gibt es immer mehr extravagante Häuser, die sich »Design-Hotels« nennen, ob britisch inspiriert wie das The George im Stadtteil St. Georg mit Bibliothek und englischem Garten, asiatisch wie das East in einer ehemaligen Eisengießerei auf St. Pauli, dessen Bar ein angesagter Treff für Nachtschwärmer ist, oder im Art-&-Tech-Stil wie das Fünf-Sterne-Haus Royal Méridien, ebenfalls in exquisiter Lage an der Außenalster. Wer auf sein Budget achten muss und es sowieso lieber kleiner und persönlicher mag, findet zwischen Elbe und Alster eine breite Palette feiner Häuser hinter weißen Jugendstilfassaden sowohl in der Innenstadt als

◄ Direkt am Hafen und damit mitten im
Geschehen: Hotel Hafen Hamburg (▶ S. 24).

auch in so schönen Stadtteilen wie Harvestehude, Eppendorf und Winterhude. Und wer es absolut maritim haben möchte, mietet sich am besten eine Kabine des Museumsfrachters »Cap San Diego« oder schläft auf einem waschechten Feuerschiff.

SCHIFFSKAJÜTE ODER LUXUSLOFT

Das Hotel- und Pensionsangebot für Familien- und Wochenendtourismus und für Reisegruppen ist – bei moderaten Preisen – groß. Im Vergleich zu anderen Metropolen des Landes wächst der Besucherstrom unaufhörlich – Hamburg ist Boom-Town. Wer also während der Ferienzeit ein Quartier benötigt oder zu einem der berühmten Musicals anreisen möchte, sollte rechtzeitig buchen (Buchungsservice Hamburg Hotline Tel. 0 40/30 05 13 00, tgl. 8–20 Uhr).

Eine preiswerte, empfehlenswerte Alternative zum Hotel ist die Unterkunft in einem der zahlreichen Privatzimmer, Apartments oder Lofts, die Hamburger Familien vermieten (EZ ab 40 €, DZ ab ca. 60 €; Apartments ab ca. 70 €). Vermittler sind die auf S. 25 genannten Agenturen.

BESONDERE EMPFEHLUNGEN

Außen Alster Hotel   H 4

Charmant – Allein die Lage! Zentral, dennoch ruhig und nur ein paar Schritte bis zur Außenalster. Hinter der weißen Fassade des Gründerzeithauses verbergen sich schöne, helle Zimmer. Wunderbar: das hauseigene Restaurant und die Gartenterrasse. Wer möchte, kann sich ein Fahrrad ausleihen (kostenlos), aber auch ein Ruderboot.
St. Georg | Schmilinskystr. 11–15 | U-Bahn: Lohmühlenstraße (d4) | Tel. 2 84 07 85 70 | www.aussen-alster.de | 27 Zimmer | €€€ |

Bei der Esplanade   F 4

Familiengeführte Hotelpension – Die Prachtstraße Colonnaden mit der gründerzeitlichen Etagenbebauung ist seit über vier Jahrzehnten Fußgängerzone. Im Nu ist man von hier aus am Jungfernstieg, in der Staatsoper oder im Alten Botanischen Garten. Die Zimmer sind neu möbliert, und am Morgen wartet ein reichhaltiges Frühstücksbuffet auf den Gast.
Innenstadt | Colonnaden 45 | U-Bahn: Stephansplatz (c4) | Tel. 35 50 11 70 | www.hotel-bei-der-esplanade.com | 17 Zimmer | € |

Empire Riverside   E 5

Lifestyle und Design – Zwischen Elbe und Reeperbahn hat der Stararchitekt David Chipperfield einen Wohnturm aus Glas und Bronze in die Höhe gezogen, den der Gast eigentlich gar nicht mehr verlassen muss. Denn hier findet er, vom Zimmer mit Blick auf die Elbe, über das Restaurant Waterkant und die Bar 20up im 20. Stock bis zu Sportgeräten, Sauna, Dampfbad und SPA alles, was das Herz eines Reisenden begehren kann.

St. Pauli | Bernhard-Nocht-Str. 97 | S-Bahn: Reeperbahn (b5) | Tel. 31 11 90 | www.empire-riverside.de | 327 Zimmer | €€€ | ♿ | 🐕

Fritzhotel ✈ E 4

Klein und fein – Wer das Leben im Viertel der Kreativen und Künstler kennenlernen möchte, das sich kurz die »Schanze« nennt, der stelle hier seinen Koffer ab. Es gibt nur wenige, farblich interessant gestaltete und freundliche Zimmer (einige davon auch mit eigenem Balkon), wobei die zum Hof liegenden mehr Ruhe versprechen.

Schanzenviertel | Schanzenstr. 101–103 | U-Bahn: Sternschanze (c5) | Tel. 82 22 28 30 | www.fritz-im-pyjama.de | 17 Zimmer | €€

Hotel Hafen Hamburg 👥 ✈ E 5

Hanseatisch-klassisch – Das klassizistische Haus von 1864 bietet Hafenblicke, die nicht toller sein könnten. Die Gäste werden in den Kategorien Seemanns-, Leutnants-, Kajüten-, Kommandanten- und Kapitäns-Klasse empfangen. Auch das Restaurant Port besticht mit maritimem Ambiente. Außerdem gibt es Familienzimmer. Seligmachende Cocktails an der Tower-Bar im 12. Stock.

St. Pauli | Seewartenstr. 9 | S-/U-Bahn: Landungsbrücken (c5) | Tel. 31 11 30 | www.hotel-hafen-hamburg.de | 353 Zimmer | €€ | 🐕

Hotel am Museum ✈ F 3

Individuelle Hotelpension – Ein vornehmes Haus mit hohen Stuckdecken und Parkettfußböden. Die Einrichtung aller Räume trägt eine äußerst geschmackvolle Handschrift. Gleich gegenüber liegt das Museum für Völkerkunde, Universität und Messehallen sind nicht weit.

Rotherbaum/Harvestehude | Rothenbaumchaussee 71 | U-Bahn: Hallerstraße (c4) | Tel. 44 80 94 14 | www.hotelam museum.de | 6 Zimmer | €€€

Hotel Speicherstadt ✈ G 6

Spektakulär – In einem ehemaligen Kontorhaus begrüßt seit 2014 das erste Hotel der Speicherstadt. Verbunden durch eine frei schwebende, verglaste Fußgängerbrücke mit der Kaffeebörse (Pickelhuben 3), sind 197 Zimmer und Suiten entstanden. Dazu beeindrucken ein Restaurant mit überdachter Terrasse und der Wellnessbereich mit Blick auf den Hafen.

Speicherstadt | Am Sandtorkai 4 | U-Bahn: Baumwall (c5) | Tel. 2 26 39 11 40 | www.hotel-speicherstadt.de | 197 Zimmer | €€€€ | ♿ | 🐕

Side ✈ F 4

Luxus und Design – Wer die Lobby des zwölfstöckigen Gebäudes betritt, ist als Erstes beeindruckt vom Licht, das hier erstrahlt. Ausgedacht hat es sich der New Yorker Theatermann und Lichtchoreograf Robert Wilson, der Hamburg persönlich verbunden ist. Das minimalistisch-futuristische Interieur mit viel Orange und Grün stammt von dem berühmten Mailänder Designer Matteo Thun. Toll ist die Sky-Lounge auf der 8. Etage mit angrenzender

Dachterrasse. Restaurant und Bar (www.meatery.de).

Innenstadt | Drehbahn 49 | U-Bahn: Gänsemarkt (c4) | Tel. 30 99 90 | www.side-hamburg.de | 178 Zimmer | €€€€

The George ⚓ H 4

Cocktail mit Aussicht – Vorherrschend in diesem Designhotel sind die Farben Kakao und Champagner. Um die Zeit bis zum Abendessen im hauseigenen schicken Restaurant Da Caio zu überbrücken, kann der Gast einen Cocktail in der Campari Lounge auf der grünen Dachterrasse zu sich nehmen, die zu den sensationellsten Aussichtspunkten von Hamburg gehört.

St. Georg | Barcastr. 3 | U-Bahn: Lohmühlenstraße (d4) | Tel. 2 80 03 00 | www.thegeorge-hotel.de | 125 Zimmer | €€€€ | 🐕

Wedina 👪 ⚓ H 4

Literaten-Hotel – An der Alster. Sehr persönlich. Jedes der vier Häuser, die zum Hotel gehören, bietet ein besonderes Ambiente. Sobald die Temperaturen es zulassen, können die Gäste ihren Kaffee im begrünten Innenhof trinken. Das Literaturhaus ist nicht weit, darum nächtigen die Autoren aus aller Welt am liebsten hier.

St. Georg | Gurlittstr. 23 | S-/U-Bahn: Hauptbahnhof (d5) | Tel. 2 80 89 00 | www.wedina.de | 59 Zimmer | €€

Privatunterkünfte
AD-Hamburg Rooms

Tel. 46 85 64 50 | www.ad-hamburg-rooms.de

Agentur am Fischmarkt

Tel. 3 17 27 13 | www.agentur-fisch markt.de

Ein US-Theaterregisseur entwarf die Lichtchoreografie, der Mailänder Designer Matteo Thun das minimalistische Design: Das Side Hotel nahe der Binnenalster (▶ S. 24) beeindruckt.

ESSEN UND TRINKEN

*Gourmet-Palast oder Szene-Imbiss, in Hamburg wird jeder
Hunger gestillt. Einmal quer über den Globus speisen: Auch das
ist in der Hansestadt jederzeit möglich. Doch Hausmannskost
wie das saftige Rundstück hat auch ihre Reize.*

Die Millionenstadt an der Alster ist ein Mekka für Feinschmecker, und
dank einer Reihe experimentierfreudiger, international bekannter Köche
gilt sie als eine der wichtigen Haute-Cuisine-Hochburgen der Republik.
Besonders angezogen fühlen sich die Hanseaten von der exotischen Vielfalt auf den Tellern ausländischer Lokale – im Hafenviertel gibt es portugiesischen Klippfisch und spanische Paella, auf St. Pauli Peking-Ente,
Sushi in der City, italienische und griechische Speisen nahezu überall. In
großer Zahl vertreten und nicht nur bei den rund 45 000 in der Hansestadt lebenden Türken sehr beliebt sind die vielen türkischen Restaurants.
Doch bei aller Lust auf fremdländische Kost: Man mag es auch gern gut-
bürgerlich. So ist die deutsche und österreichische Küche höchst beliebt,
sie muss nur leicht und gut bekömmlich sein. Natürlich gibt es in Hamburg auch immer noch die traditionellen Lokale mit den typischen regio-

◀ Ein Frühstück im Café Paris (▶ S. 27) ist ein französisch angehauchter Start in den Tag.

nalen Gerichten, die gediegen-ehrwürdigen Hafenrestaurants, die alten Lotsen- und Fährhäuser. Beim Anblick des saftigen »Rundstücks warm« etwa oder bei »Birnen, Bohnen und Speck« hüpft dem Freund von Hausmannskost das Herz. Zu seinen Lieblingsspeisen gehört das Seemannsgericht »Labskaus«, und eingelegte Bratheringe beglücken ihn ebenso wie eine Kartoffelsuppe mit Krabben. Und zum Nachtisch gibt es Rote Grütze.

FISCH, FISCH, FISCH

Der Genuss von Fisch hat in Hamburg lange Tradition, und wenn man ihn fangfrisch in einem der Fischrestaurants mit Elbblick isst, was gibt es Köstlicheres!

Eine Spezialität ist die Hamburger Aalsuppe, und Fischfreunde bestellen sich gern die Finkenwerder Ewerscholle, ein Gericht, das nach einer alten Fischerinsel in der Elbe benannt ist. Mit Austern, Hummer und Lachs stillen die Hanseaten auch gern schon zur Mittagsstunde auf die Schnelle am »Tresen« ihren Hunger – auffallend sind die vielen edlen Stehimbisse, besonders in den Luxus-Einkaufspassagen in der City. Gäste, die in den angesagten Restaurants speisen wollen, sollten frühzeitig reservieren.

BESONDERE EMPFEHLUNGEN

Café Paris — G 5

Französisches Flair – Egal ob morgens, mittags oder abends, am Tisch oder Bartresen: In dem hohen, mit Jugendstilkacheln verschönten Saal wird der Charme der französischen Hauptstadt spürbar. Klar, dass man hier zum Kaffee ein Croissant genießen muss, und wer etwas Kräftigendes braucht: Die Bouillabaisse ist sehr zu empfehlen.

Innenstadt | Rathausstr. 4 | S-/U-Bahn: Rathaus (c5) | Tel. 32 52 77 77 | www.cafeparis.net | tgl. 9–23.30 Uhr | €€

Casse-Croûte — F 4

Familiäre Bistro-Atmosphäre – Der – übersetzt – »Imbiss« bietet seinen Gästen weitaus mehr, als der Name verspricht. Und weil die Oper gleich nebenan liegt, ist das gemütliche Lokal mit der täglich wechselnden Speisekarte besonders für Operngänger ein beliebter Anlaufpunkt. Regionale Gerichte aus Omas Kochbuch, frisch auf dem Markt eingekauft, aber auch Internationales à la minute.

Innenstadt | Büschstr. 2 | U-Bahn: Gänsemarkt (c4) | Tel. 34 33 73 | www.cassecroute.de | Mo–Sa 12–24, So 17–24 Uhr | €€€

Die Bank — F 5

Brasserie & Bar – Weißer Heilbutt unter der Estragonkruste auf Peperonata, cremige Polenta und Olivenjus: Solche und ähnliche internationale Delikatessen werden im Hochparterre eines feinen Stadtpalais aus dem Jahr 1897 serviert, das nahe dem Gänsemarkt liegt und von exklusiven Läden und Passagen umgeben ist.

»Die Bank« hat eine wechselvolle Geschichte: Über 100 Jahre lang residierte in dem Gebäude ein Hamburger Geldinstitut. Tresore wurden zu Garderoben umfunktioniert, die Kassenhalle mit den 6 m hohen Decken zu einem eleganten Speisesaal, in dem die Gäste auf lederbezogenen Stühlen sitzen und das außergewöhnliche Interieur genießen.

🕐 Für ein Zwei- oder Drei-Gang-Mittagsmenü zahlt man zwischen 11.30 und 17.30 Uhr nicht mehr als 22 bzw. 28 €. Innenstadt | Hohe Bleichen 17 | U-Bahn: Gänsemarkt (c4) | Tel. 2 38 00 30 | www.diebank-brasserie.de | Mo–Sa 11.30–23 Uhr | €€€€

Fischereihafen-Restaurant   📖 C 6

Begehrter Klassiker – Wenn Robert Redford in Hamburg ist, steht ein Besuch des berühmten Fischrestaurants der Familie Kowalke ganz gewiss auf seinem Terminkalender. Für alle Fischliebhaber gilt dasselbe. Die Speisekarte des stilvollen, in warmem Holz gehaltenen Lokals reicht von klassisch-regionalen Gerichten wie dem berühmten Räucheraalfilet auf Kräuterrührei über Steinbuttfilet bis zu französischen Fine de Claire-Austern, russischem Kaviar und kanadischem Hummer. Bei schönem Wetter bietet sich die Balkonterrasse zum Speisen an. Wer die Preise scheut, nutze die Mittagszeit. Zwischen 11.30 und 15 Uhr gibt es herrliche Gerichte, die wirklich bezahlbar sind.

St. Pauli | Große Elbstr. 143 | S-Bahn: Altona (b4) | Tel. 38 18 16 | www.fischereihafenrestaurant.de | tgl. 11.30–22 Uhr | €€€

Le Canard Nouveau   📖 B 5

Tempel des guten Geschmacks – Die Küche des Sternekochs Ali Günggörmüs ist hochklassig, die Einrichtung vornehm zurückhaltend, der Service besonders freundlich und dabei nicht aufdringlich. Die Krönung des Ganzen ist die Terrasse mit dem spektakulären Blick auf Elbe und Schiffe. An einem Sommerabend kann der Gast nirgendwo schöner sitzen.

Ottensen | Elbchaussee 139 | Stadtbus: Neumühlen (b5) | Tel. 88 12 95 32 | www.lecanard-hamburg.de | Di–Sa 12–14.30 und 18.30–22.30 Uhr

Museums-Cafés

Kunst und Genuss – Für den erholsamen Imbiss zwischendurch bieten sich Hamburgs Museums-Cafés mit ihren variantenreichen Speisekarten als ideale Orte an. Besonders schön sitzt man in der Destille im Museum für Kunst und Gewerbe (▶ S. 150), das neue Café George Economou in der Rotunde der Hamburger Kunsthalle (▶ S. 146) ist sehr schick, ebenso wie The Cube in der Galerie der Gegenwart, und ganz entspannt unter Palmen kann man seinen Cappuccino im Café Fees im Hamburgmuseum (▶ S. 147) genießen oder im Café Canaletto im Bucerius Kunst Forum (▶ S. 145).

Off-Club   📖 C 3

Hipster-Treff – Tim Mälzer, Besitzer des Szene-Restaurants Bullerei im Schanzenviertel und für seine TV-

Hummer, Austern und Kaviar sind Standard auf der Karte des Fischereihafen-Restaurants (▶ S. 28), ebenso Labskaus. Wer die Nordsee auch schmecken will, ist hier genau richtig.

Kochshows berühmt, ist nach langer Location-Suche für sein zweites Hamburger Restaurant fündig geworden: Mutig, sich in das abgelegene Stadtviertel Bahrenfeld westlich von Altona zu wagen, um im Souterrain eines historischen Kraftwerks aus dem Jahr 1905 seine Küche einzurichten. Der Restaurant-Bereich des Off Clubs mit seiner lässigen Industrial Chic-Inneneinrichtung hat kaum mehr als 100 Plätze. Man kann sich im Salon Madame X mit einem Fünf-Gänge-Menu beglücken lassen oder auch nur mit einem Burger zufrieden sein, zu Kuchen und Kaffee kommen oder an der Bar hocken und Rockmusik hören.

Bahrenfeld | Leverkusenstr. 54 | S-Bahn: Diebsteich (b4) | Tel. 89 01 93 33 | www.offclub.de | Mo–Fr 12–open end, Sa 17–open end | €€-€€€

Piment ⚓ F 2

Orientalisch inspiriert – Die französisch-klassische Küche des marokkanischen Chefkochs Wahabi Nouri ist kreativ und sehr varianten- wie aromenreich. Das stilvolle, familiengeführte Restaurant im Stadtteil Eppendorf hat nicht mehr als 30 Plätze. Wer es romantisch mag, reserviere einen Tisch für zwei und komme zum Candle-Light-Dinner.

Eppendorf | Lehmweg 29 | U-Bahn: Eppendorfer Baum (c4) | Tel. 42 93 77 88 | www.restaurant-piment.de | Mo–Sa 19–22.30 Uhr | €€€

Weitere empfehlenswerte Adressen finden Sie im Kapitel **HAMBURG ERKUNDEN**.

Preise für ein dreigängiges Menü:

€€€€	ab 50 €	€€€	ab 35 €
€€	ab 20 €	€	bis 20 €

Grüner reisen
Urlaub nachhaltig genießen

*Wer zu Hause umweltbewusst lebt, möchte vielleicht auch im Urlaub
Menschen unterstützen, denen ein verantwortungsvoller Umgang
mit der Natur am Herzen liegt. Empfehlenswerte Projekte, mit denen
Sie sich und der Umwelt einen Gefallen tun können, finden Sie hier.*

Die wasserreiche Millionenmetropole ist Deutschlands grünste Stadt –
keine andere Großstadt hat so viele Parks und Gärten und so bedeutende
Biotope wie Hamburg. Citynah brüten in insgesamt 28 Naturschutzgebie-
ten Rebhuhn und Reiher, blühen Lilien und Orchideen, und im nur
100 km vom Rathaus entfernten Nationalpark Hamburgisches Wattenmeer führen Seehunde ein ungestörtes Leben.
Alljährlich ruft die Hansestadt ihre Bewohner zum Schutz der Natur auf
und belohnt sie mit dem Hanse-Umweltpreis. Auch Hamburgs Städtepla-
ner und Architekten setzen zunehmend auf ökologisch korrektes Planen
und Bauen.
2011 durfte die Hansestadt den von der europäischen Kommission verlie-
henen Titel »European Green Capital« tragen.
Das Bedürfnis nach Tomaten und Salat, die nicht fade auf der Zunge liegen, sondern Aroma haben und richtig gut schmecken, wird immer größer, und so bauen lokale Erzeuger vor Hamburgs Toren wieder zuneh-

mend alte Gemüse- und Obstsorten an. Sie setzen sich für eine unabhängige und nachhaltige Landwirtschaft ein und beliefern zahlreiche Hamburger Restaurants mit frischem Grünzeug aus kontrolliertem biologischen Anbau. »Aus der Region für die Region« lautet das Motto der kulinarischen Messe »Hamburger Food Market«, die alljährlich an einem Wochenende Anfang September in der hafennahen Großmarkthalle stattfindet (www.hamburger-foodmarket.de). Ob Ziegenkäse oder Heidschnuckenfleisch, Pasta oder Gemüse, Kräuter oder Öle – alle Produkte entstammen dem Hamburger Umland und werden dem Besucher als kleine kulinarische Genüsse angeboten.

Klar, dass sich auch die steigende Zahl an Vegetariern und Veganern über eine abwechslungsreiche Küche freuen kann, die ihnen die über die Stadt verteilten vegetarischen und veganen Lokale anbieten.

ÜBERNACHTEN

Ökotel Hamburg 🚶   🏃 nördl. B 1

Vom Bettzeug bis zum Frühstücksei: alles konsequent ökologisch. Das aus umweltverträglichen Materialien gebaute Haus mit hellen, großzügigen Zimmern liegt zwar am Stadtrand, aber verkehrstechnisch günstig. Leckere Bio-Gerichte im kleinen Restaurant.
Schnelsen | Holsteiner Chaussee 347 | S-Bahn: Burgwedel (b2/3) | Tel. 5 59 73 00 | www.oekotel.de | 23 Z. | € | ♿

ESSEN UND TRINKEN

Hin & Veg   🏃 E 4

Sympathisches kleines Imbiss-Restaurant für Vegetarier und Veganer. Der indische Einfluss ist unübersehbar und gibt den Gerichten Pfiff.
Schanzenviertel | Schulterblatt 16 | S-Bahn: Sternschanze (c4) | Tel. 59 45 34 02 | Mo–Do 11.30–22.30, Fr, Sa 11.30–24, So 12.30–22 Uhr

Hoffski Hausgemachtes   🏃 E 4

Ein Schlaraffenland für Freunde hausgemachter Lebensmittel! Die Palette kleiner und großer Speisen fürs Frühstück wie für den Mittagstisch ist breit. Die Betreiberinnen achten auf ökologisch saubere Produkte.
Schanzenviertel | Bartelsstr. 8 | S-/U-Bahn: Sternschanze (c4) | www.hoffski. de | Mo–Fr 8.30–19, Sa 10–16 Uhr | €

Lühmanns   🏃 westl. A 5

»Weder Geschmacksverstärker noch andere schreckliche Zusätze« sind in den Speisen zu finden, die diese großmütterlich-gemütlich eingerichtete englische Teestube auf ihrer Karte hat. Zugegeben, es dauert schon ein bisschen, bis der schöne und unbedingt sehenswerte Elbvorort Blankenese erreicht ist. Doch dann kann sich der Gast an einer Tasse starken Tee mit Scones, Cream und köstlicher Marmelade genauso erfreuen wie an einer Portion Pellkartoffeln mit Senfeiern.
Blankenese | Blankeneser Landstr. 29 | S-Bahn: Blankenese (a4) | Tel. 86 34 42 | www.luehmanns-teestube.de | Mo–Fr 9–23, Sa 9–18, So 10–23 Uhr | €€

Nil ⚓ E 4

Am Anfang dieser kreativen Gourmet-Küche steht die Liebe zum Rohstoff: Von gebratenem Knurrhahnfilet mit Brennnesselrisoni über frischen Seeteufel mit Scheerkohl und Oliven-Kartoffel-Püree bis zum Sauerampfereis. Unbedingt ausprobieren: die große Rohmilchkäseauswahl.

St. Pauli | Neuer Pferdemarkt 5 | U-Bahn: Feldstraße (c4) | Tel. 4 39 78 23 | www.restaurant-nil.de | tgl. außer Di 18–23, So bis 22 Uhr | €€€

Vlet ⚓ G 6

Die Kulisse ist einzigartig. Die Qualität der modernen regionalen Küche ebenfalls. Das schicke Feinschmeckerlokal lädt mit raffinierten Rezepten zu kulinarischen Entdeckungen norddeutscher Spezialitäten. Auch Krebse, Hechte und Zander aus heimischen Flüssen stehen auf der Karte.

HafenCity | Am Sandtorkai 23/24 (Eingang über Kibbelstegbrücke) | U-Bahn: Baumwall (c5) | Tel. 3 34 75 37 50 | www.vlet.de | Mo–Fr 12–15, 18–24, Sa 18–24 Uhr | €€€

EINKAUFEN

Love It Green ⚓ nördl. F 1

Mit diesem Fair-Trade-Laden hat sich der erste Green-Fashionstore für Mütter und Kinder in der Hansestadt etabliert. Hier sind rund 30 grüne Labels, erhältlich: viel Farbenfrohes für Groß und Klein in bester Qualität. Klares Design. Kinderfreundliche und -sichere Einrichtung. Und ein bequemes Sofa für die wartenden Väter.

Eppendorf | Eppendorfer Landstr. 98 | U-Bahn: Kellinghusenstraße (c3/4) | Tel. 65 86 69 55 | Mo–Fr 10–19, Sa 10–18 Uhr

Manufactum ⚓ G 5

Nicht nur, dass dieses Geschäft im Erdgeschoss eines der sehenswertesten Gebäude der Stadt, nämlich dem von Fritz Höger erbauten Chilehaus im Kontorhausviertel, liegt. Auf einer Verkaufsfläche von 650 qm bietet der Laden Artikel, die vorwiegend in kleinen Manufakturen und Möbelwerkstätten gefertigt wurden. Das Sortiment an Möbel, Geschirr, Bürozubehör oder Kleidung besteht vorwiegend aus Naturmaterialien und ist für seine Langlebigkeit berühmt.

Innenstadt | Fischertwiete 2, Chilehaus, Burchardplatz | U-Bahn: Meßberg (c5) | Tel. 30 08 77 43 | www.manufactum.de | Mo–Fr 10–19, Sa 10–18 Uhr

Maygreen ⚓ C 5

Dass Nachhaltigkeit und Extravaganz in keinem Widerspruch zueinander stehen, wird in diesem in Ottensen eröffneten Laden bewiesen: hochwertige Ethik-Labels, u.a. der Hamburger Jungdesignerin Julia Starp.

Ottensen | Große Rainstr. 17 | S-Bahn: Altona (b4) | Tel. 39 10 99 00 | www.maygreen.de | Mo–Fr 11–19, Sa 11–17 Uhr

RuBios Bio-Delikatessen ⚓ F 2

Vielleicht Lust auf ein Picknick am Elbstrand? Die Auswahl an Delikatessen in feinster Bio-Qualität ist groß: selbst gemachte Antipasti, frisches Sauerteigbrot aus dem Holzbackofen, Wurst- und Käsespezialitäten, feine Bio-Weine aus ganz Europa. Der Laden bietet auch einen täglich wechselnden Mittagsimbiss an.

Eppendorf | Eppendorfer Weg 252 | U-Bahn: Eppendorfer Baum (c4) | Tel.

4 22 40 19 | www.rubios-hamburg.de |
Mo–Mi 9.30–19, Do–Fr –22, Sa 10–16 Uhr

AKTIVITÄTEN

Nationalpark Hamburgisches Wattenmeer

Das ist Natur pur: einmal barfuß durch Algen im Watt gehen, das Gurgeln des Watts im Ohr. Tausende von Watt- und Wandervögeln beobachten. Sich an den Robben erfreuen, die faul auf ihren Sandbänken liegen. Bernsteine suchen. Auf der Insel Neuwerk eine Rast machen. Und die Sonne sehen, wie sie über dem Wattenmeer versinkt.

Die Überfahrt von Cuxhaven nach Neuwerk mit dem Schiff »Flipper« dauert rund 90 Minuten. Nach fünf bis sechs Stunden Inselaufenthalt geht es in einer gut einstündigen Kutschfahrt mit dem Wattwagen gemütlich zurück nach Cuxhaven.

Behörde für Stadtentwicklung und Umwelt, Nationalpark Verwaltung Hamburgisches Wattenmeer | Wilhelmsburg | Neuenfelder Str. 19 | S-Bahn: Wilhelmsburg (d5) | Tel. 4 28 40 33 92 | www.hamburgisches wattenmeer.de

StadtRad Hamburg

Wie über Nacht schossen sie in fast jedem Viertel aus dem Boden: knallrote Leihräder mit silbernem Gepäckträger. 91 Standorte sind inzwischen über das gesamte Stadtgebiet verteilt. Die Räder stehen an der jeweiligen Station parat, an der sich der Fahrrad-Leiher registrieren muss. Die Registrierung funktioniert schnell und unkompliziert. Der Bildschirm verlangt eine EC- oder Kreditkarte, verschiedene persönliche Daten und bucht 5 € Einrichtungsgebühr ab. Anschließend darf rund um die Uhr ausgeliehen und losgefahren werden. Man kann sich auch online anmelden oder das Fahrrad per Telefon ausleihen. Kosten pro Tag: 12 €.

Tel. 8 22 18 81 00 | www.stadtrad hamburg.de

Nach dem Essen ein edler Apfelbrand vom »Finkenwerder Herbstprinz«? Im Feinschmeckerlokal Vlet (▶ S. 32) wird er aus Bio-Obst hergestellt, wie manches andere auch.

EINKAUFEN

*Elbsegler und Troyer aus derbem Strick – der Norden mag
es maritim. Wer jedoch durch die prächtigen Einkaufspassagen
und kleinen Läden Hamburgs stöbert, wird noch andere
wunderbare Entdeckungen machen.*

Glas, Chrom, Marmor und Sandstein, überdachte, lichtdurchflutete
Shopping-Malls, unter denen sich wunderbar flanieren lässt. Lifestyle,
Designermode, Delikatessen, Spitzenrestaurants und Beauty-Salons.
Hanse-Viertel, Galleria, Europa-Passage.
Hamburgs älteste und kleinste Passage mit wunderschöner Jugendstilbe-
malung an den Wänden und Decken ist die Mellin-Passage. Sie verbindet
die noble Einkaufsstraße Neuer Wall mit den Alsterarkaden. Zum Glück
gibt es die Bücherstube Felix Jud noch, genauso wie das alteingesessene
Bekleidungsgeschäft Ladage & Oelke. Am Jungfernstieg leuchten die
Auslagen des Alsterhauses, das nach längerem Dornröschenschlaf auch
eine der ganz schicken Innenstadtadressen geworden ist.
In der Mönckeberg- und Spitalerstraße (Fußgängerzone) zwischen Rathaus und Hauptbahnhof reiht sich ein Laden an den anderen, der Stadt-

◄ Handgefertigte Elbsegler gibt es bei
Lars Küntzel im Eisenberg (▶ S. 35).

teil Eppendorf ist für seine Top-Boutiquen bekannt, im Schanzenviertel kann man coole Klamotten und extravaganten Schmuck kaufen, in der Marktstraße im Karolinenviertel bei der Hamburger Designerin Anna Fuchs ein Kleid im Stil der 1940er.

MARITIMER LOOK UND ANGLOPHILES

Wer den maritim-hanseatischen Look mag, schaue sich in der Hafengegend um. In der Nähe der Elbe gibt es sie noch, die Traditionsgeschäfte für Maritimes. Doch Hamburgs Top-Adresse für Tropenkleidung und Troyer, blaue Blazer und graue Hosen ist das Familienunternehmen Ernst Brendler mit Sitz in unmittelbarer Rathausnähe. Englisches Silber und schöne alte Möbel findet man in den Antiquitätenläden rund um den Gänsemarkt, in Pöseldorf und Eppendorf (Hegestraße, Lehmweg, Klosterallee), wo erlesenes Porzellan, alte Gläser und Münzen ebenfalls locken.
In der Hamburger Innenstadt (City) und in den großen Einkaufszentren sind die Geschäfte in der Regel von Montag bis Freitag von 10 bis 20 Uhr geöffnet, am Samstag bis 16 Uhr.

BESONDERE EMPFEHLUNGEN

Brendler G 5

Alles fing vor mehr als 130 Jahren mit einer Schneiderei für Schifffahrtsuniformen an. Seit Generationen kleiden sich Hamburgs Reeder, Segler und Safari-Fans in diesem Traditionsgeschäft mit den knarrenden Dielen ein. Finkenwerder Fischerhemden, klassische Troyer und der echte Panama-Hut.
Innenstadt | Große Johannisstr. 15 | U-Bahn: Rathaus (c5) | Tel. 37 34 25 | www.ernst-brendler.de

Eisenberg G 5

Sie ist flach, dunkelblau, hat einen Schirm mit Sturmriemen, und alle Welt kennt sie als Kopfbedeckung von Altkanzler Helmut Schmidt: Die Mütze heißt »Elbsegler«, es gibt sie in mindestens fünf Varianten, am schönsten sind handgemachte Exemplare – so wie jene aus der Manufaktur Eisenberg. Allein der Blick in die Werkstatt von Lars Küntzel ist ein Vergnügen! Doch der Mützenmacher fertigt nicht nur nach individuellen Wünschen an. Wer auf der Suche nach der berühmten dunkelblauen Wind- und Wetterjacke ist und sie bisher nirgends fand – bei Eisenberg werden sie genäht.
Innenstadt | Steinstr. 21 | U-Bahn: Steinstraße (c5) | www.muetzenmacher-hamburg.de

FahnenFleck F 5

Noch so eine Institution in Hamburg, die seit mehr als hundert Jahren in Fa-

milienbesitz ist. Das Angebot des origi-
nellen Ladens an Faschingskostümen,
Masken, Perücken, Schminke, Fahnen
und Scherzartikeln ist unendlich.

Innenstadt | Neuer Wall 57 | S-/U-Bahn:
Jungfernstieg (c5) | www.fahnenfleck.de

Hachez-Chocoversum ⚓ G 5

Schokolade! Wohin das Auge blickt:
nichts als Schokolade. Tafelweise mit
und ohne exotische Gewürze, Confise-
rien, Pralinés von feinster Qualität und
sogar Beauty-Produkte aus Kakao-But-
ter. Neben diesem süßen Sortiment
bietet der Schokoladenladen einen
90-minütigen Spaziergang durch sein
Universum an, der bei den Kakaoboh-
nen im brasilianischen Regenwald beginnt und im »Aroma-Atelier« endet,
in dem jeder Besucher aus verschiedenen Zutaten seine eigene Lieblings-
schokolade kreieren kann (Erwachse-
ne: 14 €).
Wer bei dieser erlesenen Handwerks-
kunst auf den Geschmack gekommen
ist, kann in den angebotenen Pralinen-
kursen weiterlernen (wegen der großen
Nachfrage ist eine frühzeitige Anmeldung empfehlenswert).

Innenstadt | Meßberg 1 | U-Bahn: Meß-
berg (c5) | www.chocoversum.de |
Mo–So 10–18 Uhr

Jil Sander ⚓ F/G 5

Die Hamburger Designerin hat mit ihrem unverwechselbaren puristischen
und zeitlos eleganten Stil Karriere gemacht. »Queen of Less« nennt man sie
in internationalen Modekreisen, was so
viel heißt wie: weniger ist mehr. In ihrem geräumigen, ganz kühl im Sander-
Stil eingerichteten Shop am Neuen
Wall werden neben Mänteln, Jacken

und viel Strick auch Taschen, Brillen
und Parfums angeboten.

Innenstadt | Neuer Wall 43 | S-/U-Bahn:
Jungfernstieg (c5) | www.jilsander.com

Ladage & Oelke ⚓ G 5

Gegründet 1845, gehört dieses »Englische Kleidermagazin für Damen und
Herren« am eleganten Neuen Wall zu
Hamburgs ältesten Geschäften. Allein
das authentische Interieur ist sehenswert. Dort gibt es alles, was zu einem
typisch hanseatischen Outfit gehört:
den Flanellanzug und das Jackett aus
Harris Tweed, den Dufflecoat und den
Schottenrock. Die dominante Farbe:
natürlich Dunkelblau.

Neuer Wall 75 | S-/U-Bahn: Jungfern-
stieg (c5) | www.ladage-oelke.de

Märkte in Hamburg ⚓ D 5

Sonntags ab 6 Uhr in der Früh ist es
rund um den St.-Pauli-Fischmarkt so
voll wie sonst nur samstags in der
Hamburger Innenstadt. Entlang des
Hafens bieten fahrende Händler frischen Fisch, ganz klar, aber auch Blumen, Pflanzen, Kaninchen, Hühner,
viel Trödel und das erste frisch gezapfte
Bier des Tages. Jeden Samstag findet im
traditionsreichen Kulturzentrum Fabrik in Altona ein Feinschmecker-Markt
(9.30–15 Uhr) statt. Nicht nur, dass
man nach Herzenslust Käse, Wein, frisches Bio-Brot und noch viel mehr
Herrlichkeiten aus der Region kaufen
kann, sondern auch Textildesign, Foto-
kunst und Keramik. Überall lädt Gestühl zu Plausch und Kaffee ein, während Livebands beschwingende
Rhythmen spielen.
Wenn dienstags und freitags (8.30–
14 Uhr) unter der alten Hochbahnstra-

ße zwischen den Haltestellen Hoheluft und Eppendorfer Baum Isemarkt (▶ S. 115) ist, scheint die gesamte Stadt unterwegs, um sich bei den nahezu 300 Händlern an ihren überbordenden Ständen mit allem einzudecken, was die gute Küche braucht. Etwas Besonderes ist der St. Pauli-Nachtmarkt auf dem Spielbudenplatz. Erstens, weil er erst um 16 Uhr beginnt (bis 23 Uhr) und zweitens Deutschlands einziger Wochenmarkt mit Biergarten und Livemusik ist.

www.hamburg.de

Petra Teufel F 5

Schick, sehr schick in zeitgenössischem Design und exklusiv gelegen: Bis zur Binnenalster sind es nur wenige Schritte. Bei Petra Teufel, der Gründerin des In-Shops, der seit einigen Jahren von Kathrin Bruss geführt wird, trifft Avantgarde auf Luxus, zahlreiche begehrte Labels und Kollektionen füllen die Regale, von Balenciaga über Isabel Marant bis zu Missoni Mare und Issey Miyake.

Innenstadt | Hohe Bleichen 13 | U-Bahn: Gänsemarkt (c4) | www.petrateufel.de

Stilwerk ⚓ D 5/6

Am Hafen. In einer ehemaligen backsteinernen Malzfabrik am Fischmarkt sind über sieben Stockwerke verschiedene Lifestyle-Läden untergebracht. Neben dem Hamburger Lampendesigner Tobias Grau auch zahlreiche große Möbeldesigner.

St. Pauli | Große Elbstr. 68 | S-Bahn: Königstraße (b5) | www.stilwerk.de

Weitere Geschäfte und Märkte finden Sie im Kapitel HAMBURG ERKUNDEN.

Weniger ist mehr: Der Flagship-Store der Designerin Jil Sander (▶ S. 36) am Neuen Wall bleibt dem puristischen, zeitlos eleganten Stil der Hamburgerin treu.

KULTUR UND UNTERHALTUNG

Hamburg hat sich zu einer Institution für Kulturfans entwickelt.
Sei es wegen der Vielzahl an Musicals, wegen des großartigen
Bühnenangebots, der lebendigen Musikszene oder des berühmten
Balletts – wer Kultur sucht, wird hier jeden Tag beglückt.

Hamburger Pfeffersäcke? Kulturbanausentum? Den Hanseaten wird oft
nachgesagt, sie seien zwar stolz auf die Schönheit und den Reichtum ihrer
Stadt, doch wenig empfänglich für die Künste. Unsinn! Abgesehen davon,
dass die Hansestadt mit ihrem Deutschen Schauspielhaus die größte
Sprechbühne des Landes hat, besitzt sie mit dem Thalia Theater ein wei-
teres großartiges Staatstheater, ist Musicalmetropole.

INTERNATIONAL RENOMMIERT: OPER UND BALLETT

Auch Deutschlands erstes Opernhaus steht an der Elbe: Die Hamburger
Staatsoper verdankt ihren internationalen Ruf den Intendanten Günther
Rennert und Rolf Liebermann. Dass ihr Ballett so berühmt ist, liegt an
dem Chefchoreografen John Neumeier. Seit der US-Amerikaner 1973 seine Arbeit in Hamburg aufnahm, blickt die Tanzszene verzückt auf die

◄ Jazztime an der Elbe: Der Hafen bietet die
Kulisse für das Festival Elbjazz (► S. 39).

Hansestadt, in der Neumeier abendfüllende Handlungsballette von Weltruf arrangierte, darunter Werke wie »Parzival – Episoden und Echo«, »Nijinsky« oder »Illusionen – wie Schwanensee«.

Wichtige Akzente setzen ebenso die privaten Bühnen: Kammerspiele, Ernst-Deutsch-Theater und Altonaer Theater. Eine Institution ist die freie Produktions- und Spielstätte Kampnagel – in der ehemaligen Kranfabrik begeistern Stars der internationalen Tanz- und Performance-Szene das Publikum, und im Sommer lockt das Theaterfestival.

MUSIKALISCH HERRSCHT ENORME VIELFALT

Ebenso bemerkenswert und umfangreich ist das musikalische Angebot in der Hansestadt mit ihrem Philharmonischen Staatsorchester, dem Symphonieorchester des Norddeutschen Rundfunks und den Hamburger Symphonikern. Berühmte Dirigenten, Instrumentalisten und Vokalisten aus aller Welt treten in der traditionsreichen Musikhalle auf, die heute Laeiszhalle heißt und Aufführungsort für große Konzerte ist. Zudem spielen die Kammer- und Chormusik eine bedeutende Rolle, und wem wären die alljährlich stattfindenden Bach-Tage kein Begriff mit St. Michaelis als kirchenmusikalischem Mittelpunkt.

Leider gibt es das legendäre Onkel Pö in Eppendorf nicht mehr, die berühmte Musikkneipe, in der Udo Lindenberg am Piano saß, Otto Waalkes für Klamauk sorgte und viele Musikstars ihre Karriere starteten. Apropos Musikstars: Erwähnenswert ist das beliebte Veranstaltungszentrum Fabrik in Altona (Jazzkonzerte mit internationalen Top-Stars, Rockgruppen, afrikanischer und karibischer Musik), und wenn vor der spektakulären Kulisse des Hamburger Hafens mit dem Festival Elbjazz eins der größten europäischen Jazzfeste stattfindet, ist das einfach einmalig.

EIN FEST FÜR CINEASTEN UND LITERATURFREUNDE

Und die Filmbranche? Alljährlich zieht das Filmfest Hamburg Stars und Nachwuchskünstler an, und auch literarisch begeistert die Hansestadt, wenn etwa das Harbour Front Literaturfestival ruft und Tausende Bücherfreunde an die Elbe pilgern.

Und schließlich: St. Pauli. Die »sündige« Meile Reeperbahn. Strip und Shows und ein nicht enden wollendes Nachtleben mit einer Bar-, Club- und schweißtreibenden Partykultur, die ihresgleichen sucht.

BESONDERE EMPFEHLUNGEN

Deutsches Schauspielhaus Hamburg ⚓ H 4

Deutschlands größtes Haus für Sprechtheater. Während der Intendanz von Gustaf Gründgens (1955–1963) erreichte das Haus internationalen Ruhm. In den 70er-Jahren holte der leidenschaftliche Theatermann Ivan Nagel mit Künstlern wie Luc Bondy, Jürgen Flimm und Peter Zadek das damals revolutionäre «Regie-Theater» nach Hamburg und machte das Schauspielhaus zur wichtigsten deutschen Bühne.

Unter der Intendanz von Karin Beier sind in dem neobarocken (nach Renovierung im Jahr 2014 wiedereröffnet) Theatersaal genreübergreifende Produktionen zu sehen. Zum Haus gehört auch die Experimentierbühne Malersaal.

St. Georg | Kirchenallee 39 | S-/U-Bahn: Hauptbahnhof (d5) | Tel. 24 87 13 | www.schauspielhaus.de

Hamburgische Staatsoper ⚓ F 4

Viele große Namen haben das Haus berühmt gemacht: Franz Liszt und Richard Wagner dirigierten und inszenierten hier, bevor 1891 Gustav Mahler musikalischer Leiter wurde. Rolf Liebermann und August Everding sind eng mit dem Erfolg der Staatsoper verbunden, 1973 kam John Neumeier als Ballettdirektor nach Hamburg und machte es binnen Kurzem zu einer Ballett-Hochburg. Die Nachfolge der Dirigentin Simone Young wird ab 2015 der amerikanische Dirigent Kent Nagano als neuer Generalmusikdirektor an der Staatsoper antreten.

Innenstadt | Dammtorstr. 28 | U-Bahn: Gänsemarkt oder Stephansplatz (c4) |

Tel. 35 68 68 | www.staatsoper-hamburg.de

Kampnagel ⚓ H 2

Das »internationale Zentrum für schönere Künste« ist ein anregender Ort mit einem Kulturprogramm fernab des Mainstreams: Tanz, Theater, Performance, Konzerte. Internationales Sommerfestival. Auf dem Gelände befindet sich das schon mehrfach für sein Programm ausgezeichnete Alabama Kino.

Winterhude | Jarrestr. 20–24 | U-Bahn: Saarlandstr. dann Bus: Jarrestraße/Kampnagel (d4) | Tel. 27 09 49 49 | www. kampnagel.de

Laeiszhalle (Musikhalle Hamburg) ⚓ F 4

Traditionsreiches Konzerthaus. Das zukünftige Konzerthaus Elbphilharmonie bietet gemeinsam mit der Laeiszhalle ein vielfältiges Programm von Klassik über Jazz bis zu Musik aus aller Welt an, die Elbphilharmonie-Konzerte.

Innenstadt | Johannes-Brahms-Platz | U-Bahn: Gänsemarkt (c4) | www.elbphilharmonie.de | Abendkasse Laeiszhalle ab einer Stunde vor Konzertbeginn

Ohnsorg-Theater ⚓ G/H 4

Kittelschürze, hautfarbene Nylons, freundliches Lächeln: Hamburg ehrt seine geliebte Volksschauspielerin Heidi Kabel (1914–2010) mit einem Bronzedenkmal vor dem neuen Ohnsorg-Theater. »Opa wart verköfft« heißt einer der bewährten Schwankklassiker des Volkstheaters, in dem bis heute Plattdeutsch gesprochen wird.

Innenstadt | Heidi-Kabel-Platz 1/Bieberhaus | U-/S-Bahn: Hauptbahnhof (d5) | Tel. 35 08 03 21 | www.ohnsorg.de

Wenn der Hanseat zum Konzert in die ehrwürdige Laeiszhalle (▶ S. 40) kommt, dann sieht man im prächtigen Foyer viel dunkelblaues Tuch und auch so manche Perlenkette.

Schmidt Theater 📖 E 5

Einzigartig: Schmidts Tivoli und das Schmidt Theater auf St. Pauli: mitreißende Revuen, schräges Kabarett, eigene Musicalproduktionen. Ein Klassiker: die Schmidt Mitternachtsshow.

St. Pauli | Spielbudenplatz 27–28 | U-Bahn: St. Pauli (c5) | Tel. 31 77 88 99 | www.tivoli.de

Stage Theater im Hafen 📖 E 6

»Buddy – Die Buddy Holly Show«. Das war der erste große Erfolg des Musicaltheaters, 2001 abgelöst von Walt Disney's erfolgreichem »Der König der Löwen«. Allein die Fahrt mit den kostenlosen Shuttleschiffen über die Elbe ist ein Erlebnis! Skyline Restaurant.

St. Pauli | Landungsbrücken | S-/U-Bahn: Landungsbrücken (c5) | Karten-Tel. 0 18 05/44 44 | www.musicals.de

Thalia Theater 📖 G 5

»Taalja« nennen die Hamburger ihr geliebtes 998-Plätze-Haus mit Betonung auf der ersten Silbe. Während der Ära Jürgen Flimm (1985–2000) feierte das Theater mit Tschechow-Abenden seine größten Erfolge. Die Inszenierungen von Wilfried Minks sind legendär, die Musiktheaterabende »Black Rider« (mit Tom Waits) und »Poetry« (mit Lou Reed) von Robert Wilson waren Publikumsmagneten. Unter dem leitenden Regisseur Luc Perceval führt ein anspruchsvolles Ensemble neben neuen Stoffen auch moderne Klassiker und antike Stücke auf. Eine hervorragende Dependance: das Thalia Theater in der Gaußstraße (Altona).

Innenstadt | Alstertor | S-/U-Bahn: Jungfernstieg (c5) | Tel. 32 81 44 44 | www.thalia-theater.de

Im Fokus
Bretter, die die Welt bedeuten

Gustav Mahler komponierte an der Elbe seine berühmte 3. Symphonie, Gustaf Gründgens machte das Schauspielhaus berühmt, John Neumeiers Ballette begeistern. Ob Tanz, Theater oder Musik: Die Bühnen der Hansestadt bieten Kunst auf höchstem Niveau.

Staatsoper Hamburg. Gespannte Stille im Saal, bevor sich am Premierenabend der Vorhang für John Neumeiers »Hommage an Nijinsky« öffnet und der Solist Jiri Bubenicek in der Rolle des russischen Tänzers brilliert: Zu Nikolai Rimski-Korsakows »Scheherazade« und Dmitri Schostakowitsch' 11. Symphonie zeichnet Hamburgs Ballettchef eine biografische Skizze seines Idols, die in einem Wahnsinnstanz endet und dem Publikum den Atem nimmt. Als Neumeier nach einer dreistündigen Aufführung die Bühne betritt, wollen die Ovationen nicht enden.

BALLETT IN REINFORM: JOHN NEUMEIER

Seit vier Jahrzehnten leitet der unerschöpflich kreative Amerikaner das vielfach preisgekrönte Hamburg Ballett. In seinem öffentlichen Probensaal »Ballettwerkstatt« kann das Publikum faszinierende Einblicke in die Arbeit der Tänzer gewinnen. Es war der legendäre Opernchef August Everding, der den damals 31-jährigen Neumeier an die Elbe holte.

◄ Dem Nachwuchs eine Chance: John
Neumeier und das Bundesjugendballett.

Weltweit anerkannt ist Neumeier als Choreograf der Symphonien von Gustav Mahler. Der österreichische Komponist lebte als Erster Kapellmeister am Hamburger Stadttheater, heute die Staatsoper, von 1891 bis 1897 in der Hansestadt und schrieb hier seine berühmte Symphonie Nr. 3. »Mahler ist meiner«, wusste Neumeier schon früh. »Ich wollte eine neue Form von Ballettdramaturgie für das Ende des 20. Jahrhunderts finden. Mahlers Musik bietet mir darin bis heute einen unendlichen Spielraum.« Das Opernhaus, an dem Neumeier inszeniert, würdigt den Komponisten mit einer Gedenktafel an seiner Fassade, im Parkettfoyer findet sich seine Büste.

Doch schon lange bevor Mahler nach Hamburg kam, Franz Liszt und Richard Wagner hier dirigierten und Rolf Liebermanns Engagement für zeitgenössische Werke in den Jahren 1959 bis 1973 im In- und Ausland starkes Echo fand – man spricht von einer »Ära Liebermann« –, galt Hamburgs Opernhaus, man höre und staune, im 18. Jh. als führend in der musikalischen Welt Europas.

VIEL GERÜHMT: DAS OPERNHAUS

Musik, Gesang, Poesie, Drama, Tanz. Die italienische Barockoper fasziniert Europas Fürstenhöfe. Hamburg kann sich zwar mit keinem Hof brüsten, doch die Patrizierfamilien lieben die Musik, sie sind wohlhabend, viel gereist und mit Enthusiasmus bei der Sache. Italienische Sänger und Opernkomponisten sollen auch an der Elbe ein Forum haben: Am 2. Januar 1678 wird die Hamburger Oper am Gänsemarkt als Deutschlands erstes bürgerliches Opernhaus gegründet.

Wer in der Musik etwas Außerordentliches hören wollte, kam nach Hamburg, das bald das »deutsche Venedig« hieß.

1703 trifft der 18-jährige Georg Friedrich Händel in Hamburg ein. Im Orchester der Hamburger Oper spielt er Geige und Cembalo. Außerdem gibt er Musikunterricht und komponiert »wie der Teufel«, bald hat seine erste Oper in Hamburg Premiere: »Almira«, ein verwickeltes Intrigendrama mit Balletteinlagen nach französischem Vorbild. 1721 wurde Georg Philipp Telemann Musikdirektor in Hamburg. Seine neue Umgebung inspirierte ihn u.a. zur Ouvertüresuite »Wassermusik« mit dem Satz »Ebb' und Fluth«, und er komponierte eine »fröhliche Alster-Ouvertüre« mit »Alster Echo« und »Gesang der Schwäne«. Als Telemann 1767 starb, wur-

de sein Nachfolger Carl Philipp Emanuel Bach, zweiter Sohn Johann Se-
bastians. Auf dem Gänsemarkt steht ein Denkmal, das an einen großen
Mann des Theaters erinnert: Gotthold Ephraim Lessing (1729–1781) war
1767 an die Elbe gerufen worden. Als Dramaturg und Berater sollte er das
klägliche Niveau am Deutschen Nationaltheater heben. Er schrieb die
»Hamburgische Dramaturgie« und ließ sein Lustspiel »Minna von Barn-
helm« aufführen. Doch das Publikum reagierte nur verhalten. Lessing
verließ Hamburg 1770. Die Stadt erinnert sich seiner spät, aber sie tat es.
100 Jahre nach Lessings Tod, im Jahr 1881, gibt der Senat grünes Licht für
die Aufstellung eines Denkmals.

62 Jahre später steht Hamburg in Flammen. Unter dem Bombenhagel der
alliierten Luftoperation »Gomorrha« versinkt die Stadt 1943 innerhalb
von Tagen in Schutt und Asche. Menschen, die aus der Hölle glühend
heißer Keller und Bunker nach draußen geflohen sind und sich gerettet
glauben, fallen betäubt zu Boden, ersticken, verbrennen. Mit der Gewalt
eines Orkans rast der Feuersturm durch Hamburgs Straßen, kostet Zehntausende das Leben, Hunderttausende das häusliche Dach.

»Nur die Schornsteine stachen wie Leichenfinger in den Spätnach-
mittagshimmel. Wie Knochen eines riesigen Skeletts. Wie Grabsteine.«
Der Dichter und Soldat Wolfgang Borchert, im Mai 1945 aus den russischen Sümpfen mit einer infektiösen Gelbsucht zurück in seiner verwüs-
teten Heimatstadt Hamburg, verfasst um die Jahreswende 1946/47 das
Drama »Draußen vor der Tür«. Er schreibt es in nur knapp acht Tagen. In
dem Stück verdichten sich die Stimmen von Millionen zu einer Anklage
gegen den Krieg. Als Borchert es schreibt, denkt er nicht daran, dass es je
auf der Bühne gezeigt werden könnte.

DIE WIEDERKEHR DER KAMMERSPIELE

Sie wolle ihrem Publikum ein Theater »der Menschlichkeit und Toleranz« zeigen, hatte die in Wien aufgewachsene jüdische Schauspielerin
und Intendantin Ida Ehre erklärt, als sie nach Kriegsende, im Sommer
1945, bei der britischen Militärregierung den Antrag einreichte, in einem
Gebäude in der Hartungstraße 9 die traditionsreichen Hamburger Kammerspiele wiedereröffnen zu dürfen.

Bevor sich am 21. November 1947 der Vorhang zur Uraufführung von
Wolfgang Borcherts »Draußen vor der Tür« öffnet, tritt die Intendantin
auf die Bühne und überbringt ihrem Theaterpublikum persönlich die be-
wegende Nachricht vom Tod des 26-jährigen Autors, die sie am Vortag
erreicht hat. »Das Publikum ist aufgestanden«, erinnerte sich Ida Ehre

rückblickend an diesen denkwürdigen Augenblick. »Wir haben einige Minuten stillschweigend verbracht, bevor die Aufführung begann.«
»Draußen vor der Tür« wurde das Theaterstück der Nachkriegszeit. In Hamburgs Norden liegt der Ohlsdorfer Friedhof, ein weitläufiger Parkfriedhof, der für sein reiches Grün und die Vielzahl prominenter Ruhestätten – auch der von Wolfgang Borchert – bekannt ist. Das Ehrengrab von Ida Ehre liegt gleich neben dem eines großen Kollegen. Gustaf Gründgens, Schauspieler und Regisseur, hatte als Anfänger in den 1920er-Jahren an den damals gegründeten Hamburger Kammerspielen gespielt.

GEFEIERT UND GEACHTET: DAS SCHAUSPIELHAUS

Anders als die Kammerspiele hatte das Deutsche Schauspielhaus den Zweiten Weltkrieg weitgehend unversehrt überstanden. Zehn Jahre nach Kriegsende begann hier die Ära Gustaf Gründgens. Während seiner Intendanz erreichte das Haus in der Kirchenallee internationales Ansehen. Weltruhm brachte Gründgens die legendäre Faust-Inszenierung, in der er und sein Star-Schauspieler Will Quadflieg gemeinsam auf der Bühne standen. Seitdem wechseln theaterpolitische, finanzielle und künstlerische Krisen mit kreativen Zeiten, bejubelt von Publikum und Fachwelt.
Dabei hat Deutschlands größtes Sprechtheater mit seinen 1200 Plätzen stets damit zu kämpfen, dass es selbst bei einem 700-köpfigen Publikum leer wirkt und seine Akustik den Schauspielern außerordentliche Stimmgewalt abverlangt. Dazu kommt, dass die überzeugten Hanseaten es den jeweiligen Intendanten auch nicht gerade leicht machen: Aus tiefstem Herzen mit »unserem Schauspielhaus« verbunden, verlangen sie vor allem nach «unseren Klassikern«.
In den 1970er-Jahren holte der leidenschaftliche Theatermann Ivan Nagel mit Künstlern wie Luc Bondy, Jürgen Flimm und Peter Zadek das damals revolutionäre »Regie-Theater« nach Hamburg. Unvergesslich: so bedeutende Schauspieler wie Ulrich Wildgruber, Eva Matthes und Susanne Lothar auf der Bühne des Deutschen Schauspielhauses.
In seiner 100. Spielzeit, die auch die letzte unter Frank Baumbauer war, triumphierte Hamburgs Theater europaweit mit der zwölfstündigen »Schlachten!«-Inszenierung von Luk Perceval, basierend auf Shakespeares Königsdramen.
Spannungsreich und grenzüberschreitend stellt sich das Programm unter der neuen Intendantin Karin Beier dar: Große Theaterstoffe werden als genreübergreifende Theaterproduktionen zu sehen sein, die Schauspiel mit Musik, bildender und medialer Kunst verbinden.

FESTE FEIERN

Die Hanseaten lieben den Sport – deshalb gehören das jährliche Galopprennen wie auch das Tennisturnier am Rothenbaum zu den großen Events der Stadt. Auf dem Jahresprogramm stehen aber auch Veranstaltungen für Fans von Kultur, Kulinarik und Amüsement.

Hamburg entwickelt sich immer mehr zur Event-Metropole – das Feiern hat rund ums Jahr Hochsaison. Unendlich scheinen die Anlässe für Spaß und Spannung, Aktionen zu Wasser, zu Land und in der Luft ziehen Tausende von Menschen an. Zu einem der größten Feste zählt der Hafengeburtstag, den die Hamburger alljährlich mit Sekt und sehr viel Bier begießen, während sie die Parade der Windjammer auf der Elbe begeistert beklatschen. Größtes Hamburger Sommer-Volksfest ist das Alstervergnügen, das rund um die Alster stattfindet, vom Rathaus- bis zum Gänsemarkt.

IN BESTER GESELLSCHAFT

Zwei nicht nur sportlich, sondern ebenso gesellschaftlich bedeutende Groß-Ereignisse sorgen alljährlich im Juli und August für internationale Aufmerksamkeit: Zum traditionellen Deutschen Derby, dem Galoppren-

◀ Ein Radrennen für jedermann sind die
Vattenfall Cyclassics (▶ S. 48).

nen in Hamburg-Horn, reisen die weltbesten Jockeys an, und an den
Tagen der Deutschen Tennismeisterschaften füllt sich der Centre Court
im Stadtviertel Rotherbaum bis unter das Dach.
Die kulturelle Landschaft Hamburgs ist vielfältig. Mit umfangreichen
und regelmäßigen Veranstaltungen über das Jahr in den Bereichen Kunst,
Literatur, Film, Theater und Stadtteilkultur versteht sie es, den Blick des
Publikums verstärkt auf sich zu lenken und ihm einen umfassenden Ein-
druck und ein lebendiges Bild zu vermitteln: Die lange Nacht der Museen
etwa ist eins der zahlreichen Vergnügen für Kulturfreunde, das Sommer-
theater auf Kampnagel, die Hamburger Ballett-Tage oder das Filmfest
Hamburg, und wenn Bach-Wochen sind, füllt sich die bis auf den letzten
Platz besetzte Kirche St. Michaelis mit herrlicher Musik und Chorgesang.

MÄRZ/APRIL

Hamburger Dom

Zum »Frühlingsfest« im März/April,
»Hummelfest« im Juli/August und
»Winterdom« Anfang November bis
Anfang Dezember ziehen Tausende
von Hamburgern auf das Heiligen-
geistfeld nahe der Reeperbahn, um den
Dom zu erleben, ein riesiger Jahrmarkt
und größtes Volksfest Norddeutsch-
lands mit Feuerwerk, Karussells,
Schaustellern und Bratwurstbuden.

Die lange Nacht der Museen

Mehr als 50 Hamburger Museen und
Ausstellungshäuser öffnen zwischen 18
und 2 Uhr die Türen. Kunst, Musik,
Tanz, Großtechnik und Kulinarisches.
Weil die einzelnen Kunsthäuser über die
gesamte Stadt verteilt sind, können die
Besucher einen Bus-Shuttle benutzen.
Mitte April
www.langenachtdermuseen-
hamburg.de

MAI

Hafengeburtstag

Alljährlich feiern 1 Mio. Hamburger
den Geburtstag ihres Hafens mit dem
»größten Hafenfest der Welt«: Drei
Tage lang findet am Ufer der Elbe eine
Art Jahrmarkt statt, mit Feuerwerk,
Livemusik und Imbissbuden. Das Fest
beginnt mit einem Eröffnungsgottes-
dienst in St. Michaelis und einer großen Parade der Windjammer. Am
Abend erstrahlt der Hafen in hellem
Lichterglanz. Beeindruckend, wenn
Hunderte Schiffe zu klassischer Musik
durch das Hafenbecken schippern.
In zeitlicher Nähe zum 7. Mai
www.hafengeburtstag.de

Japanisches Kirschblütenfest

Prächtige Feuerwerke über der Außenalster erhellen den Himmel, wenn die
in der Hansestadt lebenden (rund
1800) Japaner die Kirschblütenzeit feiern. Ende der 60er-Jahre schenkte die

japanische Gemeinde den Hamburgern als Dank für ihre Gastfreundschaft Kirschbäume, die im Alsterpark, an der Alsterkrugchaussee und am Altonaer Balkon gepflanzt wurden.
Ende Mai

JUNI

Ballett-Tage

Wenn die Hamburgische Staatsoper ihre Spielzeit beendet hat, zeigt das John-Neumeier-Ballett seine Tanzkünste. Es gehört zu Deutschlands bedeutendsten Ballett-Ensembles.
Anfang/Mitte Juni
www.hamburg-ballett.de

JULI/AUGUST

Deutsches Derby

Bei dem traditionsreichen Rennen (seit 1869) auf der Galopprennbahn in Hamburg-Horn gehen edle Vollblüter aus dem In- und Ausland an den Start zum Kampf um die Derby-Trophäe. Die Rennstrecke ist 2400 m lang, das Rennen dauert knapp zweieinhalb Minuten.
Erster Sonntag im Juli
www.galopp-derby.de

Hamburger Architektur Sommer

Zahlreiche Veranstaltungen während der Architektur-Triennale geben Gelegenheit zur Auseinandersetzung mit Architektur und Stadtentwicklung.
Nächster Termin: Sommer 2015
www.architektursommer.de

International German Open

Zu den legendären Deutschen Tennismeisterschaften versammeln sich Tennis-Freunde aus aller Welt unter dem geschlossenen Dach des Centre-Courts (13 200 Plätze) am Rothenbaum und erleben hervorragende, international besetzte Turniere.
Mitte Juli
www.amrothenbaum.de

Jedermann

Das historische Stück wird, modern interpretiert, open air vor der Kulisse der Speicherstadt aufgeführt.
Vier Wochen ab Ende Juli
www.speicherstadt.net

Christopher Street Day Hamburg

Einst als Demonstrationszug für die Gleichberechtigung Homosexueller gedacht, gleicht die Parade Tausender Schwuler, Lesben und Transsexueller in schrillen Outfits heute eher einem riesigen bunten Straßenfest, bei dem auch Schaulustige und andere Feierwütige gerne mitmachen.
Ende Juli/Anfang August
www.hamburgpride.com

Internationales Sommertheater Kampnagel

Hamburgs Theater- und Musikfreunde freuen sich das ganze Jahr über auf dieses Festival der Freien Theatergruppen, die mit internatonalen Produktionen auf den Bühnen von Kampnagel auftreten, einem ehemaligen Fabrikgelände.
Drei Wochen im August

Vattenfall Cyclassics

An dem größten Jedermann-Radrennen Europas nehmen bis zu 22 000 Hobbyradler teil. Das Sportereignis, fast schon ein Klassiker, ist auch für Profis eine Herausforderung.
Ende August
www.vattenfall-cyclassics.de

Viertägiges Alstervergnügen

Volksfest rund um die Binnenalster – Hamburg ist im Partyrausch. Von 10 bis 24 Uhr strömen Hunderttausende zusammen, um sich bei Bratwurst, Backfisch und Pizza unter freiem Himmel zu amüsieren. Diverse Bands sorgen für musikalische Unterhaltung. An drei Abenden um 22 Uhr findet ein gigantisches »Feuerwerkfestival« statt.
Ende August

SEPTEMBER/OKTOBER
Filmfest Hamburg

Alljährlich im Herbst strömen über 40 000 Kinoliebhaber an die Elbe, um eine Woche lang das Filmfestival zu erleben. Etwa 140 Produktionen werden als Welturaufführung, Europapremiere oder deutsche Erstaufführung präsentiert, außerdem viele Preise verliehen.

Das Festivalprogramm besteht aus mehreren Sektionen, darunter »Nordlichter«. Hier werden Spiel- und Dokumentarfilme aus Hamburg und Schleswig-Holstein gezeigt, Filme, in denen »Nordlichter« und der Norden eine Rolle spielen oder die im Norden gedreht wurden.
Ende September/Anfang Oktober
www.filmfesthamburg.de

DEZEMBER
Silvester-Feuerwerk

Tausende von Menschen versammeln sich an den Landungsbrücken, um mit Sekt, Bier und Böllern um Mitternacht das neue Jahr zu begrüßen. Ein tolles Spektakel, wenn das bunte Feuer der Raketen den Himmel illuminiert.
St. Pauli | U-/S-Bahn: Landungsbrücken (c5)

Wenn am ersten Tag des Jahres um null Uhr das neue Jahr begrüßt wird, ist der Anblick des Feuerwerks von den Landungsbrücken aus besonders eindrucksvoll.

MIT ALLEN SINNEN
Hamburg spüren & erleben

Reisen – das bedeutet aufregende Gerüche und neue Geschmacks-erlebnisse, intensive Farben, unbekannte Klänge und unerwartete Einsichten; denn unterwegs ist Ihr Geist auf besondere Art und Weise geschärft. Also, lassen Sie sich mit unseren Empfehlungen auf das Leben vor Ort ein, fordern Sie Ihre Sinne heraus und erleben Sie Inspiration. Es wird Ihnen unter die Haut gehen!

◀ Frühmorgens am Fischmarkt (▶ S. 51) treffen Nachtschwärmer auf Frühaufsteher.

ESSEN UND TRINKEN

Jacobs Restaurant   🔖 westl. A 5

»Terrasse im Restaurant Jacob« heißt ein berühmtes Gemälde von Max Liebermann, 1902 gemalt. Man kann es in der Hamburger Kunsthalle betrachten. Es zeigt die Lindenterrasse des luxuriösen Hamburger Hotel-Restaurants: Der Raum ist durchsonnt, unter dem schützenden Dach lichtgrünen Lindenlaubs hat sich an den Tischen ein elegantes und großstädtisches Publikum versammelt – vermutlich für einen Drink, bevor es sich zum Essen in das Innere des Hauses begibt … Die Sommerterrasse mit einzigartigem Elbblick bildet nur den Auftakt zum vollkommenen Genuss.

Nienstedten | Elbchaussee 401–403 | Bus: Sieberlingstraße (b5) | Tel. 82 25 50 | www.hotel-jacob.de | Mo–Sa 12–14.15 und ab 18.30 Uhr | €€€€

Kaffeeverkostung im Speicher-stadtmuseum   🔖 F 6

Allein der Duft nach frisch gemahlenem Kaffee! Die Vielfalt der Aromen! Ausgewiesene Kaffee-Experten führen

den Kaffee-Liebhaber in die Welt der unterschiedlichen Sorten und Röstungen ein und erzählen viel zum Thema Kaffeehandel in der Speicherstadt. Man bedenke: Hamburg ist der zweitgrößte Kaffeehafen der Welt hinter New York.

Speicherstadt | Am Sandtorkai 36 | U-Bahn: Baumwall (c5) | www.speicherstadtmuseum.de | Buchungen unter Tel. 32 11 91 | Mo–Fr 10–17, Sa, So 10–18, April–Okt. auch Mo 10–17 Uhr | 16.50 €

Kapitäns-Brunch in der Fischauktionshalle   🔖 D 6

Nach durchzechter Samstagnacht heißt das Ziel für Hanseaten und ihre Freunde am frühen Sonntagmorgen: St. Pauli Fischmarkt. Ob sommers oder winters, ob es nieselt oder eine Brise weht, ab fünf Uhr in der Früh bis um halb zehn treffen auf Hamburgs ältestem Wochenmarkt südlich des Pinnasbergs Schwärme von Menschen ein, die sich nach einem schillernden St.-Pauli-Vergnügen noch ein frisches Bier gönnen oder den Biss in ein Brötchen mit Hering, Zwiebel und Gewürzgurke. Häufig übertönt der »Frische Fische«-Ruf der Händler noch das Kreischen der Möwen. Und während die Männer an den Ständen Krabben und Krebse, Schollen und Schellfisch feilbieten, ebenso wie Obst und Gemüse, Kaninchen, Kakteen, Kitsch und Kuriositäten, tobt in der Fischauktionshalle das Leben: Dort gibt's Jazz live, wer Lust hat zu tanzen, schwingt sein Bein und kann sich beim Kapitäns- oder Bootmanns-Brunch für den Tag stärken.

St. Pauli | Große Elbstr. 9 | S-Bahn: Königstraße (b5) | April–Okt. 5–9.30, Nov.–März 7–9.30 Uhr

KULTUR UND UNTERHALTUNG

Harbour Front Literaturfestival
Hamburg   G 6

Wo gibt es das? Einen riesigen Hafen als Forum für nationale und internationale Stars der Literatur? Alljährlich im September, kurz bevor die Frankfurter Buchmesse Bücherfreunde aus aller Welt in ihre Hallen lockt, pilgern Tausende Literaturbegeisterte an die Hamburger Hafenkante, um Norddeutschlands größtes Literaturfestival zu besuchen.

Platz finden sie in so außergewöhnlichen Spielstätten wie den Laderäumen ausgemusterter Frachtschiffe oder in einer Kirche, in der Seemannsmission oder einem Lokal. »Der Hafen ist von jeher Umschlagplatz von Geschichten. Neuigkeiten werden ausgetauscht, Sprachen und Religionen aus der ganzen Welt treffen aufeinander – all das ist doch der Stoff für Literatur! Also bringen wir sie auch dorthin«, sagt einer der drei Organisatoren des Festivals, das die Stadt vor einzigartiger Kulisse seit ein paar Spätsommern beglückt.

HafenCity | www.harbourfront-hamburg.com

Literaturhaus   H 3

Die Mischung macht's: erst einmal das hervorragende Sortiment der Buchhandlung Samtleben (im Entree) studieren, gedankenverloren in den ausgelegten Büchern blättern, möglichst gleich eins kaufen und nebenan, im spätklassizistischen Festsaal der denkmalgeschützten Villa, mit dem Lesen beginnen und Wiener Kaffeehausatmosphäre genießen.

Für alle Hamburger Literaturliebhaber und Autoren weltweit ist dieser Platz an der Außenalster ein unverzichtbarer Sammelpunkt. Man trifft sich hier zu Lesungen, Vorträgen, zum ausgiebigen Sonntagsfrühstück oder zum Abendessen. Das Restaurant Mercier und Camier im Kronleuchtersaal bietet eine monatlich wechselnde Tageskarte.

Uhlenhorst | Schwanenwik 38 | U-Bahn: Mundsburg (d4) | Tel. 2 20 13 00 | www.literaturhaus-hamburg. de | Mo–Fr 9–24, Sa, So 10–24 Uhr

AKTIVITÄTEN UND WELLNESS

Holthusenbad   F 1

Nach den Strapazen einer Stadtbesichtigung Lust auf ein paar erholsame Runden im beheizten Außenpool mit Unterwasserbeleuchtung? Oder einen entspannten Saunagang bei Candle-Light? Das mondäne, dreiflügelige Jugendstilbad mit zwei Hallenbädern bietet Wellness-Ambiente pur. Sein Erbauer: Hamburgs bekannter Stadtplaner Fritz Schumacher.

Winterhude | Goernestr. 21 | U-Bahn: Kellinghusenstraße (c3/4) | Tel. 18 88 90 | www.baederland.de | Mai–Aug. Mo–So 9–23, Sept.–April Mo–So 9–23 Uhr | Eintritt 1 Tag 9,70 €, 3 Std. 8.50 €

Kanal-Fahrt   G 5

Die Fahrt durch die Alsterkanäle an Bord eines der weißen Schiffe der Alsterflotte zeigt Ihnen Hamburg von einer völlig anderen Seite: Nur wenig entfernt von der Innenstadt breitet sich ein blau-grünes Freizeitparadies für Ruderer, Paddler und Tretbootfahrer aus. Auf den Bootsstegen laden Liegestühle zum entspannten Sonnen ein, in kleinen Cafés werden Eis und Getränke serviert. Parkanlagen und wunder-

schöne Gärten säumen die Ufer, palais-
artige Villen reihen sich aneinander.
Besonders prachtvoll ist die Gegend
um den Feenteich. Hier steht auch das
eindrucksvolle Gästehaus des Senats.
Mit der Einfahrt in den von Grün
überwucherten Goldbekkanal in Richtung des althamburgischen, mit Klein-
industrie durchsetzten Bezirks Barmbek ändert sich die Umgebung
schlagartig: Schrebergärten und Pavillons aus Holz liegen am urwüchsigen
Uferrand, wilde Sträucher und Trauer-

weiden spiegeln sich in dem undurch-
dringlich aussehenden Wasser der
Kanäle.
Innenstadt | Ab Jungfernstieg |
S-/U-Bahn: Jungfernstieg (c5) | April–
Sept. tgl.

Planetarium   ⚓ nördl. H 1

Sonne, Mond und Sterne! Selbst bei
Nieselregen ist es möglich, von Hamburg aus den Blick ins All zu richten,
und zwar sehr bequem, in plüschigen
Sesseln, fast liegend. Als 360-Grad-
Leinwand dient die Kuppel, die den
Sternenhimmel nachbildet. Die Hansestadt besitzt inzwischen den modern-
sten Sternenprojektor der Welt, der etwa
9500 Sterne projizieren kann, begleitet
von fachkundigen Kommentaren.
Winterhude | Otto-Wels-Straße (Stadt-
park) | U-Bahn: Borgweg (c3/4) |
Tel. 42 88 65 20 | www.planetarium-
hamburg.de | Mo, Di 9–17, Mi, Do
9–21, Fr 9–22, Sa 12–22, So 10–20 Uhr |
Eintritt ab 8,50 € | ♿

Schwimmen und saunen in der eleganten Atmosphäre des Jugendstils: Das mondäne
Holthusenbad in Winterhude ist wohl das stilvollste Bad der Hansestadt (▶ S. 52).

Luxusliner live: Das Kreuzfahrtschiff »Queen Mary« geht regelmäßig im Hafen vor Anker.

HAMBURG ERKUNDEN

EINHEIMISCHE EMPFEHLEN

Die schönsten Seiten Hamburgs kennen am besten diejenigen, die diese Stadt seit Langem oder schon immer ihr Zuhause nennen. Zwei dieser Bewohner lassen wir hier zu Wort kommen – Menschen, die eines gemeinsam haben: die Liebe zu ihrer Stadt.

Anna Bovensiepen, 60

Grandios, dieser Anblick, nicht wahr? Und was für ein Panorama! Großstädtisch, vital. Am Hafen zeigt sich die Boomtown Hamburg in ihrer überwältigenden Schönheit.

Oberhalb des Fähranlegers Sandtorhöft (Hafenfähre 62) auf der – spitz zulaufenden, der Name sagt's – Landzunge Kehrwiederspitze am westlichen Ende der HafenCity steht ein Strandkorb, mein Lieblingsplatz in dieser Gegend. Natürlich sind die Chancen gering, dass er gerade frei ist, wenn ich komme und dort meine heiße Schokolade trinken möchte. Aber egal, auf der Außenterrasse und den zwei Etagen bei Stricker's Kehr Wieder Spitze gleich

Ein großes Vergnügen, auch für Einheimische, ist eine Paddeltour auf dem See im Stadtpark (▶ S. 120). Im nahen Bootsverleih gibt es Kajaks, Kanus und Tretboote.

neben der Elbphilharmonie (Am Sandtorkai 77, www.kehr-wieder-spitze.de, Di–So 11–22 Uhr) lädt genügend Gestühl zum Verweilen ein, und der Blick ist einfach überwältigend: Hafenbecken, Kaimauern, Baukräne, Brücken, große Schiffe, kleine Yachten, gediegene Backsteintradition neben architektonischer Avantgarde aus Stahl und Glas; zur Linken wächst das futuristische Konzerthaus »Elphi« (▶ S. 74) auf einem ausgedienten Kaispeicher in den Himmel, zur Rechten, in der Ferne, grüßt der Michel (▶ S. 64), im Überseehafen wartet das Hotelschiff »**Cap San Diego**« (▶ S. 85) auf seine Gäste, am gegenüberliegenden Elbufer, direkt neben dem »König der Löwen«-Zelt, wird noch an dem neuen Theater mit 1850 Plätzen gebaut, unter dessen imposantem Dach ab November 2014 das Musical »Wunder von Bern« große Weltpremiere feiern wird. Hamburgischer geht es nicht!

»Schiffe, Yachten und dazu die Elbphilharmonie: Der Blick von der Kehrwiederspitze ist überwältigend.«

Anna Bovensiepen

Manfred Wigger, 57

Sobald das Wochenende naht und die Temperaturen es zulassen, finde ich nichts schöner, als das Fahrrad zu nehmen und von meinem Fotografenstudio im Sternschanzenviertel durch die sonntäglich stillen Straßen Eppendorfs mit seinen weiß leuchtenden Jugendstilfassaden in Richtung **Stadtpark** (▶ S. 120) zu radeln, wo mich große Waldgebiete, Wiesenflächen, grüne Gärten und ein wunderbarer Badesee erwarten.

Doch vor dem Sprung in das Wasser lasse ich mich erst einmal in die weichen Sessel der Hamburger Sternwarte, dem Planetarium (Otto-Wels-Str. 1, Tel. 42 88 65 20, www.planetarium-ham

burg.de ▶ S. 53), fallen und auf eine Reise in den Weltraum mitnehmen. Während ich bequem unter der Kuppel liege, beobachte ich Sonnen- und Mondfinsternisse, Nordlichter und Sternschnuppen. Atemberaubend!

Das Planetarium war ursprünglich ein Wasserturm, zwischen 1912 und 1915 von Fritz Schumacher erbaut, der aber Ende der 1920er-Jahre überflüssig und schließlich zum Planetarium umfunktioniert wurde. Immer mal wieder genieße ich die tolle Aussicht von der Plattform aus 42 m Höhe und stelle mir vor, wie es wohl gewesen sein mag, als sich am Stadtparksee (bis zum Zweiten Weltkrieg) die Stadthalle befand, ein Großraumrestaurant mit Sälen und Terrassen für mehr als 10 000 Menschen und zahlreichen Kapellen, die täglich zum Tanz aufspielten.

INNENSTADT

Wasser, überall Wasser: Maritimes Flair prägt das Bild der Innenstadt. Am schönsten zu erleben am Jungfernstieg, der sich wie eine Bühne zur Binnenalster öffnet. Mit einem Besuch im Alsterpavillon beginnt und endet für viele ein City-Bummel.

Heinrich Heine in Hamburg? Ja. Er besuchte hier häufig seinen jüdischen Onkel Salomon Heine, Bankier und Mäzen, der neben seinem Stadtpalais am Jungfernstieg (Nr. 34) einen Sommersitz an der Elbchaussee besaß (Nr. 31). Hier verliebte er sich in seine Cousine Amalie, und hier begann seine Karriere als Star-Autor des Verlagshauses Hoffmann und Campe. Im Herzen der Stadt, auf dem Rathausplatz, erinnert eine Skulptur an den politischen Rebellen und lange verkannten Poeten.

WEISS LEUCHTEN DIE ALSTERARKADEN

Unvorstellbar, dass Tausende von Pfählen in die Alstermarsch gerammt werden mussten, bevor man mit dem Bau des Rathauses beginnen konnte. Seit 1897 sind hier Senat und Bürgerschaft zu Hause, sprich Landesregierung und Landtag. Städtebaulich ein großartiger Einfall: An das Rat-

◄ Sie bilden das Herz der Innenstadt: das Rathaus (► S. 63) und die Binnenalster.

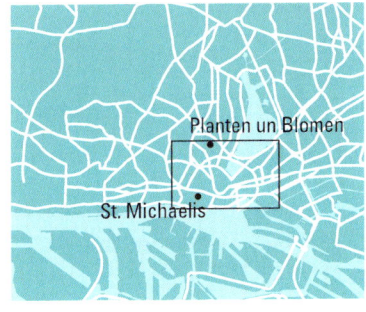

haus grenzt unmittelbar die Börse, 1558 gegründet, die damit die älteste der Welt ist.

Breite Steintreppenstufen führen vom Rathausmarkt hinunter zum Alsterfleet. Gegenüber die strahlend weißen **Alsterarkaden** mit Läden, Cafés und Restaurants, ein genialer Einfall des Architekten Alexis de Châteauneuf. Östlich des Rathausmarktes führt der Einkaufsboulevard Mönckebergstraße, an den beiden großen Kirchen St. Petri und St. Jakobi vorbei, in Richtung Hamburger Kunsthalle und Hauptbahnhof.

DIE KÜHLE PRACHT DER BINNENALSTER

Und dann die **Binnenalster**! Zu ihrer Linken gesäumt von den Lindenreihen des Ballindamms, zur Rechten von den Kaufmannspalästen aus der Gründerzeit am Neuen Jungfernstieg mit dem Hotel Vier Jahreszeiten, in der Mitte des Wasserbeckens die Alsterfontäne, dahinter der Jungfernstieg mit Schiffsanleger, Alsterhaus und Alsterpavillon, Neuer Wall und Große Bleichen und, in ununterbrochener Folge, die Passagen, kuppelüberdachte Konsumparadiese aus Glas und Stahl mit vielen schönen und teuren Dingen, Hanse-Viertel, Hamburger Hof, Gerhof Passage, Galleria, um nur einige zu nennen.

In der Peterstraße nahe dem Kneipenviertel **Großneumarkt** kann man sehen, wie ein typisches Hamburger Wohnviertel früher einmal aussah: In einer Fußgängerzone erhebt sich eine Gruppe schmaler Bürgerhäuser aus dem 17. und 18. Jh., die der hanseatische Mäzen Alfred C. Toepfer rekonstruieren ließ. Der Fachwerkhauskomplex Beylingstift, wo bedürftige Hamburger zu Sozialmieten wohnen, stammt aus dieser Zeit. In einem der Stiftsflügel (Nr. 39) wurde das Johannes-Brahms-Museum eingerichtet.

Geht man weiter in Richtung Speicherstadt und HafenCity, vorbei an Hamburgs Hauptkirche St. Michaelis, kommt man in die Admiralitätsstraße. **Fleetinsel** heißt das Ballungsgebiet zeitgenössischer Kunst, das sich in den 1980er- und 1990er-Jahren hier etablierte. Hier, wo sich bekannte Galerien und exklusive Gastronomie aneinanderreihen, zeigt sich die Innenstadt von ihrer schönsten, typisch hanseatischen Seite.

SEHENSWERTES

Alster G2–G4

»Die Alster lehrt gesellig sein«, schrieb der Dichter Friedrich von Hagedorn (1708–1754) über Hamburgs Renommiergewässer in der City; für Detlev von Liliencron (1844–1909) war der 180 ha große »See« sogar die »heilige Quelle, der die Republik ihren schönsten Schmuck verdankt«.

Die Alster, 52 km lang, ist ein rechter Nebenfluss der Elbe, sie wird kurz vor der Mündung zur Außen- und Binnenalster aufgestaut. Die Binnenalster mit dem Uferboulevard Jungfernstieg prägt das zentrale Stadtbild, die Außenalster, umgeben von Villen, Gärten und Parks, ist mit ihrer Fläche von 1,6 qkm ein beliebtes Segelrevier. Hier liegen auch die Clubhäuser der berühmten Hamburger Segelregattavereine.

Alster-Rundfahrt | S-/U-Bahn: Jungfernstieg (c5) | tgl. ab Anleger Jungfernstieg 10–18 Uhr

1 Börse F5

Eng an das Rathaus geschmiegt liegt die Börse, 1558 gegründet und die älteste Deutschlands. Wie durch ein Wunder überstand sie als einziges Bauwerk im Brandgebiet fast unbeschadet das Große Feuer von 1842.

Seit seiner Fertigstellung 1841 ist der klassizistische Gebäudekern mehr oder weniger unverändert geblieben, später gab es seitliche Erweiterungen und eine neue Fassade. Zwei Skulpturengruppen aus Bronze des zeitgenössischen Bildhauers Waldemar Otto zieren das Haus.

Unter dem Dach der Börse befinden sich fünf Einzelbörsen, darunter Kaffee- und Getreidebörse.

Adolphsplatz | U-Bahn: Rathaus (c5) | Tel. 3 61 30 20 | Führungen durch die Handelskammer Hamburg und die Börse für Gruppen auf Anfrage

2 Chilehaus G5

Eins der bedeutendsten Bauwerke des Expressionismus weltweit und architektonischer Höhepunkt des Kontorhausviertels. Die spitz zulaufende Ostkante des zehngeschossigen Klinkerbaus ähnelt einem Schiffsbug und macht das Chilehaus zu einem Wahrzeichen der Hansestadt. Sein Name erinnert an den Handel mit dem Chile-

Salpeter, der als »Weißes Gold« den Überseekaufmann und Bauherrn Henry B. Sloman zu Wohlstand brachte. Fritz Höger (1877–1949) errichtete es zwischen 1922 und 1924. Man achte auf die mit Baldachinen, Konsolen und Sockeln aufwendig gestalteten Fassaden und den reichen Skulpturenschmuck.

Burchardplatz | U-Bahn: Meßberg (c5)

❸ Dammtor-Bahnhof 🏳 F 4

Prachtbahnhof von 1903 in kunstvoller Stahl-Glas-Konstruktion. Schöner, restaurierter Jugendstilbau.

S-/U-Bahn: Dammtor (c4)

Wollen Sie's wagen?

Yoga auf der Alster? Sie müssen kein Könner sein, um den Sonnengruß auf einem Alsterschiff und unter der Leitung einer zertifizierten Hatha-Lehrerin zu genießen. Von Mai bis September gleitet das Yogaboot dienstags von 18.30–20 Uhr ab Anleger Jungfernstieg im Abendrot über die Alster. Tee und Gebäck sind im Preis von 29 € inklusive.
www.yogaanderalster.net

© MERIAN-Kartographie

4 Deichstraße   F 5

Hier findet man die Reste der Hamburger Altstadt mit Kaufmannshäusern aus dem 17. Jh. Die Rückseiten dieser Häuser mit den malerischen Fachwerkgiebeln liegen am Nikolaifleet, dem alten Alsterlauf und ersten Hamburger Hafen im frühen Mittelalter. Säcke und Fässer wurden hier vom Schiff direkt in die Häuser geholt. An dieser Stelle brach 1842 der Große Brand aus, dem fast die ganze Innenstadt zum Opfer fiel. Die Häuser wurden restauriert. Sehenswert sind auch jene Gebäude, in denen die Restaurants Alt Hamburger Aalspeicher oder Deichgraf liegen.

U-Bahn: Baumwall und Rödingsmarkt (c5)

5 Gängeviertel   F 4

Gebäudekomplex in historischem Viertel, bestehend aus mehreren Altbauten, die von kaufkräftigen Investoren abgerissen werden sollten. Künstler sorgten mit ihrer Besetzung der heruntergekommenen Häuser international für Aufmerksamkeit; die Hansestadt kaufte sie schließlich zurück und lässt sie seit dem Herbst 2013 umfangreich sanieren. Geplant ist der Bau preiswerter Wohnungen, Künstlerateliers und Gewerberäume.

Valentinskamp/ Caffamacherreihe/ Speckstraße | U-Bahn: Gänsemarkt (c4)

6 Jungfernstieg   G 5

Bevor er zum weltstädtischen Boulevard wurde, war der Jungfernstieg ein Spazierweg, auf dem im 18. und 19. Jh. sonntags die Hamburger Familien mit ihren Töchtern im heiratsfähigen Alter flanierten, während die Jünglinge wie Heinrich Heine auf der großen Terrasse des Kaffeehauses Alsterpavillon saßen und betrachteten, »was ein junger Mensch zu betrachten pflegt, die jungen Mädchen, die vorübergingen«.

S-/U-Bahn: Jungfernstieg (c5)

7 Kontorhausviertel   G 5

Südlich der Steinstraße gelegene, geschlossene Blockbebauung von großen Geschäftshäusern aus braunviolettem Klinker. Fritz Schumacher und Fritz Höger ersetzten den bis Anfang des letzten Jahrhunderts für die Hamburger Architektur vorherrschenden Putzbau durch Klinker und Backstein. Nach dem Abbruch des alten Meßberg-Niederstraße-Viertels (1913/1914) entstand hier ein Bürokomplex für Kaufleute und Handelsgesellschaften. Das berühmteste dieser in den 1920er-Jahren errichteten Häuser ist das Chilehaus (▸ S. 60), das von dem Kaufmann Henry B. Sloman in Auftrag gegeben wurde, der über 30 Jahre im Salpetergeschäft mit Chile tätig war. Dieser Handelsbeziehung verdankt das Gebäude seinen Namen. Karte ▸ S. 65

Weitere bedeutende Kontorhäuser sind: Afrikahaus, Meßberghof, Mohlenhof, Montanhof und Sprinkenhof. Burchardplatz | U-Bahn: Steinstraße oder Meßberg (c5)

8 Peterstraße   F 5

Dank der Privatinitiative des Hamburger Kaufmanns Alfred Toepfer konnten in der Peterstraße sieben Barockhäuser aus dem 17. und 18. Jh. wieder aufgebaut werden, die den Luftangriffen des Zweiten Weltkriegs zum Opfer gefallen waren. Nachgearbeitete Giebel und Fassaden schmücken die Rekonstruktionen der althamburgischen Bürgerhäuser, wie sie einst in den Kaufmannsvierteln an den Fleeten typisch waren. Noch in den 1960er-Jahren hatte man über den Abriss des historischen Beyling-Stifts nachgedacht, das 1824 von Johann Beyling erworben und 1899 einer Stiftung für Altenwohnungen übereignet worden war. Doch die verwinkelten Gebäude mit ihren alten Ziegelfassaden und kleinen Hinterhöfen wurden in den historischen Formen restauriert. In der Tradition des Beyling-Stifts sind fast alle Wohnungen der Peterstraße preisgünstig an Senioren vermietet.

Peterstraße | U-Bahn: St. Pauli (c5)

9 Rathaus F5

Das Rathaus, dessen Inneres ein Stilgemisch aus Renaissance, Barock und Klassik aufweist, wurde 1886 bis 1897 unter der Leitung des Architekten Martin Haller erbaut. Es ist Sitz des Senats (Landesregierung) und der Bürgerschaft (Landtag); der Senat ist im rechten Flügel, die Bürgerschaft im linken Flügel des Gebäudes untergebracht. In der Mitte liegen die Fest- und Repräsentationsräume. Der Große Festsaal ist mit Gemälden von Hugo Vogel geschmückt, auf denen die Entwicklung Hamburgs dargestellt ist – hier speisen jährlich am 24. Februar die Ehrengäste der Matthiae-Mahlzeit, hanseatischer Brauch seit 1356, um Freunde und Verbündete wohlgesonnen zu halten. Das Gemälde »Einzug des Senats in das Rathaus 1897« im Bürgermeistersaal stammt ebenfalls von Hugo Vogel.

Im Bürgermeisterzimmer, dem Repräsentationsraum des Ersten Bürger-

Der Große Brand im Jahr 1842 hat das alte Hamburg beinahe zur Gänze vernichtet. In der Deichstraße (▶ S. 62) am Nikolaifleet jedoch ist die Vergangenheit noch sichtbar.

Hygieia-Brunnen im Rathaus

Selten kommt einer auf die Idee, seinen Spaziergang durch die Stadt mit einer Pause im Innenhof des Rathauses zu unterbrechen. Schade eigentlich, denn dort wartet eine hoch aufgerichtete Quellnymphe: Hygieia, Göttin der Gesundheit. Im Sommer finden zu ihren Füßen die Rathauskonzerte statt (▶ S. 12).

meisters und Präsidenten des Senats, wird das Goldene Buch der Hansestadt aufbewahrt, in das sich berühmte Besucher eintragen. In der feierlich wirkenden Ratsstube finden an einem hufeisenförmigen Tisch die Senatssitzungen statt. Die Ratsstube und ihre Nebenräume bezeichnet man als Senatsgehege: Bronzene Gittertüren trennen es vom übrigen Teil des Gebäudes. Rathausmarkt | U-Bahn: Rathaus (c5) | Tel. 4 28 31 24 70 | Führungen im Rathaus: Mo–Fr 10–15, Sa, So 10–17 Uhr stündlich (außer bei Senatsabstimmungen)

🔟 St. Jakobi G 5

Trotz mehrfacher Beschädigungen durch Brände oder Kriege vermittelt die erstmals um 1255 erwähnte Hauptkirche St. Jakobi nach stilvoller Restaurierung ein gutes Abbild mittelalterlicher Architektur. Sehenswert ist der Hauptaltar, der Trinitatisaltar (frühes 16. Jh.) der Kirche, die im Kernbau eine dreischiffige Backsteinhalle ist. Im Südschiff steht der Lukasaltar, den um 1500 die Maler- und Glaserzunft stiftete. In der Taufkapelle befindet sich der Altar der Fischerzunft von 1508.

Die Orgel ist das größte und wohl auch bedeutendste erhaltene Werk des berühmten Orgelbauers Arp Schnitger. Sie entstand zwischen 1689 und 1693. Dank ihrer Auslagerung im Zweiten Weltkrieg konnten alle diese Kunstwerke die fast totale Zerstörung von St. Jakobi überstehen. Die Kirche wurde im Jahr 1959 neu geweiht. Jakobikirchhof 22 | U-Bahn: Möncke-bergstraße (c5)

1️⃣1️⃣ St. Katharinen G 5

Die spätgotische Kirche mit Hamburgs schönstem Barockturm wurde 1943 fast völlig zerstört und dann rekonstruiert (1950–1955). Eine Holzfigur der heiligen Katharina, ein süddeutsches Werk vom Ende des 15. Jh. ist eine Neuerwerbung. Katharinenkirchhof 1 | U-Bahn: Meßberg (c5)

⭐ St. Michaelis F 5

Die von den Hamburgern kurz Michel genannte Hauptkirche mit dem 132 m hohen Turm grüßt die Seefahrer seit 1661 und ist das Wahrzeichen der Hansestadt. Der bedeutende protestantische Barockbau (1750–1762) fiel 1906 einem Brand zum Opfer und wurde zwischen 1906 und 1912 originalgetreu

Bach-Konzerte in St. Michaelis

Wenn im Michel, wie die Hanseaten zärtlich die jüngste ihrer fünf Hauptkirchen nennen, die Werke Carl Philipp Emanuel Bachs oder die seines berühmten Vaters aufgeführt werden, bleibt selten ein Platz leer (▶ S. 12).

wieder aufgebaut. 1945 zerstörten ihn Bomben, erst zwei Jahre später konnte wieder zum Gottesdienst geläutet werden. Der Michel besitzt die größte Turmuhr Deutschlands mit Zeigern von fast 5 m Länge.

Ludwig-Erhard-Straße/Hopfenmarkt | U-Bahn: Rödingsmarkt (c5)

⑫ St.-Nikolai-Turm F/G 5

Die ursprüngliche Kirche (13. Jh.) fiel dem Großen Brand von 1842 zum Opfer. Der Nachfolgebau, eine neugotische fünfschiffige Basilika, wurde nach ihrer neuerlichen Zerstörung im Zweiten Weltkrieg nicht wieder aufgebaut. Der rauchschwarze Turm von St. Nikolai ist mit 147 m der höchste Kirchturm Hamburgs und blieb als Mahnmal für die Opfer von Krieg und Verfolgung erhalten.

Ost-West-Straße/Hopfenmarkt | U-Bahn: Rödingsmarkt (c5)

⑬ St. Petri G 5

Die evangelische Hauptkirche wurde in der ersten Hälfte des 11. Jh. errichtet und ist Hamburgs älteste Kirche. Die im 14. Jh. entstandene dreischiffige Halle fiel den Flammen des Großen Brandes von 1842 zum Opfer, ein Großteil des zwischen 1844 und 1849 errichteten neugotischen Backsteinbaus den Bomben des Zweiten Weltkriegs. Die Kirche wurde zwischen 1949 und 1959 wieder aufgebaut. Besonders schön ist der Passionsaltar in der Barbarakapelle.

Speersort 10 | U-Bahn: Rathaus (c5)

MUSEEN UND GALERIEN

MUSEEN

⑭ Bucerius Kunst Forum ▶ S. 145
⑮ Deichtorhallen ▶ S. 146
⑯ Deutsches Zollmuseum
▶ S. 146
⑩ Hamburger Kunsthalle ▶ S. 146
⑰ Hamburgmuseum ▶ S. 147
⑱ Johannes-Brahms-Museum
▶ S. 148
⑲ Kunstverein ▶ S. 148
⑳ Museum für Kunst und Gewerbe
▶ S. 150
㉑ Telemann-Museum ▶ S. 151

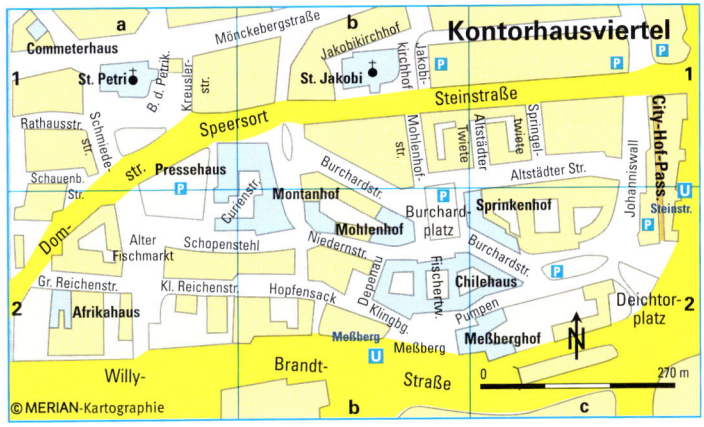

© MERIAN-Kartographie

GALERIEN

22 **Flo Peters Galerie** ▶ S. 152

23 **Galerie Commeter** ▶ S. 152

24 **Galerie Karin Guenther** ▶ S. 152

25 **Galerie Renate Kammer
Architektur und Kunst** ▶ S. 153

26 **Galerie Sfeir-Semler** ▶ S. 153

27 **Gruner + Jahr Pressehaus**
▶ S. 153

28 **Holger Priess** ▶ S. 153

29 **Produzentengalerie** ▶ S. 153

ESSEN UND TRINKEN

RESTAURANTS

30 **Alt Hamburger Aalspeicher** ⚑ F 5

Historisch – Das Nikolaifleet im Blickfeld, können Sie hier typisch hamburgisch speisen.

Deichstr. 43 | U-Bahn: Baumwall oder Rödingsmarkt (c5) | Tel. 36 29 90 | www.aalspeicher.de | tgl. 12–24 Uhr | €€€

31 **Daniel Wischer** 👥 ⚑ G 5

Hamburgs älteste Fischbratküche – Ideal als Zwischenstopp für Eilige, Hungrige und Fischliebhaber: Frischer, schneller und preiswerter gibt es das Goldbarschfilet nirgendwo.

Spitalerstr. 12 | S-/U-Bahn: Hauptbahnhof (d5) | Tel. 32 52 58 15 | www.daniel wischer.de | Mo–Sa 11–20 Uhr | €

32 **Die Bank** ▶ S. 27

33 **Fillet of Soul** ⚑ G 5

Cool – Offene Küche, eine Vielzahl an Gerichten, Espresso unterm Sonnenschirm und zeitgenössische Kunst in den Deichtorhallen gleich nebenan.

Deichtorstr. 2 | U-Bahn: Steinstraße (c5) | Tel. 70 70 58 00 | www.fillet-of-soul.de | Mo 11–15, Di–Sa –24, So –18 Uhr | €€

34 **Krameramtsstuben** ⚑ F 5

Gemütliches Alt-Hamburger Lokal – Um 21 Uhr können Sie auf die kleine Brücke treten und dem Türmer von St. Michaelis und seiner Trompete lauschen.

Krayenkamp 10 | S-/U-Bahn: Landungsbrücken (c5) | Tel. 36 58 00 | www.krameramtsstuben.de | Mo–So 10–24 Uhr | €€€

35 **Nello** ⚑ F 5

Hafenlage – Allein die hausgemachten Nudeln und das Brot sind einen Besuch bei dem charmanten Italiener im Portugiesenviertel wert.

Ditmar-Koel-Str. 26 | S-/U-Bahn: Landungsbrücken (c5) | Tel. 32 84 69 59 | www.nello-hamburg.de | tgl. 12–23 Uhr | €€

36 **Parlament** ⚑ G 5

Außergewöhnlicher Ort – Abgeordnete der benachbarten Hamburger Bürgerschaft und Geschäftsleute speisen besonders gerne in dem imposanten Saal des historischen Gebäudes, dem ehemaligen Ratsweinkeller direkt unter dem Rathaus.

Rathausmarkt 1 | U-Bahn: Rathaus (c5) | Tel. 70 38 33 99 | www.parlamenthamburg.de | Mo–Sa 11.30–23 Uhr | €€€

Fleetinsel

Eine wassernahe Adresse im Herzen von Hamburg. Zur Mittagspause treffen sich Künstler und Galeristen im Restaurant Marinehof, im Juli feiert das ganze Viertel unter dem Motto »Kunst, Kultur und Kulinarisches« das Fleetinsel-Festival (▶ S. 13).

Ein Österreicher in der Mönckebergstraße: Das Restaurant Tschebull (▶ S. 68) ist mit viel Holz und moderner Küche die alpenländische Antwort auf das französische Bistro.

37 Petit Bonheur ⚑ 🍴 F 5

Glücksmomente – Oft ist »das kleine Glück« gleich um die Ecke zu finden, wie in diesem Fall, nämlich im Stadt-inneren zwischen St. Michaelis und Johannes-Brahms-Museum. In dem Restaurant mit Bar im Pariser Bistro-Stil und mit weiß gedeckten Tischen wird französische Küche zelebriert. Erlesene Weine.

Hütten 85 | U-Bahn: St. Pauli (c5) | Tel. 33 44 15 26 | www.petitbonheur-restaurant.de | Mo–Sa 12–24 Uhr | €€

38 Plat du jour 🍴 G 5

Bistro-Klassiker – Exklusive französische Küche, kreative Kompositionen, hervorragende Weinauswahl.

Dornbusch 4 | S-/U-Bahn: Rathaus (c5) | Tel. 32 14 14 | www.leplatdujour.de | Mo–So 12–22.30 Uhr | €€€

39 Rialto 🍴 F 5

Auf der Fleetinsel – Restaurant-Café-Bar im Souterrain eines Speicherhauses. Theater-und Kunstszene.

Michaelisbrücke 3 | U-Bahn: Rödingsmarkt (c5) | Tel. 36 43 42 | www.rialto-hamburg.de | Mo–Sa 11.30–23 Uhr | €€€

40 Saliba 🍴 G 5

Syrischer Gourmettempel – Köstliche syrische Speisen in einem modern-orientalischen Rahmen.

Neuer Wall 13 | S-/U-Bahn: Jungfernstieg (c5) | Tel. 34 50 21 | www.saliba.de | tgl. 12–23 Uhr

41 Shalimar 🍴 F 4

Kulinarische Exotik – Im indischen »Heim der Liebe« erfreuen exotische Gerichte den Gast.

ABC-Str. 46–47 | U-Bahn: Gänsemarkt (c4) | Tel. 44 24 84 | www.shalimar-hamburg.de | Mo–Fr ab 12, Sa, So ab 17 Uhr | €€

42 Tschebull ⚓ G 5

Österreichische Köstlichkeiten – Das Restaurant im Levantehaus ist der hochklassige Genussplatz der City. Levantehaus/Mönckebergstr. 7 | U-Bahn: Mönckebergstraße (c4) | Tel. 32 96 47 96 | www.tschebull.de | Mo–Sa 12–22 Uhr | €€€

CAFÉS

43 Alex im Alsterpavillon ⚓ G 4/5

Dieses einst zeltartige »lustige Kaffeehäuslein« wurde 1799 von einem französischen Emigranten eröffnet. Besonders schön an warmen Tagen: die großen Terrassen.

Jungfernstieg 54 | S-/U-Bahn: Jungfernstieg (c5) | www.dein-alex.de | Mo–Do 8–1, Fr, Sa bis 3, So 9–1 Uhr

44 Arkaden-Café ⚓ G 5

Im Sommer auch draußen: guter Apfelkuchen. Hamburg entfaltet südlichen Charme – Venedig lässt grüßen. Alsterarkaden 9–10 | S-/U-Bahn: Jungfernstieg (c5) | tgl. 9–19 Uhr

45 Café Paris ▶ S. 27
46 Casse-Croûte ▶ S. 27

47 Condi ⚓ G 4

Das Café im Hotel Vier Jahreszeiten im Biedermeierstil erinnert an die berühmten französischen Teesalons. Hervorragende Konditorei und kleine Gerichte. Wer zum Abendessen bleiben möchte: Das mit zwei Michelin-

Ein Camembert de Normandie? Oder ein original-italienischer Parmesan, 24 Monate gereift? Was darf es sein? Die gut bestückte Käsetheke im Alsterhaus (▶ S. 69) erfüllt jeden Wunsch.

Sternen ausgezeichnete Hotel-Restaurant Haerlin gehört zu den führenden Gourmetparadiesen Deutschlands.
Neuer Jungfernstieg 9 | S-/U-Bahn: Jungfernstieg (c5) | Tel. 34 94-33 15 | Frühstück: Mo–Fr 6.15–11, Sa, So 7–11.30 Uhr, Café: Mo–Sa 11–18.30 Uhr | Restaurant Haerlin: Di–Sa 18.30–21. 30 Uhr

48 Weltbühne G 5
Zum Thalia Theater gehört ein Kaffeehaus, benannt nach der berühmten, einst von Kurt Tucholsky geleiteten Zeitschrift. Frühstück und Menüs.
Gerhart-Hauptmann-Platz 70 | U-Bahn: Mönckebergstraße (c5) | Tel. 30 39 32 50 | www.weltbühne.net | tgl. 9–23 Uhr

BARS UND CLUBS
49 Cotton Club F 5
Internationaler Treffpunkt für Jazz-Fans aus aller Welt. Nahezu täglich Jazz live! Oldtime, Disieland, Swing, Blues.
Alter Steinweg 10 | S-Bahn: Stadthausbrücke (c5) | www.cotton-club.de | Mo–Sa ab 20 Uhr, So Frühschoppen 11–15 Uhr

50 Erste Liebe Bar F 5
Ein Snack am Mittag oder ein Drink, nachdem die umliegenden Galerien geschlossen haben? Szenetreff.
Michaelisbrücke | S-Bahn: Stadthausbrücke (c5) | www.ersteliebebar.de | Mo–Fr 9–20, Sa 10–18 Uhr

51 Le Lion G 5
Willkommen in der Welt der gehobenen Trinkkultur. Vor Brokatwänden werden klassische Cocktails serviert.
Rathausstr. 3 | S-/U-Bahn: Rathaus (c5) | Tel. 3 34 75 37 80 | www.lelion.net | Mo–Sa 18–3, So bis 1 Uhr

EINKAUFEN

BÜCHER
52 Dr. Götze Land & Karte G 5
Spezialbuchhandlung für Landkarten und Reisebücher.
Alstertor 14–18 | S-/U-Bahn: Jungfernstieg (c5) | www.landundkarte.de

53 Felix Jud G 5
Eine der schönsten und gut sortierten Hamburger Buchhandlungen. Bibliophiles. Viele Lesungen.
Neuer Wall 13 | S-/U-Bahn: Jungfernstieg (c5) | www.felix-jud.de

54 Sautter + Lackmann F 5
Hamburgs große, hervorragend bestückte Kunstbuchhandlung.
Admiralitätsstr. 71/72 | U-Bahn: Rödingsmarkt (c5) | www.sautter-lackmann.de

KAUFHAUS
55 Alsterhaus F/G 5
Die Hanseaten schätzen »ihr« direkt an der Binnenalster gelegenes Kaufhaus, das nach einem kompletten Umbau als Lifestyle-Shoppingtempel mit Bars und Restaurants glänzt. In der Weihnachtszeit schmückt eine besonders schöne Schaufensterdekoration das Haus.
Jungfernstieg 16–20 | S-/U-Bahn: Jungfernstieg (c5) | www.alsterhaus.de

KULINARISCHES
56 Hachez-Chocoversum ▶ S. 36

57 Paulsen F 5
Keine Sorge – das Alt-Hamburger Geschäft, für seine köstlichen Pralinen aus eigener Manufaktur bekannt, ist nur ein paar Häuser weiter gezogen. »Himmlisch verführerische Leckereien« als schönes Mitbringsel.

Große Bleichen 36 | S-/U-Bahn: Jung-
fernstieg (c5) | confiserie-paulsen.de

MODE

58 Bettina Schoenbach   F 4/5

Die Modedesignerin machte mit der
Drei-Knopf-Jacke der Bundeskanzlerin
Furore. In ihrem neuen Flagship-Store
in einem feinen Stadthaus präsentiert
sie auf drei Stockwerken ihre eigene
und perfekt geschneiderte Modemarke.
Neue ABC-Str. 1 | U-Bahn: Gänsemarkt
(c4) | www.bettinaschoenbach.com

59 Brendler ▶ S. 35
60 Eisenberg ▶ S. 35

61 Görtz   G 5

Der Hamburger Familienbetrieb mit
den vielen Filialen garantiert stilvolles
Auftreten.
Neuer Wall 10 | S-/U-Bahn: Jungfernstieg
(c5) | www.goertz.de

62 Jil Sander ▶ S. 36
63 Ladage & Oelke ▶ S. 36
64 Petra Teufel ▶ S. 37

65 Paul Hoffmann   G 5

Gewänder aus Seide und Satin für die
Nacht. Mieder und Bettjäckchen.
Neuer Wall 10 | S-/U-Bahn: Jungfernstieg
(c5)

66 Staben   G 5

Ein Hamburger Klassiker. Maßge-
schneiderte Hemden und Anzüge. Viel
Kaschmir.
Rathausmarkt 5 | U-Bahn: Rathaus (c5)

67 Unger   F/G 5

Hamburgs luxuriös gestalteter »De-
partmentstore für internationale Desi-

gnermode« gilt als erste Adresse.
Traumhafte Kollektionen von Pucci
über Dior bis zu McQueen.
Neuer Wall 35 | S-/U-Bahn: Jungfern-
stieg (c5)

WITZIGES

68 FahnenFleck ▶ S. 35

KULTUR UND UNTERHALTUNG

CASINO

69 Casino Esplanade   F 4

Hamburgs Spielbank hinter einer schönen klassizistischen Fassade: Roulette,
Black Jack, Poker, Automaten. Das pu-
ristisch-elegante Top-Restaurant Ta-
rantella serviert Fleisch- und Fischge-
richte. Klassische Cocktailbar, Lounge.
Stephansplatz 10 | U-Bahn: Stephans-
platz (c4) | Tel. 3 34 73 30 | www.spiel-
bank-hamburg.de | tgl. 15–4 Uhr

KINO

70 Metropolis   F 4

Kommunal gefördertes Kino. Filmrari-
täten, wie z. B. Stummfilme.
Kleine Theaterstr. 10 | U-Bahn: Gänse-
markt (c4) | Tel. 34 23 53 | www.
metropolis-hamburg.de

71 Passage Kino Hamburg   G 5

Um ein Haar wäre es geschlossen worden. Doch zum Glück wurde Hamburgs ältestes Kino mit dem tollen
Art-déco-Ambiente doch noch umfangreich renoviert und erstrahlt heute
in seinem alten Glanz. Gezeigt werden
hier Hollywood-Produktionen ebenso
wie Kunstfilme, außerdem Matinees
und Filmgespräche. Mit Bar.
Mönckebergstr. 17 | U-Bahn: Möncke-
bergstraße (c5) | Tel. 46 86 68 60 |
www.das-passage.de

KULTURZENTREN

72 Markthalle G/H 5

Jeden Abend finden hier Jazz-, Rock-
oder Popkonzerte sowie Theaterinsze-
nierungen, Modenschauen und Dich-
terlesungen statt.

Klosterwall 11 | U-Bahn: Steinstraße
(c5) | Tel. 33 94 91 | www.markthalle-
hamburg.de

73 Nachtasyl G 5

Hoch oben, unter dem Dach des Thalia
Theaters, liegt eine Bar, die ihresgleichen sucht. Manchmal verwandelt sie
sich in einen lauten Konzertsaal (Indie-

Rocker, Chansonniers, Jazz-Virtuo-
sen), manchmal wird sie zur Bühne für
Schauspieler, und immer wieder bietet
sie den idealen Hintergrund für Lesungen oder Poetry Slams.

Alstertor 1 | U-Bahn: Mönckebergstraße
(c5) | Tel. 32 81 42 07 | www.thalia-
theater.de/nachtasyl | tgl. ab 19 Uhr

THEATER UND KONZERTE

74 Hamburgische Staatsoper ▶ S. 40
75 Laeiszhalle (Musikhalle Hamburg) ▶ S. 40
76 Ohnsorg-Theater ▶ S. 40
77 Thalia Theater ▶ S. 41

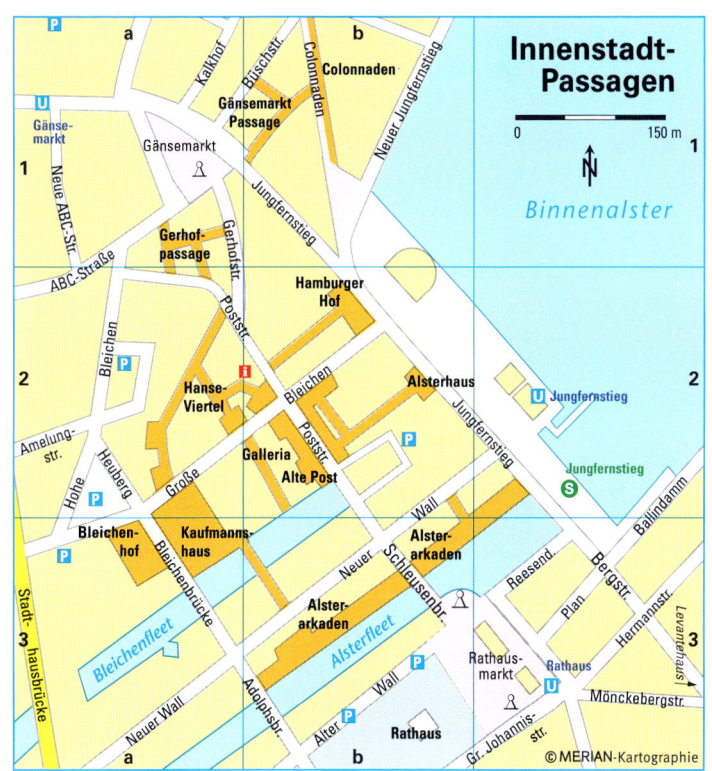

SPEICHERSTADT ⑧
UND HAFENCITY ⑨

Wenn ein Schiff vorbeifährt, brechen sich die Wellen an Häusern,
Flaniermeilen und Restaurants. Hamburg entdeckt das Leben
am Strom neu. In Nachbarschaft zur historischen Speicherstadt ist
mit der HafenCity ein faszinierender neuer Stadtteil entstanden.

Was für eine dekorative Kulisse! Bei nächtlicher Beleuchtung geradezu
märchenhaft. Giebel, Spitzbögen, Rundfenster, Eisengitterbalkons, Brücken und Stege. Dicht an dicht säumen alte Handelshäuser und Speicher
aus rotem Backstein mit Steildächern und Türmchen aus hellgrünem
Kupfer die zahlreichen stillen Fleete.

Die **Speicherstadt** ⑧: Hamburgs wirtschaftlichen Anschluss an das Kai-
serreich honorierte Reichskanzler Bismarck 1881 mit einem Freihafen –
dieses Gebiet im Süden der Altstadt eignete sich vorzüglich für die Lage-
rung von Gütern. Doch der Bau neuer Lagerhäuser setzte den Abriss des
alten Gängeviertels mit seinen schmalen Fachwerkhäusern voraus, und
mehr als 20 000 Menschen mussten sich neue Wohnungen suchen. Schon

◀ Neu gesellt sich zu Alt: Gegenüber der HafenCity erhebt sich der alte Hafenkran.

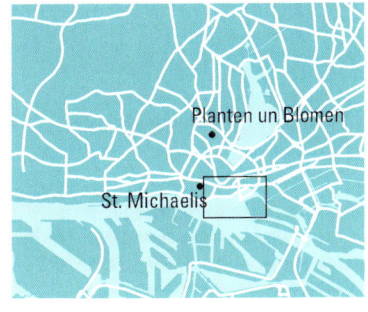

1895 konnten Hamburgs Kaufleute auf den Böden der neu errichteten Speicher Kaffee, Tabak und Tee lagern, Rum und Hülsenfrüchte, Rohseide und Orientteppiche.
Doch im Laufe der Jahrzehnte brauchte der Seehandel immer weniger Lagerraum, und so siedelten in dem denkmalgeschützten Backsteinensemble neben Schiffsausrüstern schließlich immer mehr Medienfirmen, Agenturen und Museen, u. a., das Speicherstadtmuseum, das Deutsche Zollmuseum und Spicy's Gewürzmuseum. Am Alten Wandrahm 4 lädt die Ausstellung »Dialog im Dunkeln« zum Einblick in die Welt blinder Menschen ein. Das »Hamburg Dungeon« ermöglicht Besuchern eine multimediale Zeitreise voller Spannung durch die Vergangenheit, und seit einiger Zeit zieht Europas größte Modelleisenbahn Alt und Jung an. Im Sommer wandelt sich die Speicherstadt zur Bühne für den »Jedermann«.

KREUZFAHRER UND EIN KÜHNES KONZERTHAUS

In enger Nachbarschaft zur Speicherstadt entsteht seit vielen Jahren auf dem nordöstlich gelegenen ehemaligen Freihafengelände mit dem rasant wachsenden Stadtteil **HafenCity** ✶ eines der größten europäischen Stadtentwicklungsprojekte. Moderne Neubauten, Straßenlaternen, die an Hafenkräne erinnern, die Magellan- und Marco-Polo-Terrassen mit viel Grün und vielen Bänken, Promenaden, Cafés, Restaurants, Läden und das Konzerthaus Elbphilharmonie, auf deren Vollendung die Hamburger mit Ungeduld warten.
Um den Bürgern Einblicke in die aktuellen Entwicklungen zu geben, präsentiert Hamburgs bedeutendstes städtebauliches Projekt »Leben am Wasser« eine multimediale Information über Planung und Entstehung der HafenCity. Im Mittelpunkt der Ausstellung steht ein großes Modell. Der leuchtend orangefarbene Aussichtsturm – View Point – bietet aus 13 m Höhe eine tolle Panorama-Sicht auf HafenCity und Innenstadt. Ein Café lädt den Besucher zum Verweilen ein.
(InfoCenter der HafenCity, Kesselhaus | Am Sandtorkai 30 | U-Bahn: Baumwall (c5) | www.hafencity.com | Di–So 10–18, Do bis 20 Uhr)

SEHENSWERTES

❶ Dialog im Dunkeln ⚑ G 5

Mitten in der historischen Speicherstadt führen blinde Menschen in totaler Dunkelheit die Besucher durch verschiedene Räume und Erlebniswelten, eine stockfinstere Welt aus Tönen, Düften und Texturen. Alltägliche Unternehmungen wie etwa ein Spaziergang werden in vollkommen dunkler Umgebung auf irritierend neue Weise erlebbar. Ebenso lichtlos ist es im Restaurant, wo blinde Servicekräfte den Gast mit einem saisonal wechselnden »Dinner in the Dark« überraschen, einem Menü, das aus vier Gängen besteht.

Der Erfolg des Konzepts ist so groß, dass die Macher nun auch mit anderen Sinnen experimentieren: Beim »Brunch im Stillen« speisen bis zu 40 Gäste an Achter-Tischen ohne Worte, für die Kommunikation untereinander wie mit dem gehörlosen Personal dienen allein Mimik und Gestik.

Speicherstadt | Alter Wandrahm 4 | U-Bahn: Meßberg (c5) | Tel. 3 09 63 40 | www.dialog-im-dunkeln.de | Di–Fr 9–17, Sa 10–20, So 10–18 Uhr | Anmeldung erforderlich | Eintritt 15 €, Kinder 8,50 € | Dinner in the Dark 65 €, Brunch im Stillen 29 €

⭐ Elbphilharmonie ⚑ F 6

Noch ist kein Ton zu hören – doch die Bauarbeiten über dem Kaispeicher in der HafenCity schreiten voran, und gespannt wartet die internationale Musikwelt auf das Premierenkonzert in Hamburgs extravagantem Konzerthaus, das sich wie eine gläserne Welle auf dem ehemaligen Kakaospeicher erhebt. Herzstück des gesamten Gebäudes bildet der 50 m lange, 40 m breite und 25 m hohe Große Saal mit 2150 Plätzen und einer Bühne in der Mitte, auf der ein komplettes Orchester nebst Chor Platz finden soll. Auf der nach allen Seiten offenen Aussichtsplattform befinden sich ein Café und die Lobby eines Fünf-Sterne-Hotels.

Aus Flutschutzgründen wurde die Eingangsebene auf 8,70 m erhöht. Auch die bestehenden Kaianlagen wurden um 4 m aufgestockt. Der Entwurf der Elbphilharmonie stammt von den Basler Star-Architekten Herzog & de Meuron. Wer die Idee begutachten will: In dem riesigen Glaswürfel, der auf den Magellan-Terrassen in der HafenCity steht, steckt das hölzerne Modell der Elbphilharmonie im Maßstab 1 : 10.

Wenn es eines Tages fertiggestellt ist, wird das Gebäude mehr als den Konzertsaal beheimaten: Geplant sind daneben auch ein Hotel, ein Restaurant, 45 Wohnungen sowie ein frei zugänglichen Platz mit 360°-Panorama über die Stadt. Doch wohl noch bis 2017 ist das alles: Zukunftsmusik.

HafenCity | U-Bahn: Baumwall (c5) | www.elbphilharmonie.de

❷ Hamburg Dungeon ⚑ F 6

Unerbittlich wütet die Pest in Hamburg, brechen sich stürmische Fluten 1717 Bahn, züngeln die Flammen des Großen Brandes 1842 an den Häusern der Hansestadt empor, rollt der Kopf des legendären Seeräubers Klaus Störtebeker. Noch kurz vor seiner Hinrichtung soll der berüchtigte Freibeuterkapitän dem Hamburger Bürgermeister das Versprechen abgenommen haben, all jene Piraten vom Tod durch das Schwert zu verschonen, an denen der Verurteilte nach seiner Enthauptung noch vorbeigehen könne … Störtebeker, sein Kopf lag schon längst am Boden, soll immerhin elf seiner verurteilten Kollegen noch erreicht haben, bis ihm der Scharfrichter ein Bein stellte und den Geköpften zu Fall brachte. Und das bürgermeisterliche Versprechen? Keine Rede mehr davon. Von ihrem Gefängnis aus mussten alle 73 Piraten in einer langen Prozession den Weg zu ihrer Hinrichtungsstätte auf dem Grasbrook antreten. Nur wenig später konnten die Hamburger die Köpfe der Enthaupteten auf Pfähle gespießt entlang der Elbe sehen.

Abenteuerlustige lieben das Hamburg Dungeon, das die lustigen Seiten dunkler Zeiten lebendig werden lässt.

Speicherstadt | Kehrwieder 2 | U-Bahn: Baumwall (c5) | www.thedungeons. com | tgl. ab 10 Uhr

3 Miniatur Wunderland 🚶 ⚓ F 6

In der historischen Speicherstadt, drei Stockwerke über der Horrorausstellung »Dungeon«, fasziniert ein einzigartiges Spielzeug nicht nur Eisenbahnfans: »Die größte Modelleisenbahn der Welt« zeigt Hamburgs Dom und die Reeperbahn, Amerika und die verschneiten Alpen in Miniformat.

930 Eisenbahnzüge fahren auf über 13 000 m Gleisen durch unterirdische Bahnhöfe und auf hohe Berge. In der Miniatur-Landschaft mit seinen 200 000 Figuren, über der es alle paar Minuten taghell und dann wieder stockdunkel wird, sorgen insgesamt Zehntausende von Lichtern für das nächtliche Leuchten von Häusern und Schiffen.

Jetzt haben die Aussteller gerade einen neuen Coup gelandet: Während sich das Konzerthaus Elbphilharmonie in der HafenCity immer noch im Bau befindet, erstrahlt ihre kleine Schwester in 82 cm Höhe im Miniatur Wunderland.

Speicherstadt | Kehrwieder 2 | U-Bahn: Baumwall (c5) | www.miniatur-wunderland.de | Mo-Fr 9.30–18, Di bis 21, Sa 8–21, So 8.30–20 Uhr | Eintritt: 12 €

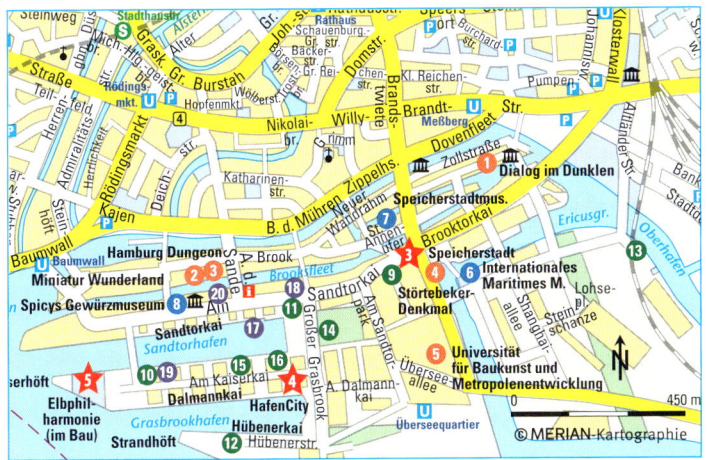

Wollen Sie's wagen?

Wagemutige stürzen sich mit einem Bungee-Sprung hinein in das Erlebnis HafenCity! 163 steile Stufen geht es hinauf auf den alten Hafenkran, ein 250 Tonnen schwerer Stahlkoloss, der in der HafenCity steht. Oben ist eine Absprungrampe für Bungee-Springer installiert. Der 50 m tiefe Fall am Gummiseil kostet Sie 79,90 € – für Mutige und bei entsprechender Tide sogar mit einem Dip-in.
www.bungee.de/hamburg-hafenkran

4 Störtebeker-Denkmal ⚑ G 6
Auf dem Kleinen Grasbrook, der alten Hinrichtungsstätte, wurden 1401 der legendäre Seeräuber Klaus Störtebeker und einige Angehörige seiner Mannschaft geköpft. Das Denkmal der Seeräuber stammt vom Münchner Bildhauer Hansjörg Wagner. Die 1982 geschaffene Bronzestatue ist 2,20 m groß und wiegt 200 kg.
HafenCity | Osakaallee | U-Bahn: Meßberg (c5)

5 Universität für Baukunst und Metropolentwicklung ⚑ G 6
Mit der HafenCity ist Hamburg näher an die Elbe herangewachsen. Seit im Frühjahr 2014 knapp 2500 Studenten die »coolste Universität« der Hansestadt bezogen haben, nämlich die neu errichtete Universität für Baukunst und Metropolenentwicklung (HCU) an der Überseeallee mit eigener U-Bahn-Station, hat sich das Hafen-Quartier noch mehr belebt. Neben Hörsälen, Werkstätten und Büros be-finden sich in dem verschachtelten Innern des fünfstöckigen, futuristisch anmutenden Gebäudes eine Mensa und eine Bibliothek. Der Blick auf Hafengeschehen und Elbphilharmonie gleich nebenan ist großartig.
HafenCity | Überseeallee 16 | U-Bahn: Hafencity/Universität (c5) | www.hcu-hamburg.de

MUSEEN UND GALERIEN
6 Internationales Maritimes Museum Hamburg ▶ S. 148
7 Speicherstadtmuseum ▶ S. 151
8 Spicy's Gewürzmuseum ▶ S. 151

ESSEN UND TRINKEN
RESTAURANTS
9 Baracca ⚑ G 5/6
Wohnzimmer-Ambiente – Großzügige Räume mit Einrichtung im Landhausstil. Das italienische Restaurant überrascht mit einem Konzept, das einige Geduld erfordert: Es kommt kein Kellner an den Tisch, sondern der Gast bestellt seine Gerichte digital. Eine weitere Überraschung: Einige der Designstücke kann man käuflich erwerben.
HafenCity | Am Sandtorkai 44 | U-Bahn: Baumwall (c5) | Tel. 284 67 37 33 | www.labaracca.eu | Mo–Do 12–22.30, Fr –23.30, Sa 13–23.30, So –22.30 Uhr | €€

10 Carls ⚑ F 6
Bistro-Brasserie-Kultursalon – Der Gast sitzt elbnah auf roten Lederbänken und kann hohes kulinarisches Niveau genießen. Terrasse.
HafenCity | Am Kaiserkai 69 | U-Bahn: Baumwall (c5) | Tel. 3 00 32 24 00 | www.carls-brasserie.de | Mo–Fr 12–14.30 und 18–23, Sa, So 12–23 Uhr | €€

Vorbei am schwebenden Großmodell der »Wappen von Hamburg III« führt die Besuchertour durch das Internationale Maritime Museum Hamburg (▶ S. 148).

🕚 Chilli Club   📍 G 6

Rot erleuchtet – Erstes Restaurant der HafenCity – 120 Plätze, Bar, Lounge. Leichte asiatische Wok-Küche. Blick auf die Magellan-Terrassen, eine Bühne aus Beton, die an den Seefahrer Magellan erinnert.

HafenCity | Am Sandtorkai 54 | U-Bahn: Baumwall (c5) | Tel. 35 70 35 80 | www.chilliclub.de | tgl. 12–23 Uhr | €€

🕛 Coast   📍 G 6

Küsten-Feeling – Pfiffig gestyltes Restaurant mit grün bewachsenen Seitenwänden, das sich auf die euroasiatische Küche spezialisiert hat. Vielfalt an guten Weinen und Spirituosen.

HafenCity | Großer Grasbrook 14 | U-Bahn: Überseequartier (c5) | Tel. 30 99 32 30 | www.coast-hamburg.de | tgl. 11.30–24 Uhr | €€€€

🕓 Oberhafenkantine   📍 H 5/6

Echt hamburgisch – In diesem denkmalgeschützten Imbiss (einer ehemaligen Kantine für Hafenarbeiter) gibt es Matjes hausgemacht mit Bratkartoffeln und das Hamburger Rundstück mit Gewürzgurken zu annehmbaren Preisen in herzlicher Atmosphäre.

HafenCity | Stockmeyerstr. 39 | U-Bahn: Meßberg oder Steinstraße (c5) | www. oberhafenkantine-hamburg.de | Di–So ab 12, warme Küche bis 21 Uhr

⑭ Zum Schiffchen   G 6

Elbe ahoi – Das urige Lokal liegt in direkter Nachbarschaft zu Elbphilharmonie und Magellan Terrassen. Traditionelle Brauhausküche. Auf der Speisekarte: typische Hamburger Gerichte wie Pannfisch und Labskaus, aber auch Klassiker wie Reibekuchen, Holsteiner Kartoffelsuppe und Sauerbraten. Bier vom Fass.

HafenCity | Großer Grasbrook 9 | U-Bahn: Überseequartier (c5) | Tel. 20 90 97 58 | www.restaurant-zum-schiffchen. de | tgl. 11.30–22.30 Uhr | €€

CAFÉS

⑮ Klein und Kaiserlich   F/G 6

Wäre der Hafen nicht, man könnte sich in Wien glauben. »Großer Brauner« oder »Kaffee verkehrt«, dazu werden köstliche Kuchen serviert und auf Wunsch natürlich auch der typisch österreichische Kaiserschmarrn.

HafenCity | Am Kaiserkai 26 | U-Bahn: Baumwall (c5) | Tel. 36 12 24 80 | www. k-u-k-kaffeehaus.de | tgl. 10–18 Uhr

⑯ Meßmer Momentum   G 6

Nach dem ausgiebigen Spaziergang durch die HafenCity Lust auf ein Kännchen Tee mit Lachs-Sandwich und Scones mit Blick auf den Museumshafen? Im Laden lockt ein riesiges Angebot auserwählter Teesorten, im Teemuseum lernt man alles zum Thema Tee.

HafenCity | Am Kaiserkai 10 | U-Bahn: Baumwall (c5) | tgl. 11–20 Uhr | www. messmer.de

EINKAUFEN

GESCHENKE

⑰ Harrys Hafenbasar   F/G 6

Über 60 Jahre lang stapelte sich bei Harry Rosenberg in der Bernhard-Nocht-Straße auf St. Pauli ein Sammelsurium von Raritäten und Kuriositäten aus aller Welt: ausgestopfte Tiere und gruselige Masken, Waffen und origineller Schmuck. Harrys Laden war Legende. Mit dem Rückzug des Sammlers aus dem Geschäft stellte sich die Frage: Wie soll es weitergehen?

Heute ist die St.-Pauli-Institution in der HafenCity vor Anker gegangen. »Greif« heißt der aus dem Jahr 1958 stammende historische Schwimmkran am Ponton 5, der früher für den Hafenumschlag eingesetzt und für Harrys Hafenbasar nun aufwändig umgebaut wurde. »Fast alles hier ist käuflich«, erklärte Gereon Boos, der die Sammlung 2011 von den Erben des Gründers Rosenberg übernahm und sich auf die Suche nach einem neuen Quartier machte. Nach dem Tod des nur 47-Jährigen im Jahr 2014 ist die Zukunft dieser einzigartigen Sammlung wieder ungewiss.

HafenCity | Sandtorhafen/ Sandtorkai | U-Bahn: Baumwall (c5) | Di–So 11– 17 Uhr | Eintritt: 6 €

MÄRKTE

⑱ Markthalle Speicherstadt   G 6

Ofenkartoffeln und Sushi, Pasta, Snacks, Salate, Suppen oder Kuchen und Kaffee. Unter dem Dach eines ehemaligen Kontorhauses sorgen mehrere kleine Läden und Bistros für den idealen Imbiss zwischendurch.

HafenCity | Am Sandtorkai 23–24 | U-Bahn: Überseequartier (c5) | Mo–Fr 11–19 Uhr

MODE

🕦 Gaastra F 6

Der Flagship-Store der niederländischen Marke »Gaastra« liegt in der HafenCity genau richtig: holländische Segler- und Freizeitbekleidung.

HafenCity | Am Kaiserkai 60 | U-Bahn: Baumwall (c5)

WOHNEN

🕗 Rahimi Handel Import/ Export F/G 6

Ob Gobelins oder Wandteppiche, bunte Kelims oder handgeknüpfte Einzelstücke: Hamburg ist nach wie vor das größte Teppichlager der Welt. Bei dem Afghanen Rahimi, direkt neben dem Gewürzmuseum, stapeln sich die schönsten Orientteppiche.

HafenCity | Am Sandtorkai 32 | U-Bahn: Baumwall (c5)

KULTUR UND UNTERHALTUNG

Internationales Musikfest Hamburg 🚩

Noch drei Jahre, dann, 2017, soll das lang erwartete Konzerthaus Elbphilharmonie in der HafenCity seinen Gästen endlich die Portale öffnen. Um die Geduld der Musikliebhaber aus aller Welt nicht länger zu strapazieren, will Hamburg bis dahin mit einem großen Musikfest locken und herausragende Sänger und Ensembles an die Elbe holen: Mit dem Internationalen Musikfestival und einem neuen Festival für zeitgenössische Musik sind ab 2014 über 100 Konzerte in der Laieszhalle (▶ S. 40) und an vielen weiteren Spielstätten der Stadt geplant. Auf dem Programm steht auch eine Gratis-Baustellenbesichtigung.

www.musikfest-hamburg.de

In vielen Dosen steht zum Probieren bereit, was in Indien, Sri Lanka und anderswo geerntet wurde: Das Meßmer Momentum (▶ S. 78) ist ein Paradies für Teegenießer.

Im Fokus
Die Zukunft der Waterkant

155 Hektar Neuland: Die HafenCity ist Europas größtes innerstädtisches Bauprojekt. Zwischen Speicherstadt und Containerhafen entsteht neues Leben, das mit einem vielfältigen Kulturangebot lockt – also ab auf die Baustelle!

»Hamburg is'n derber Beat, schön und schmuddelig, und der Hafen ist das Herz, die Bassline«, besingt Rapper Jan Delay in seinem Song »City Blues« Geist und Rhythmus der Hansestadt mit ihrem Hafen als Kernstück. Weit tönt das Heulen der 50 m hohen Kräne, wenn Spinnenarme im Minutentakt Containerboxen aus den Schiffen hieven, laut hallt der Donner beim wuchtigen Aufsetzen der geleerten Stahlkisten. Und zwischendrin, immer mal wieder, das dumpfe Dröhnen der Schiffshörner.

EIN RIESIGER HAFEN DOMINIERT DIE STADT

Gerade zieht ein mächtiger Containerfrachter an den Villen und Parks der feinen Elbvororte vorbei, um den Hafen anzulaufen. Ein Lotse steuert sein Boot flussabwärts, dem Pott entgegen, schmiegt sich schließlich eng an dessen roten Rumpf. Über die Lotsenleiter hangelt er sich an der Schiffswand empor, 30 m hoch, durchquert den Maschinenraum, erklimmt noch einmal eine Treppe. Per Funk, den Blick auf den Radarschirm gerichtet, nimmt

◄ Tag und Nacht wird hier ent- und beladen:
Hafenkräne im Sonnenuntergang.

er Verbindung zu den beiden Schleppern auf, die den stählernen Koloss
einpassen, das heißt, ihn präzise und sicher an seinen vorgesehenen Liegeplatz an der Kaimauer im Hafenbecken führen sollen.

Tag für Tag, rund um die Uhr und selbst bei aufgewühlter See sind rund
320 Lotsen im Hamburger Hafen, Europas zweitgrößtem Containerhafen, und auf der Elbe im Einsatz. Bis zu 350 m Länge zählen die Riesen,
maximal 13 m tief ragen sie in den Fluss, an Deck können rund 10 000
Boxen gestapelt werden, demnächst soll sich die Zahl auf 13 000 erhöhen.
In beinahe voll automatisierten Containerterminals werden sie per Com-
puter be- und entladen – mit Altenwerder besitzt Hamburg das modernс-
te Verladeterminal der Welt.

SPEICHER, SCHIFFE, MÖWEN UND EIN MUSICAL

Doch zwischen den Riesenfrachtern und Kreuzfahrtschiffen tuckern
Schuten und Fischerboote, flitzt die Hafenpolizei, kreisen kreischend die
Seemöwen. An den St.-Pauli-Landungsbrücken, Knotenpunkt für den
Schiffsverkehr im Hafen, legen Barkassen und Fähren an und ab. Ihre
Kapitäne schippern Arbeiter zu den Werksgeländen der südlich gelegenen Industrieviertel Wilhelmsburg und Veddel und nach Finkenwerder,
wo das größte Passagierflugzeug der Welt, der Airbus A380, gebaut wird.
Sie setzen die Musical-Besucher vor dem »König der Löwen« ab und erzählen auf ihren Hafenrundfahrten von Kaffee, Gewürzen und Tabak, die
in den neugotischen Backsteinbauten der Speicherstadt lagerten, und davon, dass der Hamburger Hafen auf eine 1100-jährige Geschichte zurück-
blicken kann: Erste Güter eines bescheidenen Fernhandels wurden in
Verbindung mit der erzbischöflichen Hammaburg schon im 9. und
10. Jh. umgeschlagen. Seinen eigentlichen Geburtstag aber feiert der
Hamburger Hafen alljährlich am 7. Mai. An diesem Tag im Jahr 1189
nämlich, so will es die Legende, soll Kaiser Friedrich Barbarossa der
Schiffer- und Kaufmannssiedlung am Nikolaifleet bedeutsame Privilegi-
en im Wettbewerb mit den anderen Hafenstädten an der Elbe verliehen
haben, unter anderem die Zollfreiheit. Und die sicherte in den kommen-
den Jahrhunderten Hamburgs Aufstieg zur blühenden Handels- und Hafenstadt: Schon 1912 ist Hamburg Millionenmetropole, hat seit zwei Jahrzehnten einen Freihafen und liegt als einer der größten Welthäfen auf
Platz 3 hinter London und New York. Die Hamburg-Amerika-Linie

HAPAG kann sich die größte Reederei der Welt nennen, ihr gehören auch die gewaltigsten Passagierdampfer. Die »Imperator«, die 1912 vom Stapel läuft, ist noch größer als die im selben Jahr gesunkene »Titanic».

Heute erlebt Deutschlands größter Seehafen – für Rohkaffee schon lange der größte Umschlaghafen der Welt und für China der wichtigste Standort in Europa – eine bisher nie gekannte Dynamik und baut seine Marktposition als größter Universalhafen des Landes weiter aus. 2013 konnte er einen Gesamtumschlag von 68,1 Millionen Tonnen verzeichnen.

DIE VIELEN GESICHTER DER HAFENCITY

Hamburg ist eine Boom-Town. Die Metropole wächst rasend schnell und will mit ihrem neuen Stadtteil HafenCity eine ehemalige, über 155 ha große Hafen- und Industriefläche in der Hamburger City städtebaulich und architektonisch neu definieren und den Traum vom Leben am Wasser realisieren: Das kühne »Jahrhundertprojekt« an der Elbe mit Schulen, Museen und Geschäftshäusern, mit eigener Universität, Science Center, Kreuzfahrtterminal und dem spektakulären Konzerthaus Elbphilharmonie, das sich wellenförmig auf einem alten Kakaospeicher im Kern des Hafens erhebt, liegt nur wenige Fußminuten vom Jungfernstieg entfernt. 56 Projekte wurden bisher entwickelt, weitere 49 sind im Bau oder in der Planung. Rund 1400 Wohnungen sind fertig, mehr als 450 Unternehmen in ihren Büros etabliert.

Natürlich haben sich auch zahlreiche Geschäfte, Cafés und Restaurants ihren Platz in der HafenCity gesichert, und einen der begehrtesten hat das Carl's, Ableger des berühmten Nobellokals Louis C. Jacob: Es liegt in direkter Nachbarschaft zur Elbphilharmonie, und angesichts der beeindruckend schönen Hafenkulisse gehört nicht viel Fantasie dazu, sich das Leuchten in den Augen der Gäste vorzustellen, wenn sie ihr grandioses Konzerterlebnis mit einem Glas Wein auf der Terrasse beschließen – den betriebsamen Elbstrom im Blick und die Musik noch im Ohr.

WO KREUZFAHRER VOR ANKER GEHEN

Einmal im Leben an Bord eines Kreuzfahrtschiffes gehen und rund um den Globus reisen. Mehrere Monate lang auf See sein und New York, Honolulu, die Südsee, Australien, Südkorea und China sehen – für Millionen von Deutschen das Größte!

Was würde Albert Ballin (1857–1918), der legendäre Generaldirektor der HAPAG, wohl empfinden, könnte er die begeisterten Menschen beobachten, wie sie zu den Hamburger Cruise Days in den Hafen strömen, um den Luxusliner »Queen Mary« zu begrüßen, ihre »Königin«, die am Kreuzfahrtterminal in der HafenCity festgemacht hat? Sein Herz würde vor Freude hüpfen! Denn die Idee der Vergnügungsreisen per Schiff entsprang seinen Fantasien und seinem Ehrgeiz, wenn auch zu seiner Zeit der Gedanke an eine mehrtägige Seereise bei den meisten Binnenländern noch eher Furcht als Freude auslöste und man sich in der Regel nur nach Übersee begab, wenn familiäre oder geschäftliche Gründe es erforderten. Die Überlegung, wie der Schiffsverkehr noch rentabler zu machen sei und die Kabinen – saisonabhängig! – über das ganze Jahr gefüllt werden könnten, führten den Hamburger Reeder zu dem Plan, seine großen schnellen Schiffe noch attraktiver und komfortabler auszustatten und sie ab 1891 während der Schlechtwettermonate im Mittelmeer kreuzen zu lassen. Und so liefen in Anwesenheit des deutschen Kaisers auf der Werft Blohm + Voss bald immer prächtigere Riesendampfer vom Stapel, schwimmende Paläste, die Platz für 1500 Passagiere hatten und Hunderte Mann Besatzung.

Das Hamburg Cruise Center HafenCity liegt in unmittelbarer Stadtnähe. Das ist praktisch. Zwei Kreuzfahrtschiffe können hier zeitgleich abgefertigt werden. Doch das Terminal wirkt angesichts der Riesendampfer winzig und sieht merkwürdig unfertig aus. Bis 2018, so hat der Hamburger Senat beschlossen, soll hier ein großer Neubau mit Hotel entstehen, und am südlichen Elbufer, in Steinwerder, wird ein drittes Kreuzfahrtterminal gebaut.

JEDER NEUE OZEANRIESE WIRD BEGRÜSST

Hamburg gehört zu den großen Gewinnern dieser Marktentwicklung. Jedes Jahr melden sich mehr Schiffe mit immer mehr Reisenden an – inzwischen sind es 177 schwimmende Bettenburgen mit mehr als 600 000 Passagieren, die an den beiden Terminals in Altona und der HafenCity abgefertigt werden. Und die neuen Zahlen sagen, dass Hamburg bereits im Jahr 2021 mit mehr als einer Million Kreuzfahrtreisenden rechnen kann.

Übrigens: Das Deutsche Zentrum für Luft- und Raumfahrt errechnete vor ein paar Jahren, dass ein Kreuzfahrtschiff am Liegeplatz jede Stunde so viel Ruß in die Luft bläst wie 50 000 Autos, die mit Tempo 130 durch die Innenstadt fahren. Wirklich gesund ist das Leben am Hafen auf Dauer also nicht. Doch Umweltbelastung hin oder her: Ungeduldig warten die Hamburger auf fünf neue Ozeanriesen, die demnächst vom Stapel laufen und ihre Jungfernfahrt antreten, darunter »Mein Schiff 3« (TUI-Cruises), das zunächst im Mittelmeer kreuzen soll. Am Heck hat es eine rund 167 qm große Glasfassade. Sie ist wie ein Diamant geformt.

ST. PAULI

Auf der Reeperbahn kontrastieren die Milieus wie die Neonlichter vor den Nachtclubs. Die »geile Meile« zieht Szenegänger an und Hedonisten. Wo früher Striplokale waren, sind heute schicke Bars und Werbeagenturen. Der Kiez hat viele Gesichter.

Auf Matrosen, ohé! Reeperbahn, Davidstraße, »Große Freiheit Nr. 7«, einer der erfolgreichsten frühen Farbfilme mit Hans Albers in der Hauptrolle. Die Drehorte: der Hamburger Hafen, St. Pauli und die Insel Helgoland. »Kleine Möwe, flieg' nach Helgoland«, singt Albers, und wenn in den Kaschemmen um die Reeperbahn solche Gassenhauer ertönen, summen auch heute noch Touristen und St. Paulianer wehmütig mit.

SEEHUNDE AUF DEM SPIELBUDENPLATZ

Wegen seiner Hügellage sagen Einheimische »auf« St. Pauli und nicht »in« – also auf St. Pauli gibt es seit wenigen Jahren das Sankt-Pauli-Museum. Hier erfährt der Besucher, dass der Name der Reeperbahn auf die Reepschläger zurückgeht, die Seilmacher, die sich Mitte des 17. Jh. in dem Viertel ansiedelten.

◀ Jörg Immendorff schuf 1984 diese Plastik
auf dem Hans-Albers-Platz (▶ S. 86).

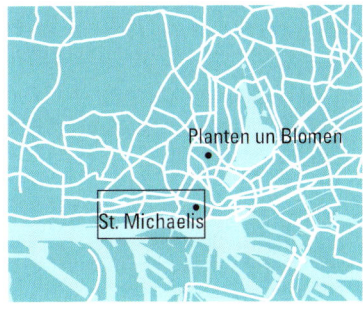

Planten un Blomen

St. Michaelis

Um die gleiche Zeit öffneten dort die ersten Jahrmärkte und Varieté-Theater, und als am 8. März 1848 der Fischhändler Gottfried Claes Carl Hagenbeck sechs Seehunde auf dem Spielbudenplatz gegen Eintrittsgeld zur Schau stellte, war das der brillante Auftakt zur Gründung von Hamburgs berühmtem Zoologischen Garten »Hagenbecks Tierpark«, der im nördlichen Stellingen liegt.

»Auf der Reeperbahn nachts um halb eins« – beginnt das Leben in den Clubs, Diskotheken, Stripschuppen und Spielhallen zu toben. Wie keine andere Partyzone zieht die als »Kiez« bekannte **Reeperbahn** 6 täglich bis zu 40 000 Menschen an, die den Kitzel von Abenteuer und Erotik suchen, viel trinken und wild feiern wollen, als gäbe es kein Morgen. Zum Verdruss vieler Kiez-Bewohner hat inzwischen auch eine eher bürgerliche Szene mit Restaurants, Bars und Varieté-Theatern die sagenumwobene »geile Meile« erobert. Im Upper East, dem lackschwarzen In-Club über dem East Hotel, ist Extravaganz das Credo, in der China Lounge chillen und tanzen junge Erfolgsmenschen zu House und Breakbeats.

SEHENSWERTES

1 **Alter Elbtunnel** ▶ S. 133

2 **Bismarck-Denkmal** ⚑ E 5

Wie würdevoll, sein Blick elbabwärts. Das 15 m hohe Denkmal des Eisernen Kanzlers und Reichsgründers wurde zwischen 1902 und 1906 von Hugo Lederer geschaffen.
Helgoländer Allee/Millerntor |
S-/U-Bahn: Landungsbrücken (c5)

3 **Cap San Diego** ⚑ F 6

Der »weiße Schwan des Südatlantiks« ist das letzte noch erhaltene Schiff einer Serie von sechs schnellen Linienfrachtern, die 1961/62 für die Reederei Hamburg-Süd gebaut wurden. Die 38-köpfige Crew, Seemänner im Ruhestand und zahlreiche Mitarbeiter von »Jugend in Hamburg e.V.«, sorgen mit viel Engagement für den Erhalt des Schiffes, das seinen festen Liegeplatz an der Überseebrücke hat. In seinem Bauch erzählt die Dauerausstellung »Ein Koffer voller Hoffnung« von den Tausenden von Menschen, die in der Zeit zwischen 1800 und 1930 Europa verließen, um in Amerika eine neue Existenz aufzubauen. Wer möchte, kann für eine oder mehr Übernachtungen sogar eine Kabine buchen.

Überseebrücke | U-Bahn: Baumwall (c5) | www.capsandiego.com | tgl. 10–18 Uhr | Eintritt 7 €

4 Hafen E 5/6

Deutschlands größter Seehafen liegt unter den großen Containerhäfen in Nordeuropa auf dem zweiten Platz, gleich hinter Rotterdam. Die Terminals an der Elbe gelten als die teuersten an der Nordsee, darum stellen wachsende Konkurrenz und globale Rezession die Hafenwirtschaft vor immer größere Probleme.

Insgesamt machen jährlich rund 12 000 Seeschiffe in Hamburg fest, unter ihnen der berühmte Kreuzfahrtdampfer »Queen Mary 2«.

Hafenrundfahrten ab St.-Pauli-Landungsbrücken | S-/U-Bahn: Landungsbrücken (c5)

5 Hans-Albers-Platz E 5

Dort, wo die Kneipen Rote Laterne und Albers Eck heißen und die Mädchen vom Straßenstrich stehen, spielt mitten auf dem Platz ein Mann Schifferklavier: Hans Albers (1891–1960), Schauspieler und Sänger. Die Bronzestatue entwarf der Künstler und Kneipier Jörg Immendorff (1945–2007).

Hans-Albers-Platz | S-Bahn: Reeperbahn (c1)

6 Hein-Köllisch-Platz D/E 5

Er war der Sohn eines Schuhmachers und ein echter Junge von St. Pauli: Der Kabarettist und Volkshumorist Heinz Köllisch (1857–1901) erschien stets in Frack und Zylinder auf der Bühne und trat wie Hans Albers auch im legendären Hansa-Theater auf.

Hein-Köllisch-Platz | S-Bahn: Reeperbahn (b5)

7 Herbertstraße E 5

»Zutritt für Jugendliche unter 18 und Frauen verboten« warnt das Schild am Eingang zur Herbertstraße, einer schmalen, kopfsteingepflasterten Gasse, die an beiden Enden mit Barrieren abgesperrt ist. Auf keinen Fall Einblicke von außerhalb! Das hatten die Prostituierten zu Beginn der 70er-Jahre gefordert, und auch heute noch gilt: Gaffer haben in der Gasse nichts zu suchen.

Früher hieß das Sträßchen Heinrichstraße und sah mit seinen Gaslaternen und zweistöckigen Häusern nicht anders aus als andere Straßen des Viertels. Krämer und Bäcker verkauften ihre Ware in winzigen Lädchen, auch ein paar Damen »aus dem Milieu« wohnten in den kleinen bunten Häus-

chen und hatten heimlich, in gutem Behördendeutsch, »Geschlechtsverkehr mit häufig wechselnden Partnern«. Schnell wurden es mehr, und bald saß hinter jedem der kleinen Schaufenster zu beiden Seiten der Gasse eine Frau in rotem Licht und klopfte an die Scheibe, sobald sich ein Passant näherte. Und so ist es bis heute geblieben.

S-Bahn: Reeperbahn (b5)

8 Museumsschiff »Rickmer Rickmers« 👤🍴　🚩 E 5/6

Ein 1886 in Bremerhaven gebauter Dreimaster, der vor dem Verschrotten gerettet wurde und jetzt fest vertaut im Hafen liegt. An Bord gibt es ein Museum mit Restaurant. Mutige können bis zu 35 m hoch in die Takelagen klettern.

Landungsbrücken | S-/U-Bahn: Landungsbrücken (c5) | www.rickmerrickmers.de | Besichtigungen und Bordrestaurant tgl. 10–18 Uhr

9 Park Fiction　🚩 D 5

Um ein Haar wäre die Fläche oberhalb des St. Pauli Fischmarkts bebaut worden. Doch die Kiezianer begehrten auf und forderten einen öffentlichen Park. Dank der Initiative »Park Fiction« können sich nun Bewohner und Besucher des Viertels an (künstlichen) Palmen, einer gewellten Rasenfläche, Gemüsebeeten und tollen Blicken freuen.

Antonipark | S-/U-Bahn: Landungsbrücken (c5)

MUSEEN UND GALERIEN

10 Panoptikum ▶ S. 150

11 Sankt Pauli Museum e.V.　🚩 E 5

Ein Film zeigt die Geschichte des Stadtteils. Dokumente, Fotos. Außerdem finden hier Konzerte, Lesungen und wechselnde Ausstellungen statt.

Davidstr. 17 | S-Bahn: Reeperbahn (b5) | www.kiezmuseum.de

ESSEN UND TRINKEN

RESTAURANTS

⑫ Cuneo 🍃 E 5

Legendär – Das erste italienische Lokal der Stadt existiert seit 1905, wird heute in dritter Generation geführt und ist eine Legende. An den weiß gedeckten Tischen des immer vollen Restaurants sammelt sich viel Prominenz aus Theater, Kunst und Publizistik.

Davidstr. 11 | S-Bahn: Reeperbahn (b5) | Tel. 31 25 80 | Mo–Sa ab 18 Uhr | €€€

⑬ East 🍃 E 5

Hip – Die Szene ist hingerissen vom extravaganten Interieur in dieser ehemaligen Stahlgießerei. Kreative Küche.

Simon-von-Utrecht-Str. 31 | U-Bahn: St. Pauli (c5) | Tel. 30 99 33 | www.east-hamburg.de | Mo–Fr 12–15, So–Mi 18–23, Do–Sa bis 24 Uhr | €€€

⑭ Fischereihafen-Restaurant
▶ S. 28

⑮ Fischmarkt 🍃 F 5

Große Auswahl – Steinbeißermedaillon auf mediterranem Wok-Gemüse oder lieber Räucheraal auf Kräuterrührei? Nicht gerade preiswert, aber auf jeden Fall gut.

Ditmar-Koel-Str. 1 | S-/U-Bahn: Landungsbrücken (c5) | Tel. 36 38 09 | www.restaurant-fisch markt.de | Mo–Fr 12–15, 18–24, Sa 13–23 Uhr | €€€

⑯ Gosch im Café Keese 👫 🍃 E 5

Originell – Im altehrwürdigen Ballhaus Café Keese können die Gäste jetzt in der »sündigsten Fischbude der Welt« ihren Hunger stillen. Das Fisch-Bistro Gosch, das seinen Heimathafen in List auf Sylt hat, lädt mit 300 Plätzen auf 600 qm zum freudigen Verzehr von Fischbrötchen und mehr ein.

🕐 Donnerstags ist zwischen 18 und 21 Uhr After-Work-Party. Dann gibt's alle Cocktails zum halben Preis.

Reeperbahn 19–21 | U-Bahn: St. Pauli (c5) | Tel. 31 18 23 99 0 | Di–So ab 12 Uhr bis open end | €€

⑰ Hummer-Pedersen 🍃 D 5/6

Eine Institution – Der Spezialist für Schalen- und Krustentiere – »Qualität und Reinheit stehen an erster Stelle« – betreibt auch ein Bistro (mit Außenterrasse), in dem sich der Gast bei einem Glas Wein an den zahlreichen Köstlichkeiten aus der maritimen Küche erfreuen kann.

Große Elbstr. 152 | S-Bahn: Königstraße (b5) | Tel. 5 22 99 39-26 | www.hum mer-pedersen.de | Mo–Sa 11–17 Uhr | €€

⑱ Man Wah 🍃 E 5

Im Herzen des Kiez – Ente am Knochen, Nudelsuppe mit Krabbenklößchen. Das chinesische Restaurant ist Hamburgs beliebtester Asiate.

Spielbudenplatz 18 | U-Bahn: St. Pauli (c5) | Tel. 3 19 25 11 | tgl. 12–3 Uhr | €€

CAFÉS

⑲ Amphore 🍃 D/E 5

Charmantes Café plus Bar, im Sommer auch draußen. Frühstück, Mittagsimbiss oder Teestunde. Gute Drinks. Exponierte Lage mit tollem Blick auf den Hafen und den Schiffsbau der Werft Blohm + Voss.

Hafenstr. 140 | S-/U-Bahn: Landungsbrücken (c5) | Tel. 3 17 9 38 80 | www.cafe-amphore.de | Di–Do ab 12, Fr–So ab 10 Uhr

Das Hotel-Restaurant des East (▶ S. 88) ist berühmt für sein Sushi, das die Gäste unter schwindelerregend hohen Decken und in extravagantem Interieur bestellen.

BARS

20 Angie's Nightclub E 5

Beliebte Bar mit über 100 Cocktails und Drinks und Nachtclub im Schmidt's Tivoli. Live-Sessions.

Spielbudenplatz 27-28 | S-Bahn: Reeperbahn (b5) | Tel. 31 77 88 11 | www.tivoli.de | Mi–Sa ab 22 Uhr

21 Christiansens D 5

Bahama Mama, Bloody Mary, Golden Cadillac – Barkeeper Uwe Christiansen ist stadtbekannt. Klassische Bar in toller Fischmarkt-Lage.

Pinnasberg 60 | S-Bahn: Reeperbahn (b5) | www.christiansens.de | Mo–Sa ab 20 Uhr

22 Olivia Jones Bar D/E 5

Die Dragqueen führt eine schrille Mischung aus Bar, Club und Kabarett.

Große Freiheit 35 | S-Bahn: Reeperbahn (b5) | www.olivia-jones.de | Mi–Sa ab 20 Uhr

23 Tower Bar im Hotel Hafen Hamburg E 5

Hotelgäste und Szenegänger, Touristen und Hamburg-Originale. Sie alle genießen vom 14. Stockwerk im Turm des Hotels aus bei gepflegten Cocktails einen herrlichen Blick über den Hafen.

Seewartenstr. 9 | S-/U-Bahn: Landungsbrücken (c5) | Tel. 31 11 37 04 50 | tgl. ab 18 Uhr

EINKAUFEN

ANTIQUITÄTEN

24 Matthias Koglin C 5/6

Sein Geschäft am Hafen hat der junge Antiquar mit Möbeln aus dem 18. und 19. Jh. gefüllt. Viel Biedermeier.

Große Elbstr. 262 | S-Bahn: Königstraße (c5) | Tel. 38 47 81

MÄRKTE

25 Fischmarkt ▶ S. 36

26 Frischeparadies 🔫 C 5/6

Das kulinarische Spektrum in diesem weitläufigen (600 qm) Delikatessengeschäft an der Hafenmeile ist einzigartig: Wildgarnelen aus Fernost, französische Wachteln, Knoblauchgras aus China, Straußensteaks, feinste Öle, Käsespezialitäten und vieles mehr. Mit Bistrobereich.

Große Elbstr. 210 | S-Bahn: Königstraße (b5) | Tel. 38 90 80

WOHNEN

27 Stilwerk ▶ S. 37

KULTUR UND UNTERHALTUNG

CLUBS UND DISKOTHEKEN

28 Baalsaal 🔫 E 5

Eine der ersten Nacht-Adressen für Freunde elektronischer Musik zwischen Minimal und Techno.

In dem kultigen kleinen Tanzkeller sorgen internationale Gäste, aber auch Hamburger und Berliner DJ-Größen für mitreißende Sound-Vielfalt.

Reeperbahn 25 | U-Bahn: St. Pauli (c5) | www.baalsaal.com | Do–Sa ab 23 Uhr

29 China Lounge 🔫 D 5

In-Club auf dem Kiez in einem ehemaligen China-Restaurant. Soul, Funk, House mit bekannten DJs auf zwei Stockwerken.

Nobistor 14 | S-Bahn: Reeperbahn (b5) | www.china-hamburg.de | Do–Sa ab 22, Mi ab 19 Uhr

30 Docks 🔫 E 5

David Bowie, Red Hot Chili Peppers, Die Ärzte – große Namen sind hier schon aufgetreten. Wenn keine Livemusik angesagt ist, dient die Halle als Diskothek. Nebenan: die Prinzenbar.

Spielbudenplatz 19 | S-Bahn: Reeperbahn (b5) | U-Bahn: St. Pauli (c1) | Do–Sa ab 22, bei Konzerten ab 20 Uhr

31 Frau Hedis Tanzkaffee 🔫 E 5

Ein schwimmender Club! Wenn die Barkasse »Frau Hedi« und ihre Schwestern, Frau Claudia und Frau Christa und viele andere mehr, mit Bar, Bands und DJs zu ihrer Tour durch den erleuchteten Hafen aufbricht, ist Party auf dem Wasser angesagt: Reggae & Soul, Elektroswing und Balkanbeat. Doch Frau Hedi organisiert auch Lesungen, Spielabende und Konzerte.

Landungsbrücke 10 | S-/U-Bahn: Landungsbrücken (c5) | www.frauhedi. de | Programm 18–0 Uhr | Halt der Barkasse etwa stündlich an der Landungsbrücke 10

32 Große Freiheit/Kaiserkeller 🔫 E 5

Live-Disco für Rock-Fans. Der Kaiserkeller erinnert an die Discos der Achtzigerjahre. Gemischtes Publikum. Studenten-Specials.

Große Freiheit 36 | S-Bahn: Reeperbahn (b5) | www.grossefreiheit36.de | tgl. ab 22 Uhr

33 Prinzenbar 🔫 E 5

Zwischen Kronleuchtern, Putten und Stuck treffen sich die Nachtschwärmer zur Party. Kultclub.

Kastanienallee 20 | U-Bahn: St. Pauli (c5) | www.prinzenbar.net | wechselnde Öffnungszeiten

34 Upper East ⚑ E 5

Hamburger Top-Club unter dem Dach des East-Hotels. Angesagte DJs locken die Schicken und Schönen an und sorgen mit ihrer Musik – House, Elektro, Vocal – für eine volle Tanzfläche. Eigentlich ein Member-Club, doch wer Kleid und Anzug trägt und keine Turnschuhe an den Füßen, wird in der Regel eingelassen.

Simon-von-Utrecht-Str. 31 | U-Bahn: St. Pauli (c5) | www.east-hamburg. de | wechselnde Öffnungszeiten

KULTURZENTREN

35 Nochtspeicher ⚑ ⚑ E 5

Kultur total im Herzen von St. Pauli und dennoch abseits der üblichen Kiez-Schneisen. In einem über 150 Jahre alten Backsteinbau wird Musik gemacht, getanzt, vorgelesen, Kunst gezeigt, aber auch über Architektur und Stadtentwicklung diskutiert. Ein anund aufregender Ort.

Bernhard-Nocht-Str. 69a | U-Bahn: Landungsbrücken (c5) | www.nocht speicher.de

MUSICAL

36 Stage Theater im Hafen ▶ S. 41

MUSIK

Elbjazz ⚑ ⚑ E 6

Könnte es eine ungewöhnlichere Kulisse für eines der größten europäischen Jazzfestivals geben als den Hamburger Hafen? Wenn an zwei Tagen im Mai Jazztime an der Elbe ist, lassen sich Tausende neugieriger Besucher in kleinen Barkassen zu den verschiedenen Locations von Bühne zu Bühne schippern und beklatschen so hochkarätige Künstler wie Chilly Gonzales, Till

Brönner, Klaus Doldinger oder Helge Schneider. Ein mitreißendes Musikereignis und spannender Schauplatz für Entdeckungsfreudige.

www.elbjazz.de

37 Feuerschiff ⚑ ⚑ F 6

Wie wäre es mit einem Drink an Bord eines knallroten Schiffes mit Blick auf die Hafenkulisse? Vor dem Baumwall liegt das Boot vor Anker. Jazz mit Frühschoppen am Sonntagmorgen. Montagabend Jam Sessions, ab und zu Kleinkunst und Lesungen.

City Sporthafen, Vorsetzen | S-/U-Bahn: Landungsbrücken (c5) | www.das-feuer schiff.de | Mo–Sa 11–1, So 9–23 Uhr

THEATER

38 Schmidt Theater ▶ S. 41

39 St. Pauli Theater ⚑ ⚑ E 5

Das älteste Privattheater der Hansestadt ist Kult. In dem plüschigen Saal begeistern Musicals, Comedy und musikalische Gastspiele das Publikum seit 1841. Seit Regisseur Ulrich Waller vor einem Jahrzehnt von den Kammerspielen herüberwechselte, ist das Programm fast immer einen Versuch wert.

Spielbudenplatz 29 | S-Bahn: Reeperbahn (b5) | Tel. 47 11 06 66 | www. st-pauli-theater.de

40 TUI-Operettenhaus ⚑ ⚑ E 5

»Rocky Hamburg« heißt das temporeiche Erfolgsmusical, das seine Premiere im Frühjahr 2014 sogar am New Yorker Broadway hatte.

Spielbudenplatz 1 | U-Bahn: St. Pauli (c5) | Karten-Hotline: Tel. 0 18 05/44 44 (14 Ct./Min. aus dem deutschen Festnetz) | www.musicals.de

SCHANZEN-, KAROLINEN-VIERTEL UND EIMSBÜTTEL

Lange galt das Schanzenviertel als Hochburg der Alternativen und Radikalen. Ein bisschen Widerstand ist geblieben. Neuer Reichtum und alte Anarchie treffen an der Roten Flora explosiv aufeinander. Ihre Aura strahlt hinüber bis in die Nachbarviertel der Schanze.

»Schanze«. Ein relativ junger Begriff. Er steht für das Schanzenviertel mit seinen zahlreichen Gründerzeithäusern und der zentralen Straße Schulterblatt, eine Gegend, die sich erst in den 1980er-Jahren um den S-Bahnhof Sternschanze zum Territorium der alternativen und linksautonomen Szene entwickelte und schließlich zum preiswerten Wohnort für Künstler, Studenten und Bohemiens wurde. In den alten Fabrik- und Lagerräumen siedelten sich im Nu immer mehr PR-Agenturen und Cocktailbars an, Boutiquen und Cafés und machten das Viertel zu dem, was es heute ist: zunehmend schick und teuer.

Fester Bestandteil der »Schanze« ist seit fast einem Vierteljahrhundert die **Rote Flora** am Schulterblatt, ein symbolträchtiges Haus, verwahrlost, mit

◀ Das Leben genießen: Für einen Galâo auf
der Schulterblatt-Piazza ist immer Zeit.

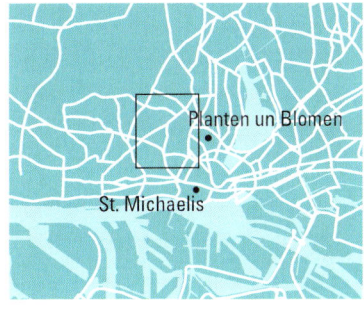

einer dichten Decke aus Grafitti überzogen: 1989 wurde es von Linksautonomen besetzt, die den Bau eines Musical-Theaters verhindern wollten. Die Rote Flora versteht sich als unkommerzielles und unabhängiges Stadtteilzentrum, in dem engagierte, linksalternative Gruppen zusammenkommen, um kulturelle, politische und soziale Veranstaltungen – und auch mal eine Demo – zu organisieren.

An den Wochenenden und nachts okkupiert das Partyvolk die zahlreichen kleinen Restaurants des Viertels, und sobald die Sonne scheint, füllt sich das Gestühl vor den Gasträumen auf den schmalen Bürgersteigen. Um der Masse Herr zu werden, ist ein Teil des Schulterblatts inzwischen zu einer Piazza umgestaltet: Nach der Milchkaffee-Spezialität der vielen portugiesischen Cafés wird sie »Galâo-Strich« genannt.

An den Bahnhof grenzt der **Schanzenpark**. Hier lag ab 1682 eine sternförmige Bastion als Befestigungsanlage, die Sternschanze. Mehrere Sport- und Spielplätze verteilen sich über den Park. Im Sommer gastiert dort mehrere Wochen lang ein Zelttheater, und das Open-Air-Kino zeigt Filmklassiker. 2007 wurde mit dem Wasserturm im Sternschanzenpark ein historisches Industriedenkmal zu einem Hotel umgebaut.

VON DER SCHANZE INS KAROVIERTEL

Das Bindeglied zwischen den beiden Szene-Quartieren Sternschanze und Karolinenviertel bzw. »Schanze« und »Karo«, bildet eine ehemalige **Rinderschlachthalle**, die inzwischen das Veranstaltungszentrum »Schlachthof« beherbergt, mit Clubs und Cocktailbar. Das Karolinenviertel war jahrzehntelang einer der Hinterhöfe der Hansestadt. Rund um die Marktstraße hat es sich zu einer attraktiven Adresse mit kleinen Restaurants, Cafés, Boutiquen und Designerateliers entwickelt.

Südlich der Feldstraße erstreckt sich das **Heiligengeistfeld**, auf dem dreimal im Jahr, im Frühjahr, Sommer und Winter, ein riesiges Volksfest stattfindet. »Auf den Dom gehen«, sagen die Hamburger, fahren mit Kind und Kegel Karussell und Doppel-Looping-Bahn und lassen sich genüsslich Bratwurst und gebrannte Mandeln schmecken.

ESSEN UND TRINKEN
RESTAURANTS

1 Altes Mädchen ⚑ 📕E 4

Bier-Kulinarik – Frei nach Freddy Quinns Heimatschnulze »Hamburg, altes Mädchen« heißt Hamburgs neuer gastronomischer Hotspot in einer ehemaligen Schlachthalle. Es geht um Bier! Nein, nein, nicht die üblichen Biere, sondern um handwerklich hergestellte Gerstensäfte, die spezielle Aromen verströmen und nach Maracuja, Pfirsich oder Amarillo schmecken. Auf 3500 qm serviert die flotte Mannschaft des Braugasthauses inklusive Bier-Sommeliers über 60 verschiedene Biere am prasselnden Kamin, dazu Stullen und das gute alte »Abendbrot«.

Schanzenviertel | Lagerstr. 28b | S-/U-Bahn: Sternschanze (c4) | Tel. 8 00 07 77 50 | www.altes-maedchen.com | Mo–Sa 12–1, So 10–1 Uhr | €€

2 Bullerei 👫 📕E 4

Fair und lecker – In einer denkmalgeschützten Viehhandelshalle auf Hamburgs historischem Schlachthofgelände im Schanzenviertel lädt TV-Koch Tim Mälzer seine Gäste in sein Restaurant mit Deli-Bereich. Das Straßenrestaurant Deli ist eher etwas für Eilige, die nicht mehr als einen Salat oder ein Sandwich essen oder eine Kaffeepause machen möchten. Im Restaurant wird junge norddeutsche und mediterrane Küche serviert.

Kochmatador Mälzer äußert sich wie folgt: »Wir haben faire Arbeitsplätze, ökologische Produkte, und wir reagieren auf das Viertel.«

Schanzenviertel | Lagerstr. 34b, Zugang Schanzenstraße gegenüber Susannenstraße | S-/U-Bahn: Sternschanze (c4) | Tel. 33 44 21 10 | www.bullerei. com | Deli tgl. ab 11 Uhr, Restaurant tgl. ab 18 Uhr | €€€

3 Juwelier 📕E 3

Kreative, gehobene Bistroküche – Man kann den Köchen über die Schulter blicken: Hühnerfleischsalat an grünem Spargel und fruchtigen Baumtomaten? Ein Stück vom Iberico-Schwein mit Blutwurst, dicken Bohnen und Kartoffelpüree? Oder lieber Kalbsbäckchen? Täglich variierende Karte, rund 25 Plätze, Feinkost, Espressobar.

Eimsbüttel | Weidenallee 27 | U-Bahn: Christuskirche (c4) | Tel. 25 48 16 78 | www.juwelier-restaurant.de | tgl. ab 18 Uhr | €€

4 Lokal 1 ⚑ 📕E 4

Raffiniertes Konzept – Im Schanzenviertel weht eine frische Brise! Ihrem Restaurant einen Feinkostladen anzuschließen, in dem der Gast heimische Produkte von kleinen Höfen und Manufakturen kaufen kann – was für eine gute Idee! Bei Robert Wullkopf und Hagen Schäfer wechselt die Karte täglich. Meerestiere, Lamm, Gans oder Schellfisch und als Dessert ein Quitten-Parfait mit Nusskuchen.

Schanzenviertel | Kampstr. 25–27 | S-/U S-Bahn: Sternschanze (c4) | Tel. 49 22 22 66 | www. lokal1.com | Di–Sa 12–14.30, 18–22 Uhr | €€€

5 Mikawa Restaurant 📕E 4

Sushi-Bar – Große Auswahl japanischer Rohfischspezialitäten. Sushi-Boom besonders unter den Bewohnern des jungen Schanzenviertels. Auch Lieferservice.

Schanzenviertel | Schulterblatt 92 |
S-/U-Bahn: Sternschanze (c4) | Tel. 4 30
44 58 | www.mikawa.de | tgl. 12–
24 Uhr | €€

6 Schanzenstern 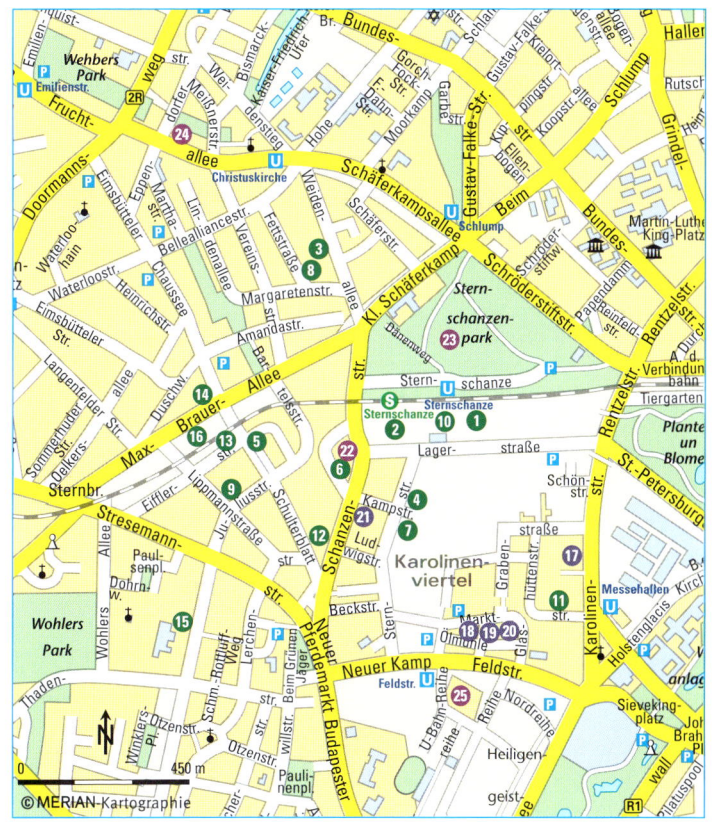 E 4

Öko-Produkte – Wer es nur fleischlos
mag, sitzt hier richtig. Lieferanten von
Gemüse und Obst sind Öko-Höfe aus
dem Hamburger Umland.
Schanzenviertel | Bartelsstr. 12 |
S-/U-Bahn: Sternschanze (c4) | Tel. 4 39
84 41 | www.schanzenstern.com |

Mo 15–24, Di–Do 7.30–24, Fr, Sa 7.30–1,
So 11–24 Uhr | €€

7 Schlachterbörse E 4

Rustikal – Restaurant mit bürgerlicher
Küche. Riesenschnitzel und gute
Steaks. Herzhafte Zubereitung, urig-
originelles Ambiente. Beliebt bei Einheimischen und Promis.
Schanzenviertel | Kampstr. 42 |
S-/U-Bahn: Sternschanze (c4) | Tel.
43 65 43 | www.schlachterboerse.de |
Mo–Sa 16–24 Uhr | €€€

8 Vienna E 3

Szenetreffpunkt – Kleiner, kompakter, lebhafter Gastraum. Hausgemachte Nudeln. Ständig wechselnde Karte. Im Sommer Gartenplätze.

Eimsbüttel | Fettstr. 2 | U-Bahn: Christuskirche (c4) | Tel. 4 39 91 82 | www.vienna-hamburg.de | Di–So 14–2 Uhr | €€

CAFÉS

9 Café Unter den Linden E 4

Ein Klassiker mit lauschigem Garten, zu Kaffee und Kuchen gibt es eine reiche Zeitungsauswahl. Abseits des Trubels der Schanze trifft sich hier ein kreatives, intellektuelles Publikum.

Schanzenviertel | Juliusstr. 16 | S-/U-Bahn: Sternschanze (c4) | tgl. 9.30–1 Uhr

10 Elbgold E 4

Hier, an den rustikalen Holztischen des Cafés mit dem Charme eines Industriegebäudes, soll es angeblich den besten Kaffee der Stadt geben. Die Bohnen kommen aus Bio-Anbau und werden vor Ort geröstet. Käsekuchen, Bagels, Fruchttörtchen.

Schanzenviertel | Lagerstr. 34c | S-/U-Bahn: Sternschanze (c4) | www.elbgold.com | Mo–Fr 8–19, Sa 9–19, So 10–18 Uhr

11 Gretchens Villa E 4

Immer schön: dass der Gast seinen Kaffee auch vor der Tür trinken kann. Das Innere ist türkisfarben tapeziert, von der Decke hängen Lüster. Neben Schokolade gibt es auch Nippes zu kaufen.

Karolinenviertel | Marktstr. 142 | www.gretchens-villa.de | U-Bahn: Feldstraße (c4) | Di–Fr 10–19, Sa, So ab 11 Uhr

12 Herr Max E 4

Wo anfangen? Bei den Törtchen? Oder eine Praline zum Kaffee? Am besten vielleicht die professionelle Hilfe in Anspruch nehmen und selbst zum Patissier werden? Herr Max und sein Team geben nämlich Back-Kurse und zeigen in jeweils vier Stunden, wie's geht, diverses Naschzeug zuzubereiten.

Schanzenviertel | Schulterblatt 12 | S-/U-Bahn: Sternschanze (c4) | Tel. 69 21 99 51 | www.herrmax.de | tgl. 10–21 Uhr | Kurse zweimal im Monat, Preis: 90 €

13 Liebes Bisschen E 4

Hinter den Scheiben einer gläsernen Vitrine locken Cupcakes, Cookies und kleine Kuchen, die auch schon mal nach Lakritze schmecken. Gemütliches junges Café im Vintage-Stil.

Schanzenviertel | Eifflerstr. 47 | S-/U-Bahn: Sternschanze (c4) | www.liebes-bisschen.de | Di–So 12–19 Uhr

BARS

14 Bar Rossi E 4

Große Bar in ehemaligem Kurbad. Allabendlicher Sammelplatz der Hamburger Nachtvögel. Darüber der kleine Szene-Club 13ter Stock. Im Herzen des Schanzenviertels.

Schanzenviertel | Max-Brauer-Allee 279 | S-/U-Bahn: Sternschanze (c4) | www.bar-rossi.de | Mo–Sa ab 18 Uhr

15 Bernsteinbar E 4

Zwar kein »Geheimtipp« mehr, aber nach wie vor begehrter Tanz-Treff (Funk, Soul) mit Bar und Terrasse im Sommer. Beliebte Grill-Sessions.

Schanzenviertel | Bernstorffstr. 103 | U-Bahn: Feldstraße (c4) | www.bernsteinbar.de | Mi–Sa ab 21 Uhr

Kaffeebohnen, frisch geröstet und vor Ort gemahlen – allein der Duft im Elbgold (▶ S. 96) ist ein Genuss. An den rustikalen Tischen des Cafés wird Espresso und vieles mehr serviert.

BEACH CLUB

16 Central Hamburg   E 4

Feiner Sand, Holzstege, Liegestühle: An den warmen Tagen des Jahres hat der lässige Beach Club am Rand der Sternschanze ab mittags geöffnet.

Schanzenviertel | Max-Brauer-Allee 277 | S-/U-Bahn: Sternschanze (c4) | www.centralpark-hamburg.net

EINKAUFEN

MODE

17 Anna Fuchs   E 4

Jüngste Hamburger Aufsteigerin im internationalen Modekarussell. Anna Fuchs kreiert feminine, figurbetonte, attraktive Kleider im Stil der 40er-Jahre. »Ich mache Kleider für Frauen, die erkannt haben, dass es kein Makel ist, sich auch wie eine Frau anzuziehen.« So erklärte es die Designerin einmal in einem Interview.

Karolinenviertel | Karolinenstr. 27 | U-Bahn: Messehallen (c4) | www.anna fuchs.de

18 Herr und Frau Netzer   E 4

Mit geschultem Blick suchen sie auf Europas Flohmärkten nach Vintage-Raritäten aus den 50er- bis 80er-Jahren. Das Sortiment des kleinen Ladens reicht von einem gebrauchten Dior-Jackett über Möbel-Klassiker bis zu ungetragenen Schuhen aus den Restbeständen aufgegebener Geschäfte.

Karolinenviertel | Marktstr. 36 | U-Bahn: Feldstraße (c4)

19 Herr von Eden E 4

Hinter dem Label verbirgt sich der Modedesigner Bent Angelo Jensen, der auf Stil setzt und sowohl beruflich als auch privat gern Zweiteiler trägt. Viel Prominenz hat er mit seinem begehrten Revival-Look in allen Varianten schon eingekleidet, darunter Jan Delay, Tim Mälzer und Thomas Gottschalk. Zwei eigene Kollektionen pro Jahr.

Karolinenviertel | Marktstr. 33 | U-Bahn: Feldstraße (c4) | herrvoneden.com

20 Suspect E 4

Die Marktstraße im Karolinenviertel ist für ihr originelles Nebeneinander vieler kleiner Mode-, Kunst-, Musik- und Trödelläden bekannt. Dieses Geschäft hat sich auf Vintage-Mode aus den 40er- bis 70er-Jahren und Accessoires spezialisiert.

Karolinenviertel | Marktstr. 28 | U-Bahn: Feldstraße (c4)

WOHNEN

21 Die Wohngeschwister E 4

Zwei Hamburger Brüder setzen in der hippen »Schanze« fort, was im legendären »Speicher am Fischmarkt« begann: Präsentation von Klein- und Großmöbeln aus aller Welt, Wohnaccessoires und Deko.

Schanzenviertel | Schanzenstr. 34–36, Innenhof | S-/U-Bahn: Sternschanze (c4) | www.die-wohngeschwister.de

KULTUR UND UNTERHALTUNG

KINO

22 3001 E 4

Das kleine Programmkino liegt in einem Hinterhof. Viele sehenswerte, auch außereuropäische Filme.

Schanzenviertel | Schanzenstr. 75 | S-/U-Bahn: Sternschanze (c4) | Tel. 43 76 79 | www.3001-kino.de

23 Outdoor Cine – Kino im Schanzenpark E 3

Zufällig Regenwetter? Dann zieht man eben ein Regencape an. Zu kalt? Dafür liegen Decken bereit. Wenn im Schanzenpark von Mitte Juli bis Anfang September Open-Air-Kino ist, darf man sich das nicht entgehen lassen. Die Leinwand ist 12 m hoch und hat eine Bildfläche von 28 qm. Eine tolle Idee!

Schanzenviertel | Schanzenpark beim Wasserturm | Sternschanze 1 | S-/U-Bahn: Sternschanze (c4) | Tel. 01 72/ 4 43 60 69 | www.schanzenkino.de

MUSIK

24 Music Club Live E 3

Regelmäßige Sessions renommierter Musiker und Nachwuchstalente: Jazz, Blues, Country, Rock 'n' Roll.

Eimsbüttel | Fruchtallee 36 | U-Bahn: Christuskirche (c4) | www.music-club-live.de | tgl. ab 17 Uhr

25 Uebel & Gefährlich E 4

In-Club im Bunker am Heiligengeistfeld. Vielfältige elektronische Musik. Auch Lesungen, Ausstellungen und Konzerte.

Karolinenviertel | Feldstr. 66 | U-Bahn: Feldstraße (c4) | www.uebel undgefaehrlich.com | Mi–So ab 20 Uhr und nach Programm

Erlesene

Auf den Spuren berühmter
Persönlichkeiten

Ziele

MERIAN
Die Lust am Reisen

ALTONA UND OTTENSEN

Eine Schiffsschraubenfabrik, in der heute Pizza gebacken wird.
Roter Backstein, an dem die salzige Luft der See kratzt.
Türkische Gemüseläden und Bio-Eisdielen. Nirgendwo ist Hamburg
lebendiger, bunter und authentischer als in den alten Fischervierteln.

Als »all to nah«, als viel zu dicht, zur Grenze Hamburgs soll sich die 1535
gegründete Fischer- und Handwerkersiedlung mit ein paar Höfen und
Pferdeställen Altona empfunden haben, die jahrhundertelang dänisch
und noch Ende der 1880er Jahre ein verschlafenes Provinznest mit einför-
migen Reihen trister Häuser und kopfsteingepflasterten Straßen war.
Von 1640 bis 1864 erlebte Altona als zweitgrößte Stadt der dänischen Kro-
ne eine Blüte. Der Hafen war zeitweilig bedeutender als der Hamburgs,
der Konkurrenzkampf der Hamburger und Altonaer um den Fischmarkt
groß. 1867 kam es zu Preußen, 1937 zu Hamburg.

DER BLICK AUF DEN HAFEN: EINFACH GROSSARTIG

An der Westseite des Altonaer Rathauses liegen das Altonaer Museum
und das Altonaer Theater, im Süden die vornehme Wohnstraße Palmaille

◀ »Ottenser Nase« nennen die Bewohner des Viertels solche typischen Eckhäuser.

mit ihren klassizistischen Häusern. Von hier aus kommt man in einen terrassenförmig angelegten Park, der auf einem hohen Hang über dem Elbufer liegt: Vom **Altonaer Balkon** aus ist der Blick über den Hafen großartig. Nur ein paar Schritte sind es von hier aus zur Christianskirche mit dem kleinen alten Friedhof, auf dem der Dichter Friedrich Gottlieb Klopstock (1724–1803) und seine zwei Frauen ruhen.

STÄDTISCHES MULTIKULTI-FLAIR IN OTTENSEN

Die »Grenze« zwischen Altona und Ottensen, 1310 erstmals erwähnt, fällt etwa mit der Linie zwischen Rathaus und Bahnhof zusammen. Der Aufschwung des Dorfes begann, als es 1867 preußisch wurde und, anders als Altona und Hamburg, zum Deutschen Zollverein gehörte. Industrie siedelte sich an, und die Stadt Ottensen wurde ein Zentrum der Arbeiterbewegung. 1889 wurde sie nach Altona eingemeindet. Von den Einheimischen wird Ottensen immer noch »Mottenburg« genannt, ein Name, der auf die katastrophalen Bedingungen zurückgeht, unter denen die Arbeiter in den zahlreichen Glashütten und Tabakfabriken litten, die es in diesem Viertel gab. Viele von ihnen erkrankten an Tuberkulose: sie hatten »Löcher« in der Lunge, d. h., ganz einfach, «die Motten«.

Längst hat der In-Bezirk Ottensen mit dem Kulturzentrum **Fabrik** nichts mehr von dem aufrührerischen, multikulturellen Viertel, zu dem es sich mit Beginn der 1970er-Jahre entwickelte. Der einst hohe Ausländeranteil hat sich in den vergangenen 20 Jahren mehr als halbiert. Sanierte Altbauwohnungen, ein attraktives Restaurant- und Kneipenleben, Yoga-Studios, Kindertagesstätten, grüne Läden. Immer mehr Akademiker-Familien siedeln sich hier an, die man dienstags und freitags ihre High-Tech-Buggies über den Öko-Wochenmarkt schieben und in vergnüglichen Grüppchen ihren »Latte« trinken sieht.

Spritzenplatz heißt der dreieckige Platz mit Bänken und Bäumen, an den sich die Fußgängerzone der Ottensener Hauptstraße anschließt. Einst rückte von hier die Feuerwehr aus – daher der Name. Heute wird in den Cafés und Bars am Platz der Durst nach einer Tour durchs Viertel gelöscht.

SEHENSWERTES

1 Dockland C 6

Wie ein schnittiger Schiffsbug ragt der spektakuläre gläserne Bau 40 m über die Wasserfläche der Elbe hinaus. Besucher dürfen auf der öffentlichen Aussichtsplattform über den fünf Etagen des Bürohauses einen einzigartigen Blick über die Hafenanlagen genießen.

Altona | Van-der-Smissen-Str. 9 | Fähre 61/62

2 Elbchaussee A/B 5

Die 9 km lange Elbchaussee ist Deutschlands reichste Straße. Sie führt von Altona bis in den Villenvorort Blankenese. Sie wurde von Hamburger Großkaufleuten und Reedern angelegt, um eine gute Verbindung von den Landsitzen zu ihren in der Innenstadt gelegenen Kontoren zu schaffen. Von 500 Häusern, die hier stehen, sind rund 160 große und kleine Villen.

Altona bis Blankenese | S-Bahn: Altona (b4)

3 Jüdischer Friedhof D 5

Es ist noch nicht so lange her, dass das neue Empfangsgebäude »Eduard-Duckesz-Haus« des seit 1960 unter Denkmalschutz stehenden Jüdischen Friedhofs von Hamburgs früherem Ersten Bürgermeister Ole von Beust eingeweiht wurde. Es ist nach dem Rabbiner und Lehrer Eduard Duckesz benannt, der in Hamburg lebte und 1944 in Auschwitz ermordet wurde.

Der Friedhof existiert bereits seit 1611. Bis 1869 beerdigte man hier Mitglieder der jüdischen Gemeinden. Das Besondere dieser 2 ha großen Begräbnisstätte ist, dass hier sephardische, also einst von der Iberischen Halbinsel einge-

wanderte Juden (Sepharden), und Aschkenasim, Juden aus Mittel- und Osteuropa, gemeinsam beerdigt sind. Wegen des kulturhistorischen Werts zahlreicher Grabsteine gilt der Friedhof weltweit als eines der bedeutendsten jüdischen Gräberfelder. Von den einst 8000 Grabsteinen sind mehr als 6000 erhalten.

Altona | Königstr. 10a | S-Bahn: Reeperbahn (b5) | Okt.–März Di, Do, So 14–17, April–Sept. Di, Do 15–18, So 14–17 Uhr; an gesetzlichen und jüdischen Feiertagen geschl. | Führungen finden So um 12 Uhr statt. Anmeldung ist nicht erforderlich. Treffpunkt: Eduard-Duckesz-Haus

Övelgönne A 6

Die westlich von Altona direkt an der Elbe gelegene Lotsen- und Kapitänssiedlung Övelgönne ist eine kleine Welt für sich. Entlang des schmalen, zirka 1 km langen Pfades, der von den steil absteigenden Uferhöhen begrenzt wird, reihen sich winzige Einfamilienhäuser aus dem 18. und 19. Jh. mit schmucken Gärtchen aneinander. Wer hier an einem Sommerabend in einem der zahlreichen kleinen Lokale bei einem kühlen Wein die majestätisch vorbeiziehenden Schiffe und die untergehende Sonne beobachtet, wähnt sich wirklich irgendwo im Süden.

Altona | S-Bahn: Altona (b4), Bus: Neumühlen/Övelgönne

4 Palmaille C 5

Ein städtebauliches Juwel! Anfang des 17. Jh. ließ Graf Otto V. von Holstein-Schaumburg einen Spielplatz mit baumbepflanzten Bahnen für das zu jener Zeit beliebte Kugelspiel »palla a maglio« anlegen. Als das Spiel aus der

Mode kam, wurde die Bahn verkauft und schließlich mit in den Bebauungsplan der Stadt einbezogen. Kunstgeschichtliche Berühmtheit erlangte Altonas berühmte Prachtstraße am hohen Elbufer durch C. F. Hansen, der mit ihrer Bebauung (1786–1825) im norddeutsch-klassizistischen Stil ein Gesamtkunstwerk schuf. Im Zweiten Weltkrieg wurden zwei Drittel der Gebäude zerstört. Das bedeutendste ist das ehemalige Wohnhaus Georg Friedrich Baurs (Nr. 49), das Hansen zwischen 1801 und 1804 erbaute. Das Haus Nr. 116 errichtete der Architekt für sich selbst.

Altona | Palmaille | S-Bahn: Königstraße (b5)

5 Rathaus Altona C 5

Der prächtige Neorenaissancebau von 1898 nennt sich Bezirksamt Hamburg-Altona. Es ist weiß gestrichen, der Giebel über dem »griechisch« empfundenen Mittelteil zeigt im Relief Motive aus der Schifffahrt und Fischerei. Vor dem Portal erhebt sich ein Reiterdenkmal Wilhelms I. Dem Bau sieht man nicht an, dass er aus dem ehemaligen Bahnhof der Kiel-Altonaer Eisenbahn entstanden ist. Nördlich schließt sich der

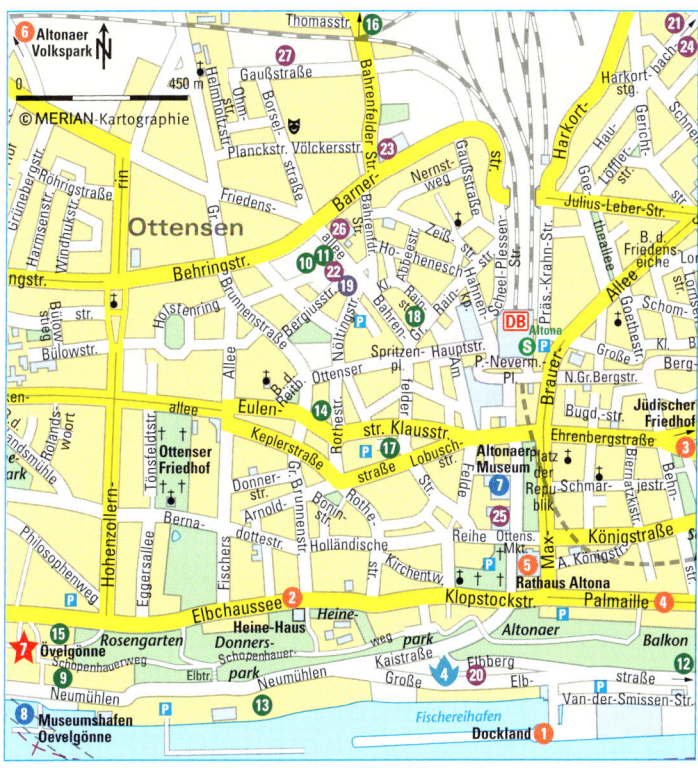

Platz der Republik mit dem monumentalen Stuhlmannbrunnen (1900) an.
Altona | Platz der Republik | S-Bahn: Altona (b4)

6 Volkspark A 1/2

Der 205 ha große Park in Altona wurde 1918 bis 1920 angelegt. Der höchste Punkt ist die Birkenhöhe (56 m). Nach der Rosenblüte folgt im Spätsommer die Dahlienschau mit rund 10 000 Dahlien. Im Park befindet sich die Gaststätte Bauernhaus, wo man im Sommer im Freien sitzen kann. Am Volkspark liegen auch die O2 World Hamburg, Europas modernste, bis zu 16 000 Plätze fassende Multifunktionshalle, und die Imtech-Arena, in der der Hamburger Sportverein (HSV) spielt.
Altona | Luruper Chaussee | Bauernhaus | Nansenstr. 82 | S-Bahn: Stellingen (b4) | Tel. 52 01 43 34 | tgl. 11–23 Uhr

MUSEEN UND GALERIEN
7 Altonaer Museum ▶ S. 145
8 Museumshafen Oevelgönne
▶ S. 150

ESSEN UND TRINKEN
RESTAURANTS
9 Das weiße Haus B 6

Klein, aber fein – Das Restaurant am Museumshafen Oevelgönne begeistert mit köstlicher Bouillabaisse und fantasievollen Menüs. Unbedingt reservieren!
Ottensen | Neumühlen 50 | S-Bahn: Altona (b4), Bus: Neumühlen | Tel. 3 90 90 16 | www.das-weisse-haus.de | Di–Fr 12–15 und Di–So 18–23 Uhr | €€

10 Eisenstein C 5

Schick – Es ist die Pizza! Nein, nicht dass die vielen Gäste nur ihretwegen in

das schöne Gebäude der ehemaligen Schiffsschraubenfabrik von 1886 kommen. Doch wo in Hamburg schmeckt sie italienischer als hier? Aber man kann auch, ebenso köstlich, Glattbutt mit Nordseekrabben essen.
Ottensen | Friedensallee 9 | S-Bahn: Altona (b4) | Tel. 3 90 46 06 | www. restaurant-eisenstein.de | tgl. 11–1 Uhr | €€

11 Filmhauskneipe C 5

Für Cineasten – Diese Kneipe im Hamburger Filmhaus ist der Filmemachertreff. Hier sieht man oft bekannte Gesichter. Gutes und preiswertes Essen.
Ottensen | Friedensallee 7 | S-Bahn: Altona (b4) | www.filmhauskneipe.de | tgl. geöffnet | €

12 Henssler & Henssler D 5/6

Kulinarischer Hotspot – Gebratene Scheiben vom Thunfisch, mit Pfeffer garniert, auf weißem Spargel und einer Orangen-Misosauce. Als Hauptgang Loup de mer auf einem Zitronen-Thymian-Kartoffelpüree-Bett mit Olivenölbutter … Man kann sein Menü auch auf der schönen Terrasse des hallenartigen Lokals genießen.
Altona | Große Elbstr. 160 | S-Bahn: Königstraße (b5) | Tel. 38 69 90 00 | www.hensslerhenssler.de | Mo–Sa 12–15 und 18–23.30 Uhr | €€€

13 IndoChine B 6

Trendy – Indochina- und französische Küche. Terrasse mit eigenem Beach-Areal. Toller Blick.
Ottensen | Neumühlen 11 | Bus: Susettestraße | Tel. 39 80 78 80 | www.indo chine.de | Mo–Fr 12–22.30, Sa 17–22.30, So 11–22.30 Uhr | €€€

Klassische Sushi-Kreationen treffen auf internationale Kochkunst: Steffen Henssler kocht engagiert in seinem Restaurant Henssler & Henssler (▶ S. 104).

14 Leaf ▲ C5

Gourmetadresse für Veganer – Soja-Roulade, gefüllt mit Quitten und Zwetschgen in Brandy-Schokoladen-Sauce an gebackenen Petersilienknödeln und Rotkohl-Rolle? Klingt ebenso lecker wie gefüllte Auberginenröllchen auf Polenta und zweierlei Schaum. Liebevoll eingerichtetes und geführtes kleines Lokal.

Ottensen | Eulenstraße 38 | S-Bahn: Altona (b4) | Tel. 87 09 51 77 | www.restaurant-leaf.de | Di–So 17–23 Uhr | €€

15 Le Canard Noveau ▶ S. 28

16 Off-Club ▶ S. 28

CAFÉS

17 Adele & Clodwig ▲ C5

Was es hier nicht alles gibt! Englischen Tee, Kuchen, herzhafte Snacks, aber auch Schmuck und Taschen, kleine Möbel und Wohnaccessoires, dazu Tipps für Geschenke. Und ein Ambiente, in dem sich die Gäste besonders wohlfühlen.

Ottensen | Bahrenfelderstr. 43 | S-Bahn: Altona (b4) | Tel. 65 86 20 78 | www.adeleundclodwig.de | Mo–Sa 11–19, So 14–18 Uhr

Altonaer Perlenkette

Vor lauter Begeisterung über die Aussichten in der HafenCity könnte man glatt vergessen, dass sich westlich des Fischmarkts einige imposante Neubauten aneinanderreihen, die als Hamburgs »Perlenkette« gelten, darunter das schicke Restaurant Au Quai. Von seiner Terrasse ist der Elbblick perfekt (▶ S. 13).

18 Knuth C 5

Szenetreff. Hier bleibt man gerne auch länger sitzen – am schönsten sind die Plätze am Fenster. Ideal auch für den Mittags-Imbiss.

Ottensen | Große Rainstr. 21 | S-Bahn: Altona (b4) | Tel. 46 00 87 08 | www. dasknuth.com | Mo–Sa 9–open end, So 10–20 Uhr

EINKAUFEN
KOSMETIK

19 Secret Emotion C 5

Selbst gemachte und biologische Kosmetika und alles, um sie selbst herzustellen. Auch werden Kosmetikbehandlungen angeboten.

Ottensen | Bergiusstr. 1 | S-Bahn: Altona (b4) | www.secret-emotion.de

KULTUR UND UNTERHALTUNG
CLUBS

20 Au Quai La Nuit C 5/6

Extravaganter Club (freier Eintritt), mit Terrasse, Wintergarten und spektakulärem Blick auf den Hafen.

Altona | Große Elbstr. 145 b–d | S-Bahn: Altona (b4) oder Bus: Elbberg | Tel. 38 03 77 30 | www.au-quai.de | Di–Sa ab 22 Uhr

21 Waagenbau D 4

Nightlife-Anziehungspunkt. Elektro- und Reggae-Club. Music-Performances, berühmte Gäste auf der Bühne. Partys rund um die Uhr. In dem alten Backsteingebäude unter der S-Bahn siedelte einst ein Waagenbauer.

Altona | Max-Brauer-Allee 204 | S-Bahn: Holstenstraße (b/c4) | www.waagen bau.com | Mo–Sa ab 23 Uhr

KINO

22 Zeise-Kinos C 5

Die in der ehemaligen Schiffsschraubenfabrik zwischen Kneipen und kleinen Geschäften angesiedelten Kinos zeigen anspruchsvolle Filmkunst. Auch Sonderveranstaltungen.

Ottensen | Friedensallee 7–9 | S-Bahn: Altona (b4) | Tel. 3 90 87 70 | www. zeise.de

KULTURZENTREN

23 Fabrik C 4

Das überregional bekannte Kommunikationszentrum Fabrik in Altona ist einer der beliebtesten Hamburger Szenetreffs. Das Experiment Fabrik begann 1971 in einer stillgelegten Munitions- und Maschinenfabrik von 1830. Der ausgediente Bau sollte eine Stätte schöpferischer Produktion mit Werkstattcharakter werden. Ein Großbrand zerstörte 1977 die Fabrik nahezu total. In dem fast originalgetreu wieder aufgebauten Gebäude finden Veranstaltungen aus den Bereichen Theater, Musik und Literatur statt. Künstler wie Chris de Burgh, Miles Davis und Meat Loaf waren schon hier. Kleine Gerichte sorgen für das leibliche Wohl der Gäste. Der Jazzfrühschoppen am Sonntag zieht viele Fabrikfans an.

Ottensen | Barnerstr. 36 | S-Bahn: Altona (b4) | Tel. 39 10 70 | www.fabrik.de

MUSICAL

24 Neue Flora D 4

Das 1990 eröffnete Haus ist mit 1867 Plätzen eines der größten Musicalhäuser Deutschlands.

Altona | Stresemannstr. 159a | S-Bahn: Holstenstraße (b/c4) | Tel. 0 18 05/44 44 (14 Ct./Min. aus dem deutschen Festnetz) | www.stage-entertainment.de

THEATER

25 Altonaer Theater C 5

Markenzeichen des Hauses im Zentrum Altonas sind Klassiker, Komödien und zeitgenössische Stücke. Vielfältiges Rahmenprogramm mit literarischen und musikalischen Abenden. Stilvoll eingerichtetes Theater-Café.

Altona | Museumstr. 17 | S-Bahn: Altona (b4) | Tel. 39 90 58 70 | www.altonaer-theater.de

26 Monsun-Theater C 4/5

Hamburgs ältestes Off-Theater. Experimentierfreudiger Spielplan mit Sprech- und Musiktheater. Das Bistro «L'incontro al teatro» lockt mit italienischen Köstlichkeiten.

Ottensen | Friedensallee 20 | S-/U-Bahn: Altona (b4) | Tel. 390 31 48 | www.monsuntheater.de

27 Thalia in der Gaußstraße B/C 4

Die großartige Werkstattbühne des Thalia Theaters. Bemerkenswerte Gastspiele, Experimente, Lesungen.

Ottensen | Gaußstr. 190 | S-Bahn: Altona (b4) | Tel. 3 2 81 44 44 | www.thalia-theater.de

War mal eine Schiffsschraubenfabrik: Die Zeise-Hallen mit ihren Kinos (▶ S. 106), kleinen Läden und Restaurants sind der gelungene Umbau eines Industriedenkmals.

ROTHERBAUM, HARVESTEHUDE UND EPPENDORF

Mit der Nähe zum Wasser nimmt die Zahl der weißen Villen und der Einstecktücher im Sakko zu. Ein Bummel entlang der Außenalster mit anschließendem Drink auf dem Bootssteg bildet einen reizvollen Kontrast zum nahen und quirligen Univiertel.

Es soll ein roter Schlagbaum gewesen sein, der dem Stadtteil seinen Namen gab: Rotherbaum. Seine citynahe Lage westlich der Außenalster hatten Hamburgs wohlhabende Bürger bereits im 18. Jh. entdeckt. Noch heute prägen stattliche Stadtvillen das Straßenbild mit der Hauptachse **Rothenbaumchausee**, die vom Dammtor-Bahnhof Richtung Norden bis zum Klosterstern nach Eppendorf führt. Hier liegen neben dem Völkerkundemuseum und dem Privattheater **Hamburger Kammerspiele** zahlreiche Institute der Hamburger Universität, das Funkhaus des Norddeutschen Rundfunks (NDR) und mit der berühmten Anlage am Rothenbaum die Wiege des deutschen Tennissports, auf dem heute noch die German Open der Herren ausgetragen werden.

◀ Bei Bobby Reich (▶ S. 112) gibt es Boote für den Alstertörn.

Doch das Herz des Unistadtteils schlägt westlich der Rothenbaumchaussee, am verkehrsberuhigten Grindelhof. Die mehrstöckigen und denkmalgeschützten Grindelhochhäuser, Ladengeschäfte, Innen- und Hinterhöfe prägen es. Unübersehbar: der zentrale Campus mit dem Philosophenturm. Ab dem Ende des 19. Jh. war das Viertel Zentrum des jüdischen Lebens in Hamburg. Rund 40 Prozent der hamburgischen Juden lebten hier. An der Stelle des heutigen Joseph-Carlebach-Platzes stand von 1906 bis 1938 die größte **Synagoge** Norddeutschlands. Auf zahlreichen in den Bürgersteig eingelassenen Messingquadraten, den sogenannten Stolpersteinen, lässt sich das Schicksal der einstigen Bewohner ablesen.

DIE STILLE WEITE DER AUSSENALSTER

Mit dem Harvestehuder Weg beginnt eine der schönsten und vornehmsten Straßen der Hansestadt, gesäumt an der Uferseite vom **Alsterpark**, an der anderen von großbürgerlichen, prachtvollen Villen und Gärten. Hier legten die wohlhabenden Hamburger Kaufleute im 19. Jh. ihre Landsitze im neoklassizistischen und Jugendstil an und vergnügten sich in ihren Booten auf der Alster bei Wein und Musik.

Die vom Harvestehuder Weg abzweigende Milchstraße führt direkt in den Ortsteil **Pöseldorf**, wo einst Handwerker und Kutscher in ihren Gärten »pöselten«, was so viel bedeutet wie »herumpusseln« oder »sich mit Kleinigkeiten beschäftigen«. Als Ende der 1950er-Jahre die Sanierung des Viertels begann, zogen Boutiquen, Galerien, Restaurants und Kneipen in die einstigen Ställe und Remisen. Eine »Pöseldorferin« hat es zu internationalem Ruhm gebracht: Jil Sander startete mit einem kleinen Laden in der Milchstraße ihre internationale Karriere als Modedesignerin.

Im Nordwesten von Harvestehude liegen Eppendorf und Hoheluft mit ihren Kanälen und Jugendstilfassaden, exquisiten Läden und Szene-Restaurants. Im 14. Jh. gehörte Eppendorf zum Kloster Harvestehude und nach der Reformation dem Johanniskloster. Eppendorfs Norden dominiert das zwischen 1884 und 1889 gegründete Universitätsklinikum.

SEHENSWERTES

**1 Planten un Blomen –
Alter Botanischer Garten** F 4

Hier lag einst Hamburgs Zoologischer
Garten, gegründet vom Bankier, Kaufmann und Politiker Ernst Merck. In
einer Villa auf dem Gelände wurde das
berühmte Werk der Zoologie »Brehms
Tierleben« geschrieben – Direktor des
Zoos war nämlich von 1862 bis 1869
der Zoologe Alfred Brehm. In den Jahren 1930 bis 1935 wurde der Park für die
Niederdeutsche Gartenschau Planten
un Blomen angelegt und anlässlich der
Gartenbauausstellungen von 1963 und
1973 neu gestaltet. Hierher kommt man
besonders gern wegen der wunderschönen Blumenanlagen. Im Parksee
befindet sich eine Wasserlichtorgel,
die abends (Mai–Aug. 22 Uhr, Sept.
21 Uhr) in Betrieb genommen wird. Es
gibt Spielplätze, einen Musikpavillon
und Restaurants. Auf dem Gelände des
Alten Botanischen Gartens können
mehrere Gewächshäuser mit tropi-
schen Pflanzen besichtigt werden.
Rotherbaum | Haupteingang: Stephans-
platz | S-Bahn: Dammtor (c4), U-Bahn:
Stephansplatz (c1)

2 Talmud-Tora-Schule F 3

Die ehemalige jüdische Schule wurde
von 1909 bis 1911 von Ernst Friedheim
in traditioneller norddeutscher Back-
steinbauweise errichtet. Sie ist noch
eins der wenigen Zeugnisse, die an die
Bedeutung der jüdischen Gemeinde in
Hamburg erinnern. Vor dem Zweiten
Weltkrieg lebten rund 70 Prozent der
Hamburger Juden im Grindelviertel
und den umliegenden Stadtteilen. Seit
2007 wird in dem Gebäude wieder un-
terrichtet. Hier ist die Joseph-Carle-

bach-Schule beheimatet, die Schule der
jüdischen Gemeinde Hamburgs.
Rotherbaum | Grindelhof 30 | U-Bahn:
Hallerstraße (c4)

MUSEEN UND GALERIEN

MUSEEN

**3 Hamburgisches Museum für
Völkerkunde** ▶ S. 147

**4 Naturwissenschaftliche Museen
der Universität Hamburg** ▶ S. 150

GALERIEN

5 Galerie Hans Brockstedt ▶ S. 152
6 Galerie Levy ▶ S. 153
7 Hauswedell & Nolte ▶ S. 153
**8 Photography Monika Mohr
Galerie** ▶ S. 153

ESSEN UND TRINKEN

RESTAURANTS

9 Auberge F 3

Im Uni-Viertel – Zu den Kreationen
dieses typisch französischen Restaurants gehören: lauwarmer Scampisalat
in Knoblauchbutter und Seeteufel in
Safransauce.
Rotherbaum | Rutschbahn 34 |
U-Bahn: Hallerstraße (c4) | Tel. 4 10
25 32 | www.auberge.de | Mo–Fr 12–14,
Mo–Sa 17.30–22 Uhr | €€€

10 Cornelia Poletto F 1

Offene Show-Küche – Die beliebte
und bekannte Hamburger Sternekö-
chin und Kochbuchautorin hat ihrem
neuen Restaurant einen Feinkostladen
mit italienischen Spezialitäten angeschlossen.
Eppendorf | Eppendorfer Landstr. 80 |
U-Bahn: Kellinghusenstraße (c4) | Tel.
4 80 21 59 | www.cornelia-poletto.de |
tgl. 11–23 Uhr | €€

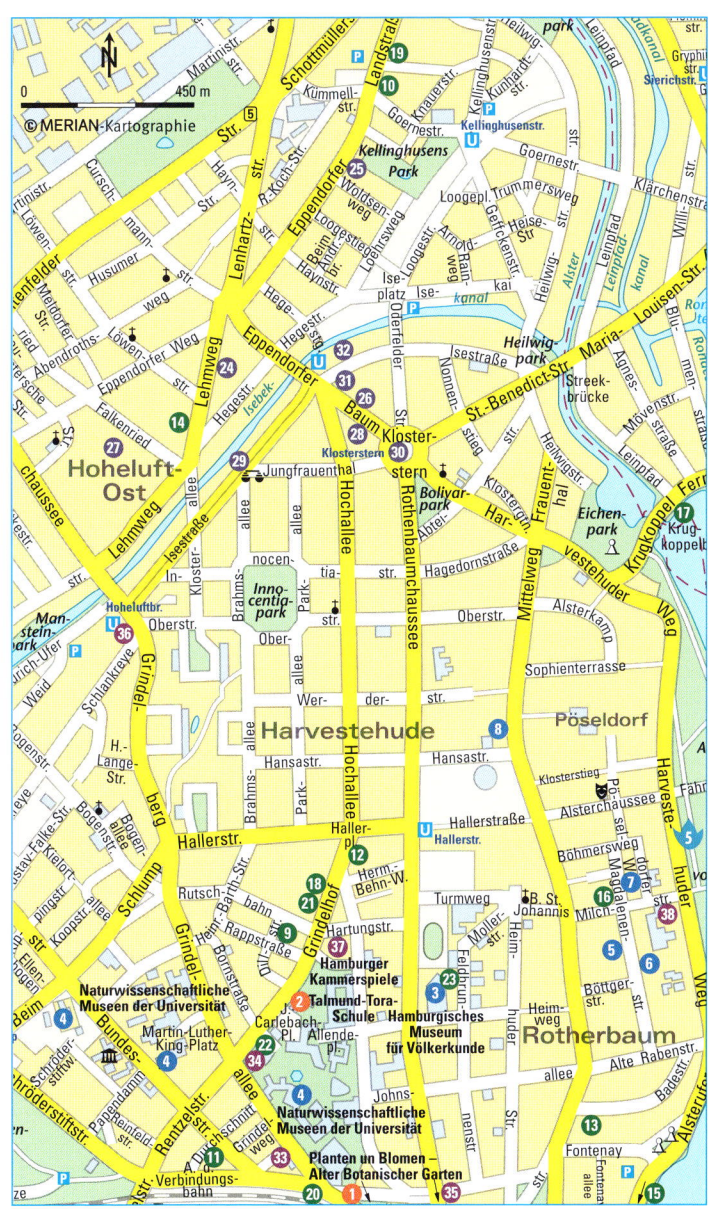

⑪ La Mirabelle   F 3

Für frankophile Feinschmecker – Tolle Vorspeisen. Statt des Desserts kommt der Käsewagen.

Rotherbaum | Bundesstr. 15 | U-Bahn: Schlump (c4) | Tel. 4 10 75 85 | www.la-mirabelle-hamburg.de | Mo–Sa ab 18 Uhr | €€€

⑫ La Monella   F 3

Veggie-Gerichte – Der erste Italiener in Hamburg, der Vegetariern eine Vielfalt saisonaler Speisen bietet. Ebenso Klassisches aus der italienischen Heimat.

Rotherbaum | Hallerplatz 12 | U-Bahn: Hallerstraße (c4) | Tel. 45 61 62 | www.lamonella.de | Mo–Fr 12–15, Mo–Sa 18–23 Uhr | €€

⑬ Osteria due   G 3

Für italophile Hanseaten – Elegant, schickes Publikum, köstliches Essen.

Rotherbaum | Badestr. 4 | S-Bahn: Dammtor (c4) | Tel. 4 10 16 51 | www.osteriadue.de | tgl. 12–24 Uhr | €€€

⑭ Piment ▶ S. 29

⑮ Portonovo   G 4

Der Hit im Sommer – Die Lage an der Außenalster mit dem Blick über das Wasser ist fantastisch. Auf der großzügigen Terrasse werden kühle Drinks und köstliche Antipasti serviert.

Rotherbaum | Alsterufer 2 | S-Bahn: Dammtor (c4) | Tel. 41 35 66 16 | www.ristorante-portonovo.de | tgl. 12–15, 18–23.30 Uhr | €€€

⑯ Sgroi   G 5

Traditionelle Regionalküche – Die Sizilianerin Anna Sgroi hat einen Michelin-Stern und gilt als beste italienische

Köchin in Deutschland. Sie wählt nur erstklassige Zutaten für ihre geschmacklich fein abgestimmten Speisen und bietet qualitätvolle Weine an. Anna Sgroi, bis vor Kurzem in der Langen Reihe in St. Georg, verwöhnt ihre Gäste jetzt in den Räumlichkeiten der ehemaligen Pöseldorfer Bierstuben in Hamburgs schicker Milchstraße.

Rotherbaum | Milchstr. 7 | U-Bahn: Hallerstraße (c4) | Tel. 28 00 39 30 | www.annasgroi.de | Di–Fr 12–14.30 und 19–22.30 Uhr | €€

CAFÉS

⑰ Bobby Reich   G 2

An diesem Bootsanleger trifft man sich nicht, weil man gut essen möchte. Das Café-Restaurant ist wegen seiner Alsterlage so beliebt.

Harvestehude | Fernsicht 2 | U-Bahn: Klosterstern (c4) | Tel. 48 78 24 | www.bobbyreich.de | tgl. 10–24 Uhr | €€

Alsterpark   5

Geht man an einem Sommertag auf dem Harvestehuder Weg bis zur Krugkoppelbrücke, führt ein Fußweg direkt am Wasser entlang in den Alsterpark. Geblähte Segel, Jogger, Radler, Liegestühle, Eiskaffee – nicht zu glauben, inmitten einer Zwei-Millionen-Metropole zu sein (▶ S. 14).

⑱ Café Leonar   F 3

Mit diesem jüdischen Literaturcafé ist Hamburg um einen geistig anregenden Platz reicher geworden. Zeitungen, Bücher, Lesungen, Konzerte.

Seit fünf Jahrzehnten werden hier von Meisterhand Torten gebacken: Das Café Lindtner (▶ S. 113) ist ein klassisches Kaffeehaus, wie es sie nur noch selten gibt.

Rotherbaum | Grindelhof 87 | U-Bahn: Hallerstraße (c4) | Tel. 41353011 | www.cafeleonar.de | Mo–Do 8–24, Fr 8–1, Sa 9–1, So 9–22 Uhr

⑲ Café Lindtner F1

Klassisches Kaffeehaus. Große Auswahl an selbst gebackenem – teurem – Kuchen. Außerdem Pralinen, Marzipan und Baumkuchen aus eigener Produktion. Terrasse.

Eppendorf | Eppendorfer Landstr. 88 | U-Bahn: Kellinghusenstraße (c4) | www.konditoreilindtner.de | Mo–Sa 8.30–20, So 10–19 Uhr

⑳ Café Schöne Aussichten F4

Park-Café. Von der großen Terrasse genießt man unter Palmen den Blick auf das herrliche Grün von Planten un Blomen. Samstags Frühstücksbuffett.

Donnerstags ab 18 Uhr »After Work Club« mit Musik, Tanz. Zahlreiche Veranstaltungen.

Rotherbaum | Gorch-Fock-Wall 4/Im Alten Botanischen Garten | S-Bahn: Dammtor (c4), U-Bahn Stephansplatz (c4) | Tel. 34 01 13 | Sa 11, So 10, bei schönem Wetter Di–Fr ab 11 Uhr, Okt.– März eingeschränkt geöffnet

㉑ Salon Wechsel Dich F3

Eine witzige Idee: Sollte dem Gast auch der Teller gefallen, auf dem ihm das Obsttörtchen serviert wird – er kann ihn genauso erwerben wie andere Design-Produkte auch, die das sympathische Café schmücken.

Rotherbaum | Grindelhof 62 | U-Bahn: Hallerstraße (c4) | Tel. 32 03 98 89 | www.salonwechseldich.de | Di–So 10–18 Uhr

Der Isemarkt (▶ S. 37) zwischen den Haltestellen Hoheluftbrücke und Eppendorfer Baum lädt zu einem ausgedehnten Bummel ein. Im Angebot sind Blumen, Obst, Käse und vieles mehr.

KNEIPEN

㉒ Abaton-Bistro　　　　🔖 F 3

Schickes Bistro, neben dem Abaton-Kino. Große Speisekarte. Im Sommer stehen auch draußen Tische und Stühle. Rotherbaum | Grindelhof 14a | U-Bahn: Hallerstraße (c4) | Tel. 45 77 71 | www.abaton-bistro.de | Mo–Fr 11.30–24, Sa, So 16–24 Uhr

TEEHAUS

㉓ Teehaus »Hamburg Yu Garden«　　🔖 F/G 3

Gleich neben dem Museum für Völkerkunde steht ein chinesisches Teehaus, nach dem Vorbild des Huxingtiu-Teehauses in Shanghai errichtet und ein Geschenk der Hamburger Partnerstadt Shanghai an die Hansestadt. Neben traditionellen Teezeremonien und Einführungen in die Teekunst stehen Veranstaltungen im Mittelpunkt, die dem deutsch-chinesischen Austausch dienen. Die Leseräume der Bibliothek sind für Besucher geöffnet. Rotherbaum | Feldbrunnenstr. 67 | U-Bahn: Hallerstraße (c4) | Tel. 4 28 38 79 78 | www.konfuzius-institut-hamburg.de | tgl. 11.30–18, Sa, So bis 19.30 Uhr

EINKAUFEN

AUKTIONEN

24 Auktionshaus Mette F 2

Schmuck, Silber, Gemälde, Porzellan, Fayencen, Glas und Möbel. Auktionen und Verkauf.

Eppendorf | Lehmweg 55 | U-Bahn: Eppendorfer Baum (c4) | Tel. 46 06 92 56 | www.auktionshaus-mette.de | Mo–Fr 10–18, Sa bis 15 Uhr

BÜCHER

25 Das Buch F 1

»Kleine Buchhandlung mit großen Ambitionen«. So möchten sich die Betreiber verstanden wissen: Ihren Kunden bieten sie ein hervorragendes Sortiment und persönliche Beratung.

Eppendorf | Eppendorfer Landstr. 56 | www.dasbuchineppendorf.de | U-Bahn: Kellinghusenstraße (c4)

KOSMETIK

26 Meister F 2

Seit 1888. Allein das »historische« Interieur dieser Institution mit dem breiten Angebot an feinen Düften und Cremes ist ein Genuss!

Eppendorf | Eppendorfer Baum 12 | U-Bahn: Klosterstern (c4) | www.meister-parfumerie.de

KULINARISCHES

27 Cucinaria F 2

Ein wahrer Küchentempel: Vom Spargelschälmesser über die gusseiserne Pfanne bis zur Espressomaschine – hier gibt es alles, was man sich an Küchenzubehör vorstellen kann. Auch feine Olivenöle und Gewürze.

Eppendorf | Straßenbahnring 12 | www.cucinaria.de | U-Bahn: Hoheluftbrücke (c4)

28 Weinhaus Gröhl F 2

Eine echte Institution im Viertel. Vorzügliche Tropfen. Verkostungen und Wein-Seminare.

Eppendorf | Eppendorfer Baum 7 | U-Bahn: Eppendorfer Baum (c4) | www.weinhaus-groehl.de

MÄRKTE

29 Isemarkt ▶ S. 37

MODE

30 Conrad Hasselbach F 2

Very british! Vom Gürtel bis zum Schuh. Jagd und Outdoors.

Eppendorf | Klosterstern 2 | U-Bahn: Klosterstern (c4)

31 Kaufrausch F 2

In diesem individuellen »Kaufhaus« gibt es ausgefallene Handtaschen, freche Klamotten und Badeanzüge oder raffinierten Schmuck. Sehr persönliches Ambiente mit Bar im Laden.

Eppendorf | Isestr. 74 | U-Bahn: Eppendorfer Baum (c4) | www.kaufrausch-hamburg.de | Mo–Fr 11–19, Sa bis 18 Uhr

WOHNEN

32 Vossberg F 1/2

Exklusive Produkte für Haus und Garten zu bezahlbaren Preisen. Reproduktionen antiker Stoffe.

Eppendorf | Isestr. 87 | U-Bahn: Eppendorfer Baum (c4) | www.vossberg.de

KULTUR UND UNTERHALTUNG

CLUBS

33 Logo F 3

Legendärer Livemusik-Club, bekannt als »lauteste Sauna Hamburgs«. Auf der Logo-Bühne standen schon Tausende angesagter Bands aus aller Welt.

Rotherbaum | Grindelallee 5 | S-Bahn: Dammtor (c4) | www.logohamburg.de

KINO

 **Abaton** F 3

Was wären Hamburgs Cineasten ohne ihr Abaton! 1970 gegründet, mitten in der Kinokrise, als sich die Leute lieber vor ihr TV setzten als in ein Lichtspielhaus, öffnete Deutschlands ältestes Programmkino seine Portale nicht weit von der Universität. Hier waren Filme aus aller Welt zu sehen, die es woanders nicht zu sehen gab, große Leinwandkunst, das »andere Kino« eben.

Für seine erstklassige Filmauswahl wird das Abaton regelmäßig ausgezeichnet. Weil der Autorenfilm allein sein Überleben nicht garantieren würde, stehen inzwischen auch Hollywoodproduktionen auf dem Spielplan. Das Abaton hat drei Säle und zeigt täglich mehrere Filme. Im »Oberen Kino« (130 Plätze) und im »Kleinen Kino« (96 Plätze) sind die Leinwände allerdings ziemlich klein.

Rotherbaum | Allende-Platz 3 | U-Bahn: Hallerstraße (c4) | Tel. 41 32 03 20 | www.abaton.de

Cinemaxx F/G 4

Riesengroße Leinwände, hohe Sitzbequemlichkeit in allen Sälen. 1997 eröffneter, moderner Kinokomplex mit acht Kinos, darunter das größte Kino Hamburgs mit 1001 Plätzen. Bar.

Rotherbaum | Dammtordamm 1 | S-/U-Bahn: Dammtor (c4) | Tel. 80 80 69 69 | www.cinemaxx.de

Holi Kino F 2

Eins der letzten traditionellen Premierenkinos der Stadt und eins der schöns-

ten noch dazu. Vorwiegend europäische Produktionen. Komfortabler Lichtspieltheatercharme der Fünfzigerjahre. Französische Vollpolstersessel, großzügiger Reihenabstand, restaurierter Leinwand-Vorhang, hochmoderne Projektionstechnik. Zwei Säle, insgesamt 554 Sitze. Hausbar mit Drinks und Weinen.

Hoheluft | Schlankreye 69 | U-Bahn: Hoheluftbrücke (c4) | Tel. 4 22 30 40 | Kartenreservierung tgl. 15–21 Uhr

THEATER UND KONZERTE

 Hamburger Kammerspiele F 3

»Sie öffnete uns den Blick auf die geistige Landschaft der Welt (…) keinem Künstler schulden wir mehr als Ida Ehre«, schrieb Helmut Schmidt nach dem Tod der Intendantin, der die deutsche Theaterkultur nach dem Zweiten Weltkrieg ihren Neubeginn verdankt, obgleich sie als Jüdin entsetzliche Jahre in Hamburg erleben musste.

Bereits ab 1919, als Erich Ziegel die Kammerspiele am Besenbinderhof gründete, waren sie ein besonderes Theater: Zeitgenössische Literatur – Werke von Frank Wedekind, Bertolt Brecht und des Hamburger Erzählers Hans Henny Jahnn – standen ganz oben auf dem Spielplan. Von 1938 bis 1941 war das Haus in der Hartungstraße Sitz des jüdischen Kulturbundes und später Deportationsstelle. Hier gründete die in Wien aufgewachsene Ida Ehre die Kammerspiele 1945 neu. Das Kriegsdrama des Hamburger Autors Wolfgang Borchert »Draußen vor der Tür« hatte 1947 hier Premiere. Inhaltlicher Schwerpunkt der heutigen Kammerspiele ist weiterhin das zeitgenössische Schauspiel.

Rotherbaum | Hartungstr. 9 | U-Bahn: Hallerstraße (c4) | Tel. 4 13 34 40 | www. hamburger-kammerspiele.de | Vorverkauf: Mo–Fr 10–18 Uhr

38 Hochschule für Musik und Theater ◀ G3

Wer einen Spaziergang durch Harvestehude macht, dem fällt am Harvestehuder Weg 12 ein schönes Gebäude ins Auge: Es ist das Budge-Palais, die heutige Residenz der Hochschule für Musik und Theater, von dem Architekten Martin Haller einst erbaut. Der jüdische Bankier Henry Budge ließ das Haus zwischen 1903 und 1908 aufwändig umbauen und machte es zu einer Begegnungsstätte für zahlreiche Künstler. Ein innenarchitektonisches Juwel: der Spiegelsaal (seit 1980 im Museum für Kunst und Gewerbe rekonstruiert, wo er als Ort ausgesuchter Kammermusikkonzerte dient).

Nach dem Tod des Ehepaars Budge wurde das Palais zugunsten der Stadt Hamburg enteignet – bis 1945 residierte hier sieben Jahre lang der Reichsstatthalter und Gauleiter der NSDAP. Nach Kriegsende nutzten es bis Mitte der 50er-Jahre die britischen Besatzungsbehörden, und 1958 zog schließlich die Musikhochschule ein.

Das sollte man sich nicht entgehen lassen: Viele der Veranstaltungen der Hochschule sind eintrittsfrei. Karten für kostenpflichtige Veranstaltungen erhält man über die bekannten Konzertkassen in Hamburg. Die Abendkasse öffnet eine Stunde vor Vorstellungsbeginn.

Harvestehude | Harvestehuder Weg 12 | U-Bahn: Hallerstraße (c4) | www.musikhochschule-hamburg.de

Immer ein volles Haus: Die Hamburger Kammerspiele (▶ S. 116) am Rand des Univiertels bieten ein hervorragendes Angebot an zeitgenössischen Theateradaptionen.

ST. GEORG, UHLENHORST UND WINTERHUDE

Straßenstrich, Schwulenszene und Schauspielhaus: Im hippen St. Georg gleich hinter dem Hauptbahnhof wird Toleranz gelebt. Nördlich des angesagten Stadtteils geht es ruhiger zu: In Uhlenhorst und Winterhude wird Hamburg zum Venedig des Nordens.

Ein Hospital für die Pestkranken, ein Friedhof, jede Menge Galgen und Plätze für den Müll – am östlichen Außenalsterufer, zwischen Hauptbahnhof und dem Krankenhaus St. Georg an der Sechslingspforte, lag die Vorstadt St. Georg, das einzige halb ländliche, halb städtische Gemeinwesen an der Außenalster und eng mit der Stadt verbunden. Jenseits des Krankenhauses war man auf dem Land, hier lagen vereinzelt Höfe in feuchten Wiesen, wohnten Bauern, Viehhändler und Handwerker. Später legten die Hamburger Gärten am Alsterufer an und bauten bescheidene Sommerhäuser. Dort, wo heute Hamburgs **Grandhotel Atlantik** liegt, an der Straße An der Alster, zählte man an der Wende zum 19. Jh. 25 solcher Besitzungen. Erst 1858 wurde ein Fahrweg angelegt.

◀ Lauschiges Plätzchen: Blick von
der Außenalster auf die Stadt.

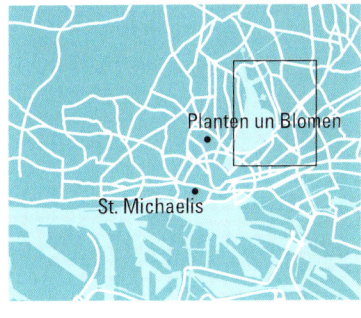

Direct gegenüber dem 1906 einge-
weihten Hauptbahnhof, im Norden von der Hamburger Kunsthalle und südlich vom Museum für
Kunst und Gewerbe flankiert, befindet sich in einem repräsentativen Bau aus den Jahren 1899/1900
das **Deutsche Schauspielhaus.**

Die einst verrufene Straße Lange Reihe hat sich zu einer lebendigen
Amüsiermeile entwickelt, in der sich trendige Restaurants, Bars und ku-
riose Läden, winzige Stundenhotels und Homosexuellentreffs aneinanderreihen. Herzstück der in diesem Viertel angesiedelten Gay Communi-
ty ist das Café Gnosa.

RUDERBOOTE SCHAUKELN IM WASSER

Nach 1850 entwickelte sich nördlich von St. Georg der Stadtteil Uhlenhorst.
Der Uferstreifen von der Straße Schwanenwik bis Bellevue wurde von
wohlhabenden Bürgern erworben und mit exklusiven Villen und Stadthäu-
sern bebaut – nicht nur der Blick über die Alster bis zur Lombardsbrücke
war wunderschön, sondern auch die südwestliche Lage. Noch heute trägt
die Uferstraße mit ihren Anlagen zu Recht den Namen **Schöne Aussicht**.
»So ging ich abends ins Uhlenhorster Fährhaus, ein bezauberndes Som-
merrestaurant an der Alster, vor dem in dichtem Gedränge die leise
schaukelnden Ruderboote lagen«, beschreibt der Hamburger Maler
Friedrich Ahlers-Hestermann die Stimmung am Wasser: »Träge teilte
sich ihre Menge, wenn langsam und vorsichtig ein breit auf dem Wasser
liegender Dampfer ankam oder eine Yacht mit fast schlaffer Leinwand auf
den Landungssteg zuglitt.«
Aus einem Nebenarm der Alster entstand der **Feenteich**, um den sich
tiefe Gärten wohlhabender Villenbesitzer erstrecken. In einer Villa von
1868 befindet sich das Gästehaus des Senats.
Kanäle, Brücken, Stadtpalais, flotte Läden, schöne Wohnstraßen, angesagte
Restaurants. Das ist der alsternahe, großbürgerliche Teil von Winterhude.
Doch auch die Jarrestadt mit ihren 35 Klinkerblocks, 1927 bis 1930 nach
einer Idee von Fritz Schumacher erbaut, und die City Nord gehören zu diesem charaktervollen, bevölkerungsreichen Viertel im Hamburger Norden.

SEHENSWERTES

1 Alsterschwimmhalle H 4

Wegen ihrer eigenwilligen Architektur im Volksmund auch »Schwimmoper« genannt, ist die moderne Schwimmhalle mit ihrer 76 m langen Rutschanlage etwas wirklich Besonderes. Im Sportschwimmbecken können Kinder Themenschwimmen (z. B. Kraulen, Flossenschwimmen) auf Extrabahnen trainieren. Die Höhe der Sprunganlagen reicht von 1 bis zu 10 m. Ein Außenbecken (28 °C) lädt zum Baden in der frischen Luft ein. Das frühere Nichtschwimmerbecken wurde durch einen Aqua-Fitness-Bereich ersetzt.

Ursprünglich war die Halle übrigens als Wettkampfstätte konzipiert – erst nach Abschluss der Bauarbeiten stellte man fest, dass die 50-m-Bahn um einige Zentimeter zu kurz war.

Uhlenhorst | Ifflandstr. 21 | U-Bahn: Uhlandstraße (d4) | www.baederland.de | Mo−Fr 6.30−23, Sa, So 8−23 Uhr | Eintritt 8,30 €, Kinder 4,20 €

2 Moschee H 4

Die kuppelgekrönte iranisch-schiitische Iman Ali Moschee mit zwei Minaretten rechts und links wurde 1963 in schönster Uferlage an der Außenalster gebaut. Träger ist das »Islamische Zentrum Hamburg«. Eine Besichtigung des blauen Gebetshauses mit den markanten Minaretten ist nur nach telefonischer Anmeldung möglich.

Uhlenhorst | Schöne Aussicht 36 | U-Bahn: Borgweg (c3/d3) | www.iz hamburg.com

3 Stadtpark G−J1

Ein öffentlicher Volkspark! Ein Ort zum Erholen, zum Spiel-, Sport- und Kunstgenuss für Hamburgs rasant wachsende Bevölkerung. Pläne dazu gab es bereits vor 1900. Der damalige Direktor der Hamburger Kunsthalle, Alfred Lichtwark, war einer der Verfechter der Volkspark-Idee als Alternative zum herkömmlichen repräsentativen Fürstenpark.

In den Jahren zwischen 1910 und 1914 verwirklichte Hamburgs Stadtbaumeister Fritz Schumacher den Plan einer großzügigen Grünanlage nordöstlich der Außenalster und sorgte damit für internationale Aufmerksamkeit. An der Gestaltung des neuen großen Parks zu Beginn des 20. Jh. war auch der erste Hamburger Gartendirektor Otto Linne beteiligt.

Waldgebiete und weitläufige Wiesenflächen, Sportareale und Bühnen, ein Badesee, Ziergärten, Brunnen, eine Platanenallee, Hockeyplätze, ein Reitplatz. Auf dem höchsten Punkt des Parks steht das Planetarium (www.planetarium-hamburg.de), das den monatlichen Sternenhimmel zeigt. Ein hochmoderner Sternenprojektor kann etwa 9500 Sterne projizieren.

Wenn das Wetter es erlaubt, finden auf der Freilichtbühne im Park Open-Air-Konzerte statt.

Winterhude | U-Bahn: Saarlandstraße oder Borgweg (c3/d3) | www.hamburg-stadtpark.de

MUSEEN UND GALERIEN

4 Vera Munro ▸ S. 153

ESSEN UND TRINKEN

RESTAURANTS

5 Byntze 1318 H 3

Tradition und Moderne – Die Rügener Weinbar hat eine Lounge an der Alster

eröffnet. Im Souterrain des Hotels Alsterblick lädt ein schickes Ambiente mit Terrakottabböden und tiefer gelegten Sofas zu Jazz- und Blues-Musik, kleinen Speisen (von Antipasti bis Trüffelpasta) und einem guten Tropfen ein.
Uhlenhorst | Schwanenwik 30 | U-Bahn: Uhlandstraße (d4) | Tel. 22 94 89 81 | www.byntze.de | €€

6 Cox ◥ **H 4**

Szene-Bistro – Eine Institution im Viertel und immer gut voll. Französisch-italienisch-österreichische Kreativ-Küche. Köstliche Desserts.
St. Georg | Lange Reihe 68 | S-/U-Bahn: Hauptbahnhof (d5) | Tel. 24 94 22 | www.restaurant-cox.de | Mo–Fr 12–14.30, Mo–So 8–23 Uhr | €€€

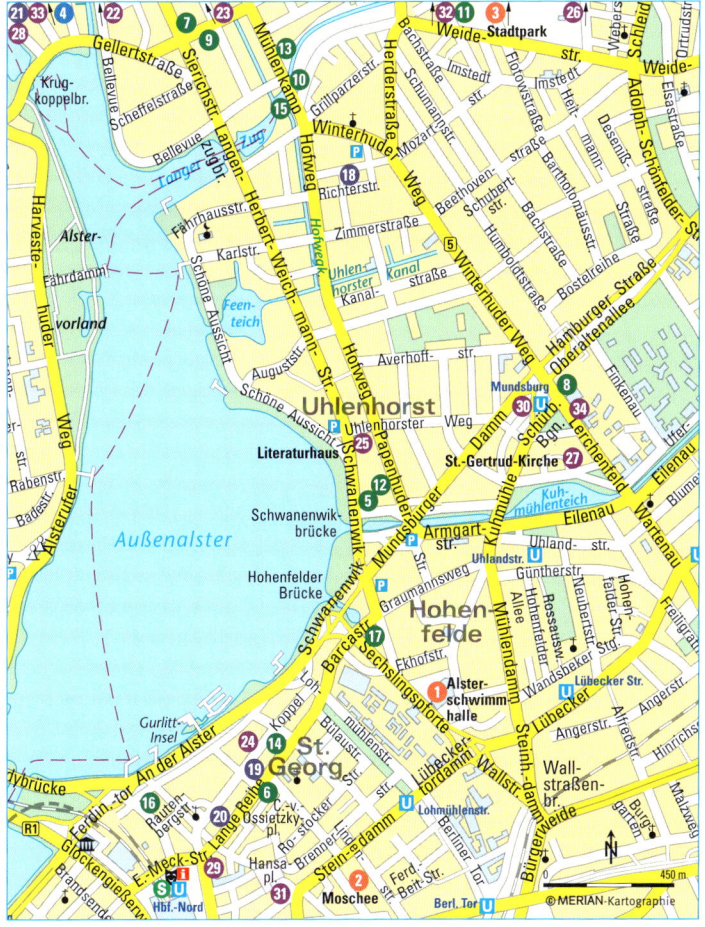

Neueste Geschmackskreationen in einem alten Fährhaus: Die kreative Kochkunst der Küchenwerkstatt (▶ S. 122) wurde mit einem Michelin-Stern ausgezeichnet.

❼ Die Boutique ⚑ G/H 2

Brasserie-Bar-Lounge – Stühle, Sitz-Quader und Bänke sind mit weißem Leder überzogen. Auf der Speisekarte des von zwei Osteuropäerinnen geführten schicken Lokals steht die Gänsekeule mit geschmortem Apfel ebenso wie Steak mit Selleriemus. Alles sieht ein wenig nach In-Platz aus.
Winterhude | Poelchaukamp 22 | U-Bahn: Sierichstraße (c3/c4)) | Tel. 69 65 63 96 | www.dieboutique.com | Mo–Fr 12–23, Sa 15–23 Uhr | €€

❽ Jaipur ⚑ J 3

Stilvoll – Indisches Restaurant mit Tandoori-Küche, auch mit vegetarischen Gerichten. Sehr aufmerksamer Service, ruhige Atmosphäre, obgleich oft voll. Im selben Gebäude wie das English Theatre.

Uhlenhorst | Lerchenfeld 14 | U-Bahn: Mundsburg (d4) | Tel. 2 20 94 75 | tgl. 12–23 Uhr | €€

❾ Kleiner Speisesaal ⚑ H 2

Deutsch, mediterran, asiatisch – So klein ist das gemütliche Restaurant in den ehemaligen Räumen des Café Hirsch gar nicht, rund 40 Personen haben hier Platz. Die wöchentlich wechselnde Karte bietet qualitativ hochwertige Speisen zu fairen Preisen.
Winterhude | Dorotheenstr. 33 | U-Bahn: Sierichstraße (c3/d3) | Tel. 30 33 03 31 | www.kleinerspeisesaal.de | Mo–Fr 12–22, Sa 16–22.30 Uhr | €€€

❿ Küchenwerkstatt ⚑ H 2

Michelin-Stern – Und mehrere Auszeichnungen für seine ungewöhnliche Aromaküche: Gerald Zogbaum, der sein Restaurant im ehemaligen Mühlenkamper Fährhaus führt, gehört zu den einfallsreichsten Köchen der Stadt. Hervorzuheben ist die Weinkarte.

Uhlenhorst | Hans-Henny-Jahnn-Weg 1 | U-Bahn: Mundsburg (d4) | www. kuechenwerkstatt-hamburg.de | €€€€

11 Landhaus Walter 👤🍴 ⚑ **H 1**

Frische Luft – Eine kühle »Maß«, Bratwurst und Brez'n unter Linden? Im Stadtpark lädt Hamburgs größter Biergarten mit 1200 Plätzen zum sommerlichen Verweilen ein.

Das 1915 erbaute Landhaus Walter ist die einzige noch existierende ursprüngliche Gaststätte des Stadtparks. Sie liegt im sogenannten Sierichschen Gehölz, einem waldigen Abschnitt des Parks, der auf das private Jagdrevier des Goldschmieds und Großgrundbesitzers Adolph Sierich zurückgeht. Die Familie besaß viel Grund in Winterhude. 1901 verkauften Sierichs Erben das 35 ha große Jagdgehölz an die Stadt Hamburg, die es in die Planungen für den Volkspark integrierte.

Winterhude | Otto-Wels-Str. 2 | Tel. 27 50 54 | U-Bahn: Borgweg (c3/d3) | Biergarten: April–Sept. Mo–Fr 11–22, Sa 12–24, So 10–22 Uhr | €€

12 Rexrodt ⚑ **H 3**

Bistroküche – In dem kleinen Raum einer ehemaligen Schlachterei (schön: die grün-weißen Jugendstilkacheln!) versammeln sich allabendlich die Bewohner des Viertels um die eng beieinander stehenden Tische.

Uhlenhorst | Papenhuder Str. 35 | U-Bahn: Uhlandstraße (d4) | Tel. 2 29 71 98 | www.restaurant-rexrodt.de | Mo–Fr 12–15, Mo–Sa ab 18.30 Uhr | €€€

CAFÉS

13 Café Elbgold ⚑ **H 2**

Mitten in Winterhude: einer der besten Kaffeeröster Hamburgs. Edle Sorten aus aller Welt.

Winterhude | Mühlenkamp 6a | U-Bahn: Borgweg (c3/d3) | Mo–Sa 8–19, So 10–19 Uhr

14 Café Gnosa ⚑ **H 4**

Hamburgs beliebtes schwul-lesbisches Kaffeehaus. Gemütlich.

St. Georg | Lange Reihe 93 | S-/U-Bahn: Hauptbahnhof (d5) | tgl. 10–1 Uhr

15 Fiedlers ⚑ **H 2**

Wassernahes Café-Bistro. Nachmittags: Erdbeertorte mit Schlagsahne, sonntags Brunch.

Uhlenhorst | Hofweg 103 | U-Bahn: Mundsburg (d4) | Tel. 32 90 83 44 | tgl. 11–24 Uhr

BARS

16 Atrium Bar im Hotel Atlantic ⚑ **G 4**

Elegante, sehr beliebte Cocktailbar in Hamburgs weißem Grandhotel.

St. Georg | An der Alster 72–79 | S-/U-Bahn: Hauptbahnhof (d5) | www. kempinski.atlantic.de | tgl. ab 10 Uhr

17 Campari Lounge ⚑ **H 4**

Einen Aperitif unter freiem Himmel mit Blick auf die Außenalster – dieses genussvolle Vergnügen bietet das Hotel The George auf seiner 150 qm großen Dachterrasse. Sehr schick. Bei schönem Wetter ab 18 °C geöffnet.

St. Georg | Barcastr. 3 | U-Bahn: Lohmühlenstraße (d4) | www.thegeorge-hotel.de | April–Sept. Mo–Fr 16–22, Sa, So 14–22 Uhr

EINKAUFEN

BÜCHER

18 KiBuLa ⚡ H 2

Ein Buch für das Patenkind? Dieser liebevoll gestaltete Laden existiert schon seit vier Jahrzehnten und zeugt von der Kompetenz eines Teams, das für ein einzigartiges Angebot an Bilder-, Kinder- und Jugendbüchern sorgt.

Uhlenhorst | Schenkendorfstr. 20 | U-Bahn: Mundsburg (d4) | Tel. 2 20 73 58 | www.kibula-hamburg.de | Mo–Fr 9.30–13, 15–18, Sa 9.30–13 Uhr

KULINARISCHES

19 T. Boutique ⚡ G 1/2

Das gab es bisher nicht in Hamburg: eine Bar, in der Teeliebhaber aus einem weltweiten Angebot wählen und zugleich eine Tasse Rooibos oder Matcha-Tee genießen können. Zu kaufen gibt es u. a. auch Teegeschirr, hausgemachte Marmelade und Schokoladentarte.

St. Georg | Lange Reihe 68 | U-Bahn: Lohmühlenstraße (d4) | www.t-lovers. de | Mo–Fr 11–19, Sa 11–16 Uhr

MODE

20 Sibilla Pavenstedt ⚡ H 4

Die Hamburger Designerin hat sich nicht nur mit ihrer High-Fashion-Kollektion einen Namen gemacht. Sie ist auch mit einer Charity-Idee erfolgreich geworden, die ihresgleichen sucht: Die Modeexpertin rief das Projekt »Made auf Veddel« ins Leben, was bedeutet, dass sie auf der Elbinsel Veddel lebenden Frauen mit Migrationshintergrund eine Ausbildung zur Schneiderin ermöglicht. Dank des Engagements der Designerin lernen die Frauen, wie man Haute Couture für die Laufstege von Paris bis Tokio herstellt. In den fantasie-voll-eleganten Kreationen von Sibilla Pavenstedt, die auch Theaterkostüme entwarf und ihre Stücke im Museum für Kunst und Gewerbe zeigte, ist auch die australische Schauspielerin Nicole Kidman schon gesehen worden.

St. Georg | Lange Reihe 13 | S-/U-Bahn: Hauptbahnhof (d5) | www.sibilla-pavenstedt.net

MUSIK

21 Anders hören ⚡ G 1

Neben CDs, DVDs und einer Spezialabteilung mit Musik aus Hamburg ist die große Auswahl an neuen und gebrauchten Hörbüchern in diesem Musikgeschäft das Besondere.

Winterhude | Hudtwalckerstr. 26 | U-Bahn: Hudtwalckerstraße (c3) | www.anders-hoeren.com | Mo–Fr 10–19.30, Sa 9–18 Uhr

KULTUR UND UNTERHALTUNG

KINO

22 Magazin-Filmkunsttheater

⚡ nördl. G 1

Es liegt in einem roten Klinkerbau von Fritz Schumacher am Stadtpark und ist das älteste noch erhaltene Kino in der Hansestadt. In dem denkmalgeschützten Saal mit seinen 370 Plätzen (freie Platzwahl) wird ein vielfältiges Programm angeboten: Von Filmkunst über Literaturverfilmungen bis zu Dokumentarfilmen, historischen Hamburg-Filmen und Kinokomödien. An Silvester werden Filmklassiker gezeigt. Mit Punsch und Sekt für alle. Auch Lesungen und Konzerte.

Winterhude | Fiefstücken 8a | U-Bahn: Lattenkamp (c3) | Tel. Kartenreservierung: Tel. 5 11 39 20 | www.magazinfilmkunst.de

Cocktail mit Blick auf die Außenalster: Die Campari Lounge (▶ S. 123) auf der Dachterrasse des Hotels The George bietet eine spektakuläre Aussicht.

KULTURZENTREN

23 Goldbekhaus G/H 1

Als Ort für Kommunikation und Begegnung, Kultur und Kreativität ist das wunderschön am Goldbekkanal gelegene Haus seit drei Jahrzehnten bekannt und hat mit seinen zahlreichen Veranstaltungen den Stadtteil Winterhude enorm geprägt. Zu seinen schönsten Initiativen gehört der alljährlich stattfindende Flohmarkt (Mai–Sept. jeweils an zwei Sa und So von 10–16 Uhr). Im Goldbekhof (www.goldbekhof.de) gleich nebenan haben viele Künstlerinnen und Künstler ihre Ateliers.

Winterhude | Moorfurthweg 9 | U-Bahn: Sierichstraße (c3/d3) | Tel. 27 87 02 12 | www.goldbekhaus.de | Di–Do 15–20 Uhr

24 Koppel 66 H 4

Das Künstler- und Handwerkerkollektiv ist seit drei Jahrzehnten eine feste Institution in der Hansestadt. Keine Massenproduktion, sondern individuelles Kunsthandwerk und innovatives Design in zwölf Ateliers, die sich über drei Stockwerke ziehen. Ob Kreatives aus Porzellan, Glas, Leder, Holz, Silber oder Gold – die Palette ist breit. Regelmäßig finden Lesungen, Konzerte und Ausstellungen statt. Zu den Highlights des Hauses gehören die Messen an den Adventswochenenden und vor Ostern. Künstler und Kunstinteressierte treffen sich im Café Koppel, das leckere Bio-Speisen serviert.

St. Georg | Koppel 66 | S-/U-Bahn: Hauptbahnhof (d5) | tgl. 10–23 Uhr

LITERATUR

25 Literaturhaus ⚓ H3

Allein die Lage! Die erstklassig sortierte Buchhandlung. Die Bar. Und der prächtige Festsaal, in dem Lesungen und Autorentreffs stattfinden. Auch jenseits des Literaturbetriebs bietet das im Haus ansässige Café-Restaurant Mercier und Camier (Tel. 2 20 13 00, www.merciercamier.de) die Möglichkeit, unter den Kronenleuchtern zu sitzen und die besondere Atmosphäre zu genießen – etwa beim Sonntagsfrühstück, zum Abendessen oder einfach nur auf ein Glas Wein an der Bar.

Uhlenhorst | Schwanenwik 38 | U-Bahn: Mundsburg (d4) | Tel. 22 70 20 11 | www.literaturhaus-hamburg.de | Mo–Fr 9–24, Sa 10–23, So 10–24 Uhr

MUSIK

26 Freilichtbühne im Hamburger Stadtpark ⚓ nördl. J1

Hier können Sie im Sommer die Größen der Pop- und Rockszene hören.

Winterhude | Ecke Saarlandstraße und Jahnring | S-Bahn: Alte Wöhr (d3)

27 St.-Gertrud-Kirche ⚓ J3

»Hamburger Klangkirche« heißt das internationale Kulturprojekt, das eine begeisterte Anhängerschar seit ein paar Jahren zu Konzertabenden in die neu-gotische Kirche zieht. Schirmherrin ist Inga Rumpf, bekannt als ehemalige Sängerin der Rock-Folk-Gruppe City Preachers und Gefährtin von Udo Lindenberg. Schwarze Songs, seelenvolle Balladen. Sehr charismatisch.

Uhlenhorst | Immenhof 10 | U-Bahn: Mundsburg (d4) | www.hamburger-klangkirche.de

THEATER

28 Alma Hoppes Lustspielhaus ⚓ G1

Politisch-satirisches Kabarett pur. Vorwiegend eigene Produktionen des Ensembles von Alma Hoppe. 350 Plätze. Im Parkett sitzt man komfortabel an Tischen.

Winterhude | Ludolfstr. 53 | U-Bahn: Hudtwalckerstraße (c3) | Tel. 55 56 55 56 | www.almahoppe.de | tgl. 11–19 Uhr (Kasse) | Vorstellungen ab 20 Uhr

29 Deutsches Schauspielhaus Hamburg ▶ S. 40

30 Ernst-Deutsch-Theater ⚓ J3

Deutschlands größtes Privattheater ging aus dem 1951 von Friedrich Schütter und Wolfgang Borchert gegründeten Jungen Theater hervor. Sein Spielplan umfasst alle Schauspielgenres. Angeboten werden vorwiegend klassische Stücke, aber auch zeitgenössische Werke: von Goethe über Friedrich Dürrenmatt bis Woody Allen.

Uhlenhorst | Friedrich-Schütter-Platz 1 | U-Bahn: Mundsburg (d4) | Tel. 22 70 14 20 | www.ernst-deutsch-theater.de | Vorverkauf: Mo–Fr 10–18.30, So 14–18 Uhr

31 Hansa-Theater ⚓ H 4/5

Ein Portier an der Schwingtür und Kristalllüster im Foyer, roter Damast an den Wänden und Kellnerklingeln am Tisch: 2009 holten Thomas Collien und Ulrich Waller, die auch das St.-Pauli-Theater leiten, das legendäre Varieté-Theater nach sieben Jahre Pause aus dem Dornröschenschlaf zurück. Seither gibt es auf der Privatbühne wieder Artisten und Kabarettisten, Schauspieler und Musiker zu erleben. Sie stehen in einer großen Tradition: Josephine Baker tanzte hier, Hans Albers sang, der Schah von Persien und seine Frau Soraya waren zu Gast, und das Publikum bejubelte die Späße des berühmten Charlie Rivel. Auf Wunsch gibt es einen Theaterteller, zubereitet vom Fischereihafen-Restaurant. 2014 feiert das Haus seinen 120. Geburtstag.

St. Georg | Steindamm 17 | S-/U-Bahn: Hauptbahnhof (d5) | www.hansa-theater.de

32 Kampnagel ▶ S. 40

33 Komödie
Winterhuder Fährhaus 📖 G1

Im erfolgreichsten privaten Sprechtheater Deutschlands werden fast nur Komödien gespielt.

Winterhude | Hudtwalckerstr. 13 | U-Bahn: Hudtwalckerstraße (c3) | Vorverkauf: Tel. 48 06 80 80 | Vorverkauf im Theater: Mo–Fr 11–18, Sa und So ab 14 Uhr

34 The English Theatre
of Hamburg 📖 J3

Das älteste professionelle englischsprachige Theater der Republik. Zeitgenössisches, Klassiker, Krimis, Komödien.

Uhlenhorst | Lerchenfeld 14 | U-Bahn: Mundsburg (d4) | Tel. 2 27 70 89 | www.englishtheatre.de | Kasse: Mo–Fr 10–14, 15.30–18.30, Sa 15.30–18.30 Uhr

Neobarocke Hochkultur: Das Deutsche Schauspielhaus Hamburg (▶ S. 40) wurde um 1900 gebaut und ist bis heute das größte Sprechtheater der Republik.

Im Fokus
Lauf, Pferdchen, lauf

*An der Elbe schwingt die Upper Class gepflegt den Poloschläger,
auf der Außenalster lassen Mittelstands-Gentlemen die
Ruderboote zu Wasser. Ob Rudern, Galopp-Derby oder Hockey:
Die Hanseaten sind vernarrt in britische Sportarten.*

Das Gemälde sollte sportlichen Inhalts sein und war für die Wände des
Dampfers »König Friedrich August« der Südamerikalinie gedacht, der
demnächst im Hamburger Hafen vom Stapel laufen würde. »Ich hatte das
Pferderennen gewählt und skizzierte Publikum, Jockeys und Pferde«, no-
tierte Friedrich Ahlers-Hestermann, Mitglied des Hamburger Künstler-
clubs, nachdem Kunsthallenchef Alfred Lichtwark ihm diesen lukrativen
Auftrag vermittelt hatte: »Schon im Frühjahr war ich viel auf den Renn-
bahnen gewesen.«

Mit dem »Pferderennen« hatte Ahlers-Heestermann das Deutsche Derby
in Hamburg-Horn gemeint, das dort seit 1869 einmal im Jahr, traditionell
am ersten Sonntag im Juli, stattfindet und Deutschlands bedeutendstes
und größtes Galoppsport-Ereignis ist. »Das ist ein Termin, den man nicht
auslassen darf«, sind sich Pferdenarren und Wettfreunde einig, und die
Hamburger unterstützen »ihr« Derby mit Hingabe, ob beim Bier an der
Würstchenbude, im VIP-Zelt oder beim traditionellen Brunch des Ham-

◄ Wenn die Rennpferde auf der Bahn sind,
ist wieder Derby-Zeit in Hamburg-Horn.

burger Kaffeekönigs und Vollblutzüchters Albert Darboven, dessen Frau Edda für ihre außergewöhnlichen Derby-Hut-Kreationen bekannt ist: Ob groß oder klein, aus Seide oder Stroh, mit Blumen besetzt oder mit Federn geschmückt – wichtigstes Derby-Accessoire ist der Hut, heute so wie in den 30ern.

GALOPPRENNEN ALS GESELLSCHAFTSEREIGNIS

Auf der Tribüne im zentral gelegenen Stadtteil Hamburg-Horn trifft sich die lokale Prominenz aus Wirtschaft, Politik und Kultur, es erscheinen die Bürgermeister der Hansestadt ebenso wie Rockmusiker Udo Lindenberg oder »Tagesschau«-Moderatorin Judith Rakers, und sobald die Pferde in die Startbox einrücken, beginnt die ganze Rennbahn zu »summen«, wie man in Hamburg sagt.

Bei keinem anderen Rennen in Deutschland ist so viel Geld im Spiel wie beim klassischen Deutschen Galopp-Derby in Hamburg-Horn. Ein Rennpferd kann es nur ein einziges Mal gewinnen, nämlich mit drei Jahren. Nur Hengste und Stuten dürfen an den Start gehen, sie müssen sich als Beste unter den Besten qualifiziert haben und edelste Vollblüter sein. Die Teilnahme ihrer Galopper an Deutschlands wichtigstem Rennen lassen sich Rennstallbesitzer und Züchter viel kosten: 7500 € beträgt das sogenannte Nenngeld.

Inzwischen haben sich die Startboxen geöffnet, in gestrecktem Galopp passieren die Pferde und ihre Jockeys die Tribünen, und aus dem »Summen« der 90 000 bis 120 000 Besucher wird der berühmte »Hamburg-Roar«, die lautstarke Anfeuerung der begeisterten Zuschauer, die sich mit dem donnernden Trommelwirbel der galoppierenden Hufe mischt. Pferde und Jockeys kämpfen um das Blaue Band, die wichtigste und begehrteste Trophäe im deutschen Galopprennsport. Nach 2400 m und knapp zweieinhalb Minuten wird der Jubel ohrenbetäubend. Die Entscheidung ist gefallen: Es gibt einen neuen Derbysieger!

BRITISH FLAIR IM FEINEN FLOTTBEK

Polo? Spielen doch Prinz Charles und seine Söhne, oder? Darum auch die Bezeichnung »Spiel der Könige« für ein rasantes Reitturnier, das als elitäres Sportereignis gilt. Ein Image, das der Hamburger Polo-Club (HPC) im feinen Hamburger Stadtteil Klein Flottbek nur zu gerne gepflegt.

Der traditionsreiche Club ist Deutschlands ältester Verein und obgleich vor allem eine hanseatische Institution, weit über Hamburgs Grenzen für die Mannschaftssportart Polo bekannt. Das faszinierende Spiel soll schon zu Zeiten Alexanders des Großen in Persien beliebt gewesen sein, bevor es sich schnell über ganz Asien ausbreitete, 1859 England erreichte und rund 40 Jahre später den Sprung nach Deutschland schaffte.

Den edlen Sportclub an der Elbe, der mit seinen 1300 Mitgliedern neben Polo auch Abteilungen für Tennis und Hockey unterhält, umweht der Odem eines geschlossenen Zirkels. Natürlich wird nicht jeder aufgenommen, der Mitglied werden möchte. Man muss schon den richtigen Stammbaum haben und zwei Bürgen aufbringen, was für den Neuling zu erfüllen in der Regel nicht so schwierig sein dürfte, denn der Club ist sowieso eine Art »Familienclub«, in dem sich mehr oder weniger alle kennen, zahlreiche Mitglieder miteinander befreundet sind und die Polo spielenden Eltern ihren Söhnen und Töchtern die Bindung an »ihren« Club bereits mit in die Wiege gelegt haben.

KULTEREIGNIS SPRING- UND DRESSURREITEN

Apropos Pferdesport: Ebenso aufregend und begehrt wie das alljährliche Galopprennen in Hamburg-Horn ist das Deutsche Spring- und Dressur-Derby im Stadtteil Klein Flottbek. Es gehört zu den populärsten und schwersten Reitturnieren der Welt mit einem Parcours, der die internationalen Spitzensportler seit 1920 auf ganz besondere Weise herausfordert und ohne Strafpunkte kaum zu bewältigen ist: Holsteiner Wegesprünge, irische Wälle, Eisenbahnschranken, Birkenoxer oder Pulvermanns Grab heißen die berühmtesten der insgesamt 17 Hindernisse, die Pferd und Reiter auf einer Strecke von 1230 m überwinden müssen, während Zehntausende auf den Tribünen und im Derby-Park die Sprünge mit Spannung verfolgen und mit den Sportlern fiebern: Schließlich handelt es sich um einen Mammut-Parcours, der doppelt so lang wie der eines gewöhnlichen Großes Preises ist und von Mensch und Tier extrem viel Mut, Konzentration und Kondition erfordert.

Nur nebenbei: Die Leidenschaft der Hamburger Pferdesportfans für das Deutsche Spring- und Dressur-Derby ist groß, dass sie häufig schon am Montag nach dem Derby-Sonntag die Karten für das Folgejahr bestellen.

»RUDERN, GENTLEMEN, WIR WOLLEN RUDERN«

Wenn Johan Cesar VI. Godeffroy das erlebt hätte! Eben gleitet ein Sechser über das Wasser der Außenalster, die Ruderer beginnen alle zugleich, das

Boot zu beschleunigen, es nimmt Fahrt auf – Training für Olympia? Der junge Kaufmann Godeffroy hatte seine Lehrzeit in London hinter sich und war nun dabei, die väterliche Firma »Godeffroy & Sohn« zum größten Hamburger Handelshaus zu machen. Tennis, Hockey, Rudern: In England war es selbstverständlich gewesen, diese Sportarten zu beherrschen. Und so gründeten er und zehn weitere Hamburger Kaufmannssöhne 1836 den Hamburger Ruder Club – nach britischem Vorbild. »Der Ruderclub ist ein geselliger Verein, dessen Hauptzweck gemeinschaftliche Ruderübungen sind«, hieß es im Gründungspapier. Bereits im ersten Jahr kam es zu sportlichem Wettkampf mit den in Hamburg ansässigen englischen Ruderern.

HAMBURG – EINE VORSTADT LONDONS

Hamburg, in diesen Jahrzehnten der größte Hafen in Europa und Deutschlands größte Handelsmetropole, ist ganz vom »British way of life« geprägt. In der Hansestadt herrsche die »Anglomanie«, empören sich die Kritiker, und ein Chronist schreibt entsetzt, in den vornehmen Häusern spreche man Englisch, sei Englisch gekleidet, gähne und fluche Englisch.
Reedertochter Mary A. Sloman, deren Familie aus dem englischen Norfolk nach Hamburg kam, erinnerte sich später an die angelsächsischen Einflüsse: »Hamburg war seinerzeit, wie man scherzhaft sagte, eine Vorstadt Londons: Tatsächlich richtete das Leben sich nach dieser Zentrale der Welt. Die Tageseinteilung war geregelt nach den Zeiten, in denen die englische Post einging. Man aß um siebeneinhalb Uhr abends zu Mittag. Die Anzüge der Herren wurden von den ersten Schneidern in Hamburg angefertigt. Gardinen und Chesterfield-Sofas kamen von Maple oder Liberty, das Tafelsilber von Mappin & Webb in der Regentstreet. Kinderkleider bezog man von Swears & Wells, und der erste Friseur Nicoll am Haymarket fabrizierte die fantastischen Locken! Und die Parfums! Die Marken von Atkinson in der Bondstreet schienen uns noch schöner zu duften als ›Coty D'Orsay‹.«
Die Hamburger fanden das Kräftemessen der Patriziersöhne auf der Alster zunächst befremdlich. Doch bereits 1844 strömten zu Deutschlands erster Regatta Tausende begeisterter Hamburger an das Alsterufer.
Im schönen Uhlenhorst ist der Ruderclub Allemania zu Hause, dessen Mitglieder bis heute die Tradition fortsetzen, keine Frauen aufzunehmen. Doch immerhin ist der Standesdünkel hier ebenso wie im Hamburg und Germania Ruderclub passé, der am gegenüberliegenden Außenalsterufer zu Hause ist: Was heute zählt, sind sportliche Leistung und gemeinsamer Spaß – und das kühlende Glas Alsterwasser nach dem Training.

NICHT ZU VERGESSEN!

*Hamburg nur in Stadtvierteln erfassen? Unmöglich! Zu alt sind
die Grundmauern der Stadt, zu vielgestaltig ist ihre Geschichte.
Das zeigt sich beim Spaziergang unter der Elbe, einer Fahrt über
die Köhlbrandbrücke oder einem Picknick am Falkensteiner Ufer.*

Ein Schloss in Hamburg? Doch, doch, es gibt tatsächlich eins, ein einziges. Es steht im südöstlichen Stadtteil Bergedorf, ist eine im frühen 13. Jh.
errichtete Wasserburg und bei den Hamburgern heute als »Museum für
Bergedorf und die Vierlande« besonders beliebt. Und das nicht nur, weil
man in dem idyllischen Schlosspark, der an das Flüsschen Bille grenzt,
auch herrlich spazieren gehen kann.

BADESEEN, WÄLDER UND WIESEN

Überhaupt, was Hamburg seinen Bewohnern neben dem Blankeneser
Strand und Hagenbecks Tierpark nicht alles bietet an Erlebnis- und Erho-
lungsräumen: Welche deutsche Großstadt kann schon von sich sagen,
dass sich an ihrem Rand reizvolle Moore und Heiden, Badeseen, Wälder
und Wiesen verteilen? Die hügelige Fischbeker Heide im Süden Ham-

◀ Fußgänger haben den Alten Elbtunnel
(▶ S. 133) meist für sich allein.

burgs ist die kleine Schwester der Lüneburger Heide, besonders schön ist
es hier von August bis September, wenn die Heide violett blüht, über das
Jahr kurz gehalten von Ziegen und Heidschnucken.

EIN MOOR MITTEN IM STADTGEBIET

Nördlich der Innenstadt, im Stadtteil Groß Borstel, liegt mit dem Eppendorfer Moor ein Naturschutzgebiet in unmittelbarer Nähe zum dicht bebauten Stadtgebiet. Nur ein Laubbaumgürtel trennt beide voneinander.
Im Süden wiederum, in Hamburg-Harburg, wartet der Wildpark Schwarze Berge. In der Gesellschaft der dort lebenden Hängebauchschweine und
1000 anderer Tiere glaubt man sich weit weg von der City. Sogar ein
Wolfsrudel lebt im Park, außerdem gibt es eine Schau-Falknerei.

SEHENSWERTES

Alter Elbtunnel E 5/6

Bei seiner Eröffnung 1911 wurde er als
technische Sensation gefeiert, 2011
zeichnete man ihn mit dem Titel »Historisches Wahrzeichen der Ingenieur-
baukunst in Deutschland« aus, und außerdem steht er unter Denkmalschutz:
Der Alte Elbtunnel an den St.-Pauli-
Landungsbrücken ist ein sehenswertes
Baudenkmal. Unter einem riesigen
Kuppeldach führen zwei Treppen mit
je 132 Stufen, vier hydraulisch betriebe-
ne Fahrkabinen für Fahrzeuge und
zwei kleine Personenaufzüge 24 m in
die Tiefe. Dort unterqueren zwei hell
gekachelte Tunnelröhren die Elbe in
einer Länge von fast 430 m und verbinden die nördliche Hafenkante mit der
Insel Steinwerder auf der anderen Elb-
seite. Heute kaum noch vorstellbar,
dass diese schmale Röhre einst die
Hauptverbindung zwischen Hafen und
Stadt war und die vier Fahrzeugaufzü-
ge vorwiegend Pferdefuhrwerke beför-

derten. Alter Elbtunnel heißt er, damit
man ihn nicht mit dem seit 1975 bestehenden Neuen Elbtunnel unmittelbar
neben dem Container-Zentrum Waltershof verwechselt.
Inzwischen haben nicht nur Nostalgiker die Technikikone der Gründerzeit
entdeckt, sondern auch Künstler, Fotografen, Musiker und Modeschöpfer,
die den Alten Elbtunnel als Bühne nutzen, und seit mehr als einem Jahrzehnt
zieht der späte Jugendstilbau auch die
Läufer des »Elbtunnelmarathons« an.
St. Pauli | Bei den Landungsbrücken |
S-/U-Bahn: Landungsbrücken (c5) | für
Fußgänger und Radfahrer täglich durch-
gehend kostenlos geöffnet; für Autos
Mo–Fr 5.30–13 Uhr

Blankenese 8 westl. A 5

Das Wahrzeichen des südlich wirken-
den Treppenviertels am Elbuferhang
ist der 75 m hohe Süllberg, der von einem gleichnamigen Gourmetrestaurant
(www.suellberg-hamburg.de) mit einer

Blankeneser Treppen-viertel

Wo gibt es das sonst in Deutschland? Ein mediterran wirkendes Dorf am steilen Uferhang, ein Wirrwarr enger Gässchen, winziger Gärtchen und Treppen, mit Kapitänshäusern und einem feinen, hellen Sandstrand (▶ S. 14).

großartigen Terrassenlandschaft unter Schatten spendenden Eichen und Linden gekrönt wird. Star-Koch Karlheinz Hauser beglückt hier mit seinen Kreationen eine anspruchsvolle Kundschaft.

Seinen Namen verdankt das 1301 erstmals urkundlich erwähnte Fischerdorf seiner »blanken Nase«, Blanke Neeße, womit ein hell schimmernder, kahler Landvorsprung gemeint ist. Aber den haben die Fluten der Elbe schon lange aufgezehrt. Über Jahrhunderte lebten hier nur Fischer und Schiffer, allein die Blankeneser Flotte zählte um 1650 etwa 170 Schiffe. Wer sich einmal eins der winzigen Kapitäns- oder Lotsenhäuser anschaut, wird bemerken, dass kein großes Fenster zur Elbe zeigt – die »gute Stube« lag elbabgewandt. Einmal an Land, so heißt es, wollten die Seeleute nicht ständig mit dem Blick auf den Strom konfrontiert und an ihr häufig recht abenteuerliches und schicksalhaftes Leben an Bord erinnert werden.

Sie gehen in die »Stadt«, sagen die Blankeneser, wenn sie zum Einkaufen in die Blankeneser Bahnhofstraße oder auf den gutbürgerlichen Ökomarkt im Zentrum Blankeneses gehen, wo Möhrchen, Kartoffeln und Käse stets

ein wenig teurer sind als auf den anderen Wochenmärkten Hamburgs. Er findet dienstags, freitags und samstags statt, und hier merkt man, die vornehme Postkartenidylle ist ein Dorf und der Marktplatz sein kommunikativer Mittelpunkt.

S-Bahn: Blankenese (a4)

Falkensteiner Ufer und Römischer Garten ⚓ westl. A 5

Sobald die ersten Sonnenstrahlen wärmen, packen viele Hamburger ihren Picknickkorb und fahren an diesen Strandabschnitt hinter Blankenese. Hier ist der Sand weiß, und, das sei kurz erwähnt, wer nicht nur Sonnenbaden und Picknicken, sondern sich bewegen und spazieren gehen will, kann am Falkentaler Weg Richtung Westen auf einem bewaldeten Geestrücken bis an den Strand nach Wittenbergen (»weiße Berge«) unterhalb von Rissen weitergehen, wo der Sand noch weißer ist, sogar ein rot-weiß gestreifter Leuchtturm steht und es nach Nordsee riecht.

Doch zurück zum Falkensteiner Ufer. Oberhalb liegt, terrassenförmig, der Römische Garten. Tatsächlich stehen hier oben Zypressen, und streng geschnittene Säulen wachsen aus einer grünen Hecke heraus. Zwischen ihnen hindurch blickt man auf den breiten Elbstrom und die Insel Neßsand gegenüber, ein Naturschutzgebiet. Eine imposante Aussicht.

Das einzigartig gelegene Grundstück gehörte einst dem Hamburger Bankier Max Warburg, der es 1910 als Erweiterung seines Blankeneser Anwesens erwarb. Alles, was in Hamburg Rang und Namen hatte, war Gast bei den Warburgs und versammelte sich zu Tanz,

Musik und Freilichttheater auf dem Rasengrün des wunderschönen Anwesens hoch über der Elbe. Bis die Nationalsozialisten den jüdischen Bankier samt Familie im Jahr 1938 zur Emigration zwangen und seinen wertvollen Besitz konfiszierten.

Der Park oberhalb des Falkensteiner Ufers verfiel in den nachfolgenden Jahrzehnten fast vollständig. Erst seit sich engagierte Hamburger Bürger für eine Restaurierung einsetzten, duftet es hoch über der Elbe wieder nach Rosen und Lavendel.

Blankenese | S-Bahn: Blankenese (a4), weiter mit Bus 189 (Wedel) bis Tinsdaler Kirchenweg

Köhlbrandbrücke   ⚓ südl. D 6

»Köhlbrand« heißt ein breiter Wasserarm der Elbe gegenüber dem Fischerei-hafen Altona. Darüber führt mit eleganter Leichtigkeit eine stählerne Schrägseilbrücke, die 1974 eingeweiht und ein Jahr darauf mit dem Stahlbaupreis für Europas schönste Brücke ausgezeichnet wurde.

Tatsächlich ist das sanft geschwungene Werk des Architekten Egon Jux eine technisch kühne Meisterleistung: Die 3618 m lange Köhlbrandbrücke ist mit 88 patentverschlossenen Stahlseilen elastisch an zwei gewaltigen, 130 m hohen, auf jeweils 48 Beton-Großbohrpfählen stehenden Pylonen aufgehängt und stellt die direkte Straßenverbindung zwischen Hafen und Container-Zentrum Waltershof her.

Leider dürfen Fußgänger und Fahrradfahrer die kühle Schöne nicht überqueren – nur wenn am Tag der Deutschen Einheit »Köhlbrandbrückenlauf« ist, ha-

Den Titel »Europas schönste Brücke« erhielt sie ein Jahr nach ihrem Bau und trägt ihn bis heute mit stählerner Leichtigkeit: Die Köhlbrandbrücke (▶ S. 135) quert seit 1974 die Elbe.

Das berühmte Elefantengehege im Tierpark Hagenbeck (▶ S. 137). Sein Gründer hatte die geniale Idee von einem Zoo ohne Zäune. Nur ein Graben trennt Mensch und Tier.

ben alle Hamburger die Chance, zum Klang von Dudelsackpfeifern das Wahrzeichen ihres Hafens zu erklimmen und beim Lauf über die 12 km lange Strecke auf die Skyline ihrer Stadt zu schauen wie auf ein niedliches Spielzeug.

Waltershof | Auffahrt zur Köhlbrandbrücke in beiden Richtungen von der Bundesautobahn A 7, Ausfahrt Waltershof

KZ-Gedenkstätte
Neuengamme   🚩 südöstl. K 6

Inmitten der fruchtbaren Vier- und Marschlande im Südosten von Hamburg, zwischen Gewächshäusern,

Blumenfeldern und alten Bauernhöfen, erinnert eine Gedenkstätte an das Konzentrationslager Neuengamme. Zwischen 1933 und 1945 waren in Nordwestdeutschlands größtem Konzentrationslager und seinen 86 Außenlagern mehr als 100 000 Gefangene aus ganz Europa interniert; an die 50 000 Menschen starben. Zu den letzten Opfern gehörten 20 Kinder, die nach brutalen medizinischen Experimenten im April 1945 in einer Hamburger Schule mit ihren Betreuern und 24 sowjetischen Kriegsgefangenen gehängt wurden. Noch lange nach dem Ende des

Zweiten Weltkriegs wurde das KZ Neuengamme als Internierungslager und Gefängnis genutzt – bis erst allmählich eine Gedenkstätte entstehen, ein steinernes Mahnmal am Rande des 50 ha umfassenden Geländes angelegt und schließlich, im Jahr 1981, ein Ausstellungsgebäude eingerichtet werden konnte. Eine Gedenk- und Dokumentationsstätte erstreckt sich über das gesamte historische Lagergelände mit seinen 15 aus der KZ-Zeit erhaltenen Gebäuden.

Neuengamme | Jean-Dolidier-Weg 75 | Bus: Jean-Dolidier-Weg | www.kz-gedenkstaette-neuengamme.de

Schiffsbegrüßungsanlage Willkommhöft  westl. A 5

»Willkommen in Hamburg, wir freuen uns, Sie im Hamburger Hafen begrüßen zu dürfen«, tönt es laut über die Elbe, auf Englisch, Spanisch oder Chinesisch, je nachdem, aus welchem Teil der Erde die großen Pötte kommen. Dass so manch einem Besucher der weltberühmten Begrüßungsanlage Willkommhöft Tränen in die Augen steigen, wenn die Hamburger Flagge gehisst und die Nationalhymne des jeweiligen Landes gespielt wird – kein Wunder! Was für eine einmalige Zeremonie, für die ein ganzer Stab an Begrüßungskapitänen in der Kommandozentrale im Einsatz ist. Denn keins der rund 50 großen Schiffe, die den Hamburger Hafen rund um die Uhr ansteuern, möchte auf diesen speziell hanseatischen Gruß verzichten.

Das Willkommhöft ist am besten an Deck eines Dampfers zu erreichen, vorbei an der Lotsensiedlung Övelgönne und dem Bergdorf Blankenese bis

Ohlsdorfer Friedhof

Der wegen seiner gärtnerisch kunstvollen Gestaltung berühmte Friedhof lädt zu einem Spaziergang über verschlungene Wege, vorbei an Grabmälern berühmter Persönlichkeiten, ein (▶ S. 14).

nach Schulau, wo ein Fährhaus mit Restaurant und Terrasse für eine angemessene Stärkung sorgt und ein Buddelschiff-Museum neben Muscheln und Korallen aus allen Weltmeeren auch 200 alte und neue Buddelschiffe aus Kork oder Elfenbein präsentiert.

Wedel | Hadag-Fähre ab St.-Pauli-Landungsbrücken (c5)

Tierpark Hagenbeck 🟥 9 🚻 ◢ C1

Alles fing mit einer Seehundschau auf St. Pauli an. Wenn die Hamburger seit Generationen sagen: »Wir gehen zu Hagenbeck«, meinen sie ihren großen geliebten Tierpark im Norden der Stadt, der 1907 als erster Zoologischer Garten der Welt Freisichtgehege ohne Gitter anlegen ließ: Unsichtbare Zäune schützen Zebras und Strauße in der trockenen Steppe vor Löwen und Tigern oder zeigen Flamingos in voller Pracht.

Inzwischen erstreckt sich der von Familie Hagenbeck in sechster Generation privat geführte, moderne Großstadtzoo mit seinen rund 2000 Tieren über ein 29 ha großes Gelände. Neben dem berühmten Elefantengehege gehört das kürzlich eröffnete Eismeer zu den Attraktionen des Tierparks: Der Weg durch die Polarwelt ist fast einen Kilometer lang. Hier leben Eisbären, Pinguine und Papageientaucher, die man durch Acrylscheiben auch unter Wasser beobachten kann – wie die junge Walrossdame Neseyka, die aus Russland stammt und Nachfolgerin des jahrzehntelangen NDR-Maskottchens Antje ist.

Stellingen | Lokstedter Grenzstr. 2 | U-Bahn: Hagenbecks Tierpark (b3/c3) | Tel. 5 30 03 30 | www.hagenbeck.de | tgl. ab 9 Uhr geöffnet | Eintritt 20/15 €

Wilhelmsburg   südl. G/H 6

Im Süden der HafenCity, umschlungen von zwei Elbarmen und nur wenige Kilometer von den Landungsbrücken entfernt, liegt ein Stadtteil, der mit seinen 35 qkm flächenmäßig größer als alle anderen der Metropole und eine Flussinsel ist: Wilhelmsburg.

Die alteingesessenen Wilhelmsburger schauen immer noch »nach Hamburg«, denn daran, dass ihr eingedeichtes ländliches Idyll während des Dritten Reiches im Rahmen des Groß-Hamburg-Gesetzes im Jahr 1937 seine Selbstständigkeit verlor und unfreiwillig zu einem Teil der Stadt gemacht wurde, mögen sie nur ungern erinnert werden. Und dann: Die Sturmflutkatastrophe in der Nacht des 16. auf den 17. Februar 1962, als ein Orkan an der Nordseeküste tobte und mit rasender Geschwindigkeit große Wassermassen in die Elbe trieb. Eine gigantische Flutwelle, mit 5,70 m über Normalnull die höchste aller Zeiten, durchbrach die Deiche und verwüstete von der Hamburger Seite aus große Teile der Elbinsel, wo allein 207 Menschen elendig ertranken.

Die Hansestadt versprach Wiedergutmachung und erhöhte die Deiche. Doch das alte Industrie- und Hafenge-

biet blieb weiterhin eine politisch vernachlässigte Gegend: Noch immer wechseln stillgelegte Fabrikanlagen, Eisenbahntrassen und Containerberge mit eingezäunten Baulücken und Wiesenflächen voller Brennnesseln und Löwenzahn. Hier eine Arbeitersiedlung aus den Zwanziger-Jahren, dort Siebziger-Jahre-Wohnblocks, in denen mehrheitlich türkische Familien und ältere Menschen leben.

In dem gründerzeitlichen Reiherstiegviertel, das im Volksmund so zutreffend Klein-Istanbul heißt, ziehen orientalische Düfte durch die Straßen mit ihren zahlreichen Kebab-Buden, Gemüseläden und Kneipen, und auf dem Sportplatz am Hochbunker spielen junge Wilhelmsburger aus der Türkei, aus Kroatien und Griechenland Fußball. In der Bonifatiuskirche gibt es Gottesdienste in italienischer, spanischer, kroatischer und deutscher Sprache, und aus der »Honigfabrik« am Veringkanal, wo einst Kunsthonig abgefüllt wurde, ist inzwischen ein Stadtteil-Kulturzentrum mit Geschichtswerkstatt geworden.

Wer den Film »Soul Kitchen« des türkischen Regisseurs Fatih Akin sah: Sein Drehort war die gleichnamige Veranstaltungshalle, wegen Einsturzgefahr inzwischen allerdings geschlossen. Unglaublich, wie groß der Strauß fantastischer Möglichkeiten sinnvoller Gebäude-Umnutzung bereithält, wenn sie denn tatsächlich genutzt werden.

Wer heute durch das multikulturelle Wilhelmsburg spaziert oder es auf alten Deichlinien und an der Dove-Elbe entlang mit dem Fahrrad durchquert, erlebt einen Stadtteil, dessen Charme in seiner Unfertigkeit besteht und der

Die letzte Müllerin hier hieß Johanna, seitdem heißt auch die Windmühle so: Auf der Elbinsel Wilhelmsburg (▶ S. 138) steht das markante Bauwerk aus dem Jahr 1875.

seine schönste Seite im Süden hat. Zwischen Moorwerder Hauptdeich und Süderelbe liegt mit dem Naturschutzgebiet Heuckenlock eine ökologische Rarität – ein Süßwasserwatt, wo Graureiher und Störche staksen, Rohrdommeln brüten und schmale Pfade durch hohes Schilf führen. Herrlich ist der Blick vom alten hölzernen Leuchtturm an der Bunthäuser Spitze auf Hamburgs Gemüsegarten Vierlande.

Mit ihrem »Sprung über die Elbe« wendet sich die rasant wachsende Metropole Hamburg seit ein paar Jahren ihrem stadtnahen, multikulturellen Viertel im Süden zu und will es zu einem städtebaulichen Musterbeispiel und besonders für junge Menschen, Studenten, Künstler und Kulturtreibende attraktiv machen.

2013 war Wilhelmsburg Schauplatz der Internationalen Gartenschau und der Internationalen Bauausstellung Hamburg (IBA). »Weltquartier« hieß das eindrückliche Modellprojekt der IBA zur Umgestaltung des großen Stadtteils in ein »Ideal weltgesellschaftlicher Nachbarschaft«.

Wilhelmsburg | S-Bahn: Wilhelmsburg (d5)

Im Fokus
Auf nach Amerika!

Auf der anderen Seite des Atlantiks wartet das Glück: Voller Hoffnungen und Träume auf ein besseres Leben traten Millionen von Menschen zwischen 1850 und 1934 von Hamburg aus mit den Schiffen der großen Reederei HAPAG ihre Reise nach Amerika an.

Hamburg, im Juli 1903. Seit Kurzem sorgt ein prachtvolles Gebäude an der Binnenalster, mit Säulen und steinernen Statuen einem italienischen Renaissancepalast ähnlich, für einiges Aufsehen. Nach dreijähriger Bauzeit ist das neue Kontorhaus der Hamburg-Amerikanischen Packetfahrt-Actien-Gesellschaft HAPAG, auch Hamburg-Amerika-Linie genannt, eröffnet worden.

»Unser Feld ist die Welt« ziert als Motto das Portal der Reederei, die seit 1847 existiert und bisher im Hafen ansässig war. In der Eingangshalle am Alsterdamm, der heute Ballindamm heißt, werden die Passagiere der ersten Klasse empfangen, die hier ihre Schiffspassagen buchen. Die anderen Reisenden betreten das Haus durch den Eingang an der Ferdinandstraße. Als direkte Linie für Frachtschiffe zwischen Hamburg und New York unterhält die HAPAG Liniendienste zu fast allen Kontinenten.

Ihr Generaldirektor ist Albert Ballin (1857–1918), Sohn eines jüdischen Einwanderers. Ein vornehm gekleideter Mann, der Hut oder Zylinder

◀ Ziel Südamerika: Auswanderer besteigen
in Hamburg ein Passagierschiff.

trägt, wenn er am Morgen gemessenen Schrittes den Alsterdamm entlang
in die Firma geht. Der 46-Jährige, ein leidenschaftlicher Patriot, ist eine
der bedeutendsten Persönlichkeiten dieser Tage. Aufgrund seiner ausge-
zeichneten Kontakte nennt man ihn auch »Reeder des Kaisers«.

ALBERT BALLIN UND DIE AUSWANDERER

In seinem Büro im ersten Stock mit dem einzigartigen Blick auf Binnen-
alster und Jungfernstieg treffen sich bei Kaffee und kubanischen Zigarren
Aufsichtsratsmitglieder und Werftbesitzer, Kaufleute und Bankiers, um
Gespräche zu führen und Strategien zu entwickeln. Häufig bekommt der
Generaldirektor auch Besuch vom deutschen Kaiser.

Kern der Passagierschifffahrt zu Ballins Zeiten ist die Beförderung europäischer Emigranten nach Amerika – Hamburg ist neben Bremen, Liver-
pool, Antwerpen, Genua und Le Havre die bedeutendste Auswandererstadt Europas. Anfang des 20. Jh. strömen täglich Hunderte von Menschen
an die Elbe und warten tage-, oft wochenlang auf einen Platz an Bord eines Schiffes nach Übersee, um ein Leben in Freiheit und sozialer Sicher-
heit zu suchen. Ihr Ziel ist vor allem New York, denn Amerika gilt als das
Land der unbegrenzten Möglichkeiten. »Columbia« und »Normannia«
heißen die voll besetzten Schnelldampfer, die Hamburg regelmäßig in
Richtung New York verlassen, und dauern die Überfahrten in den häufig
überfüllten Zwischendecks anfänglich noch beschwerliche 14 Tage, so
braucht die »Fürst Bismarck« 1891 mit kaum sieben Tagen nur noch die
Hälfte der Zeit. Für diesen Schnelligkeitsrekord wird sie mit dem »Blauen
Band der Ozeane« ausgezeichnet.

AUFBRUCH IN DAS »LAND DER VERHEISSUNG«

Die meisten Auswanderer – zahlreiche Abenteurer, doch vorwiegend politisch, rassisch oder religiös Verfolgte – erreichten Hamburg mit der
Bahn, sie kamen auf Flussschiffen oder auch zu Fuß, verbrachten die
Wartezeit häufig auf Schiffen, die zu Herbergen umfunktioniert worden
waren, später brachte man sie in Notunterkünften zwischen den Stadtteilen St. Georg und St. Pauli unter, ab 1892 in Baracken auf dem Amerika-
Kai. Was die Situation so schlimm, für die Menschen nahezu unerträglich
machte, waren die verheerenden sozialen Verhältnisse in der Hansestadt
um diese Zeit. Die Hafengebiete waren besonders betroffen. Neben den

unwürdigen Arbeitsbedingungen wirkte sich der Ausbruch einer Choleraepidemie 1892 katastrophal aus. In wenigen Tagen legte die Seuche den gesamten Hafenbetrieb lahm. Sie wütete mehr als zwei Monate, forderte 8000 Tote und führte dazu, dass die USA einen Einwanderungsstopp verhängten. Zunächst wurde die hamburgische Überseeschifffahrt verdächtigt, die Cholera eingeschleppt zu haben. Aber die teuflische Krankheit war durch unsauberes Trinkwasser in dem überfüllten Gängeviertel an der Steinstraße ausgebrochen und hatte sich in der Hafengegend ihre Opfer geholt.

EINE STADT NUR FÜR EMIGRANTEN ENTSTEHT

Mangelnde Hygiene, Seuchen, miserable Unterkünfte: Hamburgs Ruf als Auswanderungshafen leidet. HAPAG-Chef Ballin sieht den Emigrationsprozess gefährdet. So lässt er zwischen 1898 und 1901 auf der Elbinsel Veddel, fernab vom Stadtgebiet, die Auswandererhallen mit eigenem Eisenbahnanschluss bauen.

»Im Hafen gab es eine Stadt für sich. Sie schien aus fremdem Land verpflanzt«, beschreibt ein Chronist den Häuserkomplex mit Schlaf- und Wohnpavillons, Wasch- und Sanitäreinrichtungen, Speisehalle, Gepäckschuppen, Krankenstation, Straßen, Plätzen, Bäumen und einer Kirche. In einem Musikpavillon finden Konzerte statt. Die 1888 in Betrieb genommenen Hallen zur Abfertigung der Passagiere befanden sich am Strandkai auf dem Kleinen Grasbrook. Nach ärztlicher Abschlussuntersuchung wurden die Passagiere mit einer Fähre zu den Schiffen transportiert.

Doch schon wenige Jahre nach Eröffnung der 15 Pavillons ist eine Erweiterung nötig. 18 zusätzliche Unterkünfte werden gebaut, ein Block mit getrennten Küchen und Speiseräumen für Juden und Christen eingerichtet, ein großes Empfangsgebäude kommt dazu. Nun können auf 25 000 qm bis zu 5000 Menschen gleichzeitig untergebracht werden.

»Der Strom der fremden Menschen streicht wie aufgescheucht im Innern des Städtchens umher (…) Die Menschen wissen nicht recht, was sie mit sich selber getan haben. Sie haben ihre schönsten Pelze angezogen, ihre farbigsten Tücher umgebunden, ihre lustigsten Röcke angelegt. Auf dem Boden kniend in der katholischen Kirche beten und singen sie mit zittrigen Stimmen«, so ein Chronist.

Das Geschäft mit den Auswanderern macht aus der HAPAG die größte Reederei der Welt. Um 1914 gehören dem Unternehmen 175 Seeschiffe, insgesamt 25 000 Angestellte arbeiten für die Reederei. In Anwesenheit Kaiser Wilhelm II. laufen auf den Werften Blohm & Voss und Hamburger

Vulcan-Werke Ozeanriesen vom Stapel. Die »Vaterland«, die »Bismarck«, die »Imperator« sind Schiffe, die schwimmenden Städten gleichen und Ansprüche an urbane Lebensart befriedigen: Damen- und Herrensalons, Gesellschaftsräume, ein Schwimmbad, Seewasser-Wannenbäder und Massageräume, Büchereien, kostbare Flügel für Virtuosen und Hausmusikanten. Hinsichtlich der Ausstattung und des Dekors sollte der Dampfer in keiner Weise hinter den führenden Hotels zurückstehen.

Doch die Welt – und besonders Großbritannien – sieht in der gigantischen Tonnage-Ausweitung der Hamburg-Amerika-Linie unter ihrem Direktor Albert Ballin imperiale Schwelgerei. »Ballinismus« heißt das neue, feindselige Stichwort.

Ballin selbst sieht die Flottenpolitik des deutschen Kaisers inzwischen auch kritisch und die Gefahr für den Weltfrieden und die Weltschifffahrt heraufdämmern, fürchtet das sich zuspitzende Verhältnis zu Großbritannien. Doch seine permanenten diplomatischen Vermittlungsversuche in England bleiben ohne Ergebnis. 1918 nimmt sich Albert Ballin das Leben.

BALLINSTADT BEWAHRT DIE ERINNERUNG

Seit 2007 gibt es auf der Elbinsel Veddel im Süden Hamburgs das Erlebnismuseum BallinStadt (Veddeler Bogen 2, S-Bahn: Veddel/BallinStadt, www.ballinstadt.de, tgl. 10–18 Uhr, Eintritt 12,50 €), eine Art Pendant zum Einwanderungsmuseum Ellis Island in New York. Ein Schlafpavillon, der aus dieser Zeit geblieben ist, bildet den Kern des Museums, zwei weitere Auswandererhallen mit Schlafsälen und Aufenthaltsräumen wurden nach Originalplänen rekonstruiert. Am historischen Ort erhält der Besucher mithilfe von audiovisuellen Installationen, historischem Bildmaterial und zahlreichen Dokumenten Einblicke in die Zeit der Emigrantenströme. Tagebücher, Briefe und Kleider erzählen vom Schicksal des Menschenstroms, der dem Ruf »Auf nach Amerika!« folgte. Zwischen 1850 und 1934 wanderten etwa fünf Millionen Menschen über Hamburg in das »Land der Verheißung«, aus, darunter fast eine Million osteuropäischer Juden auf der Flucht vor den Pogromen im zaristischen Russland. Im Ersten Weltkrieg war die Auswandererstadt im Hafen zum Lazarett umfunktioniert worden. Zwischen 1924 und 1934 wanderten wieder zahlreiche Emigranten über Hamburg aus, vor allem Deutsche.

Am Ende der Ausstellung können die Besucher in Datenbanken recherchieren, ob Vorfahren von ihnen über Hamburg ausgewandert sind.

Am eindrucksvollsten ist der Weg zur Veddel an Bord einer Barkasse, die an der Landungsbrücke 10 ablegt.

MUSEEN UND GALERIEN

Hamburgs Museen überraschen durch ihre Vielfältigkeit. Dem Besucher öffnen sich Einblicke in Sammlungen moderner Kunst und maritimer Geschichte, aber auch in alte Barkassen, die Gewürzlager der Speicherstadt und das Fotoarchiv des Magazins »Der Spiegel«.

In Hamburg kann man von einer »Kunstmeile« sprechen. Sie beginnt zwischen Alster und Hauptbahnhof mit der Kunsthalle, an die sich der Erweiterungsbau »Galerie der Gegenwart« von Oswald Matthias Ungers anschließt, führt zum Museum für Kunst und Gewerbe und von dort zu Kunstverein und Kunsthaus. Dann geht es zu den Deichtorhallen mit der Privatsammlung Falckenberg weiter und schließlich zum Bucerius Kunst Forum, das an der Kleinen Alster liegt. Die historischen Speicher- und Kontorhäuser auf der Fleetinsel zwischen Stadtzentrum und Hafen sind der Sitz zahlreicher Galerien mit zeitgenössischer Kunst. Auch im Kontorhausviertel siedeln sich immer mehr Galerien an.

Mit spektakulären Groß-Ausstellungen macht die Hamburger Kunsthalle immer wieder auf sich aufmerksam, und zweifellos zählt sie zu den bedeutendsten Museen Deutschlands.

◀ Meisterwerke, in lichten Räumen präsentiert: die Hamburger Kunsthalle (▶ S. 146).

Ihr erster Direktor war Alfred Lichtwark (1852–1914). Unter seiner Leitung wurde die Kunsthalle ein modernes Museum von europäischem Rang, das sich gleichzeitig durch ein hanseatisches Profil auszeichnete: Ausgehend von der Idee einer »Hamburger Schule« rief Lichtwark die Künstler auf, »hamburgische Landschaft« zu malen. So gründeten im Frühjahr 1897 acht junge Maler, darunter Ahlers-Hestermann und Siebelist, Nölken und Eitner, mit dem Hamburgischen Künstlerclub eine der ersten Künstlervereinigungen Deutschlands. Mit besonderem Engagement kaufte Lichtwark ihre Werke und gab bei auswärtigen Künstlern Bilder mit Hamburger Motiven in Auftrag, die heute noch den größten Teil der Sammlung ausmachen.

ELEGANTE SALONS UND FREMDE KULTUREN

Ausdrücklich empfohlen sei auch ein Besuch im Museum für Kunst und Gewerbe, das zu den bedeutendsten europäischen Museen für Kunst und Design gehört. Wer sich für den Jugendstil interessiert, für kostbare Fayencen und Porzellane – hier ist er an der richtigen Adresse. Auch schön: Im Hamburgmuseum werden Hafen und Schifffahrt eindrücklich dargestellt, im Museum für Völkerkunde vieles über fremde Kulturen erzählt, und wer etwas über die Wohnkultur des hanseatischen Großbürgertums im 17. bis 20. Jh. erfahren möchte, schaue sich in den eleganten Salons des Jenisch-Hauses im wunderschönen Jenisch-Park an der Elbe um.

MUSEEN

Altonaer Museum 🚹🚺 C5

Das Haus wurde 1863 gegründet und ist eines der größten Regionalmuseen in Deutschland. Neben 17 originalen Bauernstuben und einem rekonstruierten Bauernhaus, der Vierländer Kate (mit Café!), gibt es einen Trachtensaal und eine wunderschöne Puppen- und Spielzeugsammlung. Kunsthandwerkliche Gegenstände, Gold- und Silberschmiedearbeiten, Sammlungen zur Schifffahrt und Fischerei. Zu den Sehenswürdigkeiten des Museums gehören die Gallionsfiguren alter Großsegelschiffe.
Altona | Museumsstr. 23 | S-Bahn: Altona (b4) | www.altonaermuseum.de | Di–So 10–17 Uhr | Eintritt 6 €, Kinder frei

Bucerius Kunst Forum G5

Das zentral gelegene Ausstellungshaus in unmittelbarer Nähe zum Rathaus wurde 2002 von der ZEIT-Stiftung Ebelin und Gerd Bucerius gegründet. Die Palette seiner Themenausstellungen reicht von der Antike bis zur Klassischen Moderne. Restaurant-Café.

🕐 Montags und auch am Donnerstag Abend nach 19 Uhr ist es am ruhigsten im Haus, und die Kunst gehört Ihnen dann fast allein.

Innenstadt | Rathausmarkt 2 | U-Bahn: Rathaus, (c5) | www.buceriuskunst forum.de | tgl. 11–19, Do bis 21 Uhr | Eintritt 8 €, Mo 5 €, Kinder frei |

Deichtorhallen Hamburg 　📗 G 5

In den beiden ehemaligen Großmarkthallen, zwischen 1911 und 1913 von Fritz Schumacher errichtet, entstand viel Raum für zeitgenössische Kunst: Der Umbau zu einem Ausstellungsgebäude wurde dank einer Schenkung in Höhe von 25 Millionen Mark des Hamburger Unternehmers Kurt A. Körber möglich. Die südliche Halle wurde 2003 zum »Haus der Photographie« umgewandelt und beherbergt die Fotosammlung des Fotografen F. C. Gundlach sowie das Bildarchiv des »Spiegel«.

Seit 2011 arbeiten die Deichtorhallen kuratorisch mit dem Sammler Harald Falckenberg zusammen, der in einer der Fabrikhallen seines Unternehmens im stadtnahen Harburg eine hochkarätige Kunstkollektion zusammengetragen hat, die sich auf die Zeit der Postmoderne konzentriert.

Innenstadt | Deichtorstr. 1+2 | U-Bahn: Steinstraße (c5) | www.deichtorhallen. de | Di–So 11–18, Do 11–21 Uhr | Eintritt 9 €, Kombikarte 15 €, Kinder frei

Deutsches Zollmuseum 　📗 G 5

Dokumentiert wird die Zollgeschichte vom Altertum bis in die Gegenwart: Urkunden, Uniformen, Schmugglerverstecke und das originalgetreu nachgebaute Ruderhaus eines Zollkreuzers.

Wechselnde Sonderausstellungen, Veranstaltungen.

Innenstadt | Alter Wandrahm 16 | U-Bahn: Meßberg (c5) | www.museum. zoll.de | Di–So 10–17 Uhr | Eintritt 2 €

Ernst-Barlach-Haus 　📗 westl. A 5

Das Kunstmuseum im Jenisch-Park ist aus einer Stiftung des Hamburger Fabrikanten und Mäzens Hermann F. Reemtsma hervorgegangen. Mehr als 140 Skulpturen und 450 Handzeichnungen, Lithografien und Holzschnitte des expressionistischen Bildhauers und Zeichners Ernst Barlach (1870–1938) sind in dem Flachbau ausgestellt.

🕐 Jeden Sonntag um 11 Uhr verhilft eine kostenlose Führung zu einem tieferen Verständnis der Sammlung.

Othmarschen | Baron-Voght-Str. 50 a | S-Bahn Klein Flottbek (b4) | www.barlach-haus.de | Di–So 11–18 Uhr | Eintritt 6 €

Hamburger Kunsthalle 🔟 　📗 G 4

Den Grundstock von Hamburgs größter Kunstinstitution bilden Privatsammlungen, die wohlhabende Bürger seit 1822 im Kunstverein zusammengetragen hatten. 1863 wurde die Kunsthalle mithilfe privater Spenden erbaut. Dank der Aktivitäten ihres ersten Direktors Alfred Lichtwark (1852–1914) und seiner Nachfolger gelang es, sie zu einem der führenden Museen Deutschlands zu machen.

Mit besonderem Engagement kaufte Lichtwark »Hamburger Kunst« und erwarb mit den Altären der Meister Bertram, der um 1367 nach Hamburg kam, und Francke (er leitete um 1424 eine Werkstatt in Hamburg) zwei einzigartige Werke mittelalterlicher Malerei aus dem norddeutschen Raum.

Weitere Schwerpunkte der Sammlung sind die deutschen Romantiker, allen voran Caspar David Friedrich mit bedeutenden Gemälden und Philipp Otto Runge, dessen vollständiges Werk in der Kunsthalle präsentiert wird. Zum Bestand gehört weiterhin eine reiche Sammlung impressionistischer Gemälde, und die Kunst des Expressionismus ist vor allem mit den Künstlergruppen »Brücke« und »Blauer Reiter« vertreten, mit Max Beckmann und Oskar Kokoschka. Ebenfalls bedeutend ist das Kupferstichkabinett mit seinen mehr als 100 000 grafischen Blättern.

Die reichen Bestände der Kunsthalle sind in drei verschiedenen Gebäuden untergebracht, dem spätklassizistischen Altbau, der 1899 eingeweiht wurde, dem 1919 eröffneten Kuppelbau sowie dem weißen Kubus aus Kalkstein von Oswald Mathias Ungers, 1997 eröffnet und der zeitgenössischen Kunst gewidmet.

Innenstadt | Glockengießerwall | S-/U-Bahn: Hauptbahnhof (c5) | www. hamburger-kunsthalle.de | Di–So 10–18, Do bis 21 Uhr | Eintritt 12 €

Hamburgisches Museum für Völkerkunde F3

Der versammelte Bestand an historischen und zeitgenössischen Dokumenten aus afrikanischen, amerikanischen, asiatischen und europäischen Kulturen ist beträchtlich und vielfältig. Berühmt ist die Melanesien- und Mikronesien-Sammlung, die das Museum dem damaligen Direktor Georg Thilenius verdankt, der Anfang des 20. Jh. eine Südsee-Expedition geleitet hatte. Bedeutend sind u. a. das Maori-Versammlungshaus und der Masken-Saal

Impressionismus in der Kunsthalle ⑧

Er prägte die die Kunststadt Hamburg wie kein Zweiter: Alfred Lichtwark regte Künstler zur Freilichtmalerei nach dem Vorbild französischer Impressionisten an. Arbeiten von Lovis Corinth, Max Slevogt, Max Liebermann und anderen haben das Licht eingefangen (▶ S. 14).

in der Südseeabteilung. Idealer Treffpunkt: das Museums-Café.

Rotherbaum | Rothenbaumchaussee 64 | U-Bahn: Hallerstraße (c4) | www.voelkerkundemuseum.com | Di–So 10–18, Do bis 21 Uhr | Eintritt 7 €, Kinder frei

Hamburgmuseum E5

Das Museum wurde 1914 bis 1923 von Fritz Schumacher gebaut. Die Gebäudemauern sind mit Elementen von zerstörten Hamburger Fassaden verziert. Anhand der Sammlungen, die von der karolingischen Hammaburg (um 800) bis in die Gegenwart hineinreichen, gewinnt der Interessierte einen hervorragenden Einblick in Geschichte, Kultur und Wirtschaft der Hansestadt.

Er erfährt manches über Rat und Bürgerschaft, Handel und Verkehr, vom Hafen und von der Schifffahrt. Erzeugnisse des hamburgischen Kunsthandwerks und kostbares Silbergerät vermitteln ein Bild von der Prachtentfaltung im barocken Hamburg des 17. Jh. Räume aus alten Bürgerhäusern sind zu besichtigen, u.a. eine echte alte Kaufmannsdiele aus der Deichstraße.

Das Museum beherbergt ein Modell des zwischen 1804 und 1807 abgerissenen Hamburger Doms. Von den Wissenschaften und Künsten zeugen Porträts, Handschriften, Musikinstrumente und ein Bühnenmodell. Bibliothek, Bildarchiv, Münzkabinett und Volksliedarchiv vervollständigen die Sammlungen. Eine Attraktion ist die große Eisenbahnmodellanlage.

Man gönne sich eine Pause im museumseigenen Café Fees. Wintergarten, kleine Speisen.

Innenstadt | Holstenwall 24 | U-Bahn: St. Pauli (c5) | www.hamburgmuseum. de | Di–Sa 10–17, So 10–18 Uhr | Eintritt 8 €, Kinder frei

Internationales Maritimes Museum Hamburg ⚓ G 5/6

Es ist die weltweit größte private Sammlung zur Geschichte der Schifffahrt, die in dem neogotischen Backsteinbau zwischen HafenCity und Speicherstadt Einzug gehalten hat. Die 12 000 qm umfassende Ausstellungsfläche zieht sich über zehn Speicherböden: Zu den kostbarsten Stücken der Sammlung des Stifters Peter Tamm zählen die Schiffsmodelle, von der Hansekogge bis zum Kreuzfahrtschiff.

HafenCity | Kaispeicher B, Koreastr. 1 | U-Bahn: Meßberg (c5) | www.internationales-maritimes-museum.de | Di–So 10–18, Do bis 20 Uhr | Eintritt 12 €

Jenisch-Haus ⚓ westl. A 5

Das klassizistische Landhaus liegt in einer weiträumigen Parklandschaft, dem Jenisch-Park, im noblen Hamburger Elbvorort Flottbek. Es gehörte der Familie des hamburgischen Kaufmanns und Senators Martin Johann Jenisch und ist heute ein Museum großbürgerlicher Wohn- und Lebenskultur des 19. Jh. Seine Sommervilla an der Elbe nutzte Jenisch für elegante Empfänge und Bankette. Ganz im Sinne dieser Festkultur öffnet das Haus seine exklusiven Salons heute für kleine feine Zusammenkünfte, Konzerte, Lesungen und Seminare.

Othmarschen | Baron-Voght-Str. 50 | S-Bahn: Klein Flottbek (b4) | Di–So 11–18 Uhr | Eintritt 5 €, Kinder frei

Johannes-Brahms-Museum ⚓ F 5

Unweit der Laeiszhalle (Musikhalle) am Johannes-Brahms-Platz und nur wenige Schritte von dem Ort entfernt, an dem das 1943 zerstörte Geburtshaus des Komponisten (1833–1897) stand, erinnert ein Museum an den großen Sohn der Stadt: In einem unter Denkmalschutz stehenden Barockhaus der Carl-Toepfer-Stiftung sind Schriftstücke, Fotos, Faksimiles etc. ausgestellt sowie als Dauerleihgabe der Hamburger Kunsthalle eine Marmorbüste der Wiener Bildhauerin Beatrice Conrat. Das Museum verfügt über alle Werke von Brahms auf CD, Notenbände und Literatur zum Thema. Neues Ehrenmitglied der Johannes-Brahms-Gesellschaft: der Pianist und Dirigent Daniel Barenboim.

Innenstadt | Peterstr. 39 | U-Bahn: St. Pauli (c5) | www.brahms-hamburg. de | Di/Do/Sa/So 10–17, 15. März–15. Okt. Di–So 10–17 Uhr | Eintritt 4 €, Kinder 2 €

Kunstverein ⚓ G/H 5

Seit seiner Gründung 1871 widmet sich der Hamburger Kunstverein in den Räumen einer ehemaligen Markthalle jungen Positionen internationaler

Das Johannes-Brahms-Museum (▶ S. 148) in der Peterstraße: Ganz in der Nähe stand das Geburtshaus des Komponisten. Es wurde im Krieg zerstört.

Künstlerinnen und Künstler. Begehrter Treffpunkt ist das Restaurant Pane e Tulipani gleich nebenan.

Innenstadt | Klosterwall 23 | U-Bahn: Steinstraße (c5) | www.kunstverein.de | Di–So 12–18 Uhr | Eintritt 3 €, bis 18 Jahre frei

Loki Schmidt Haus 🚩 ⚔ westl. A 4

Der leuchtend blaue Kubus im Botanischen Garten der Universität ist Hamburgs neuester Museumsbau: Benannt nach Loki Schmidt, der pflanzenkundigen Frau des Altbundeskanzlers, stellt sich das Museum die Aufgabe, dem Besucher Vielfalt und Bedeutung der Nutzpflanzen – von Apfel bis Zucchini – auf anschauliche Art und Weise deutlich zu machen, die Wissenschaftler und Laien seit dem 19. Jh. zusammengetragen haben. Die Botanische

Sammlung umfasst heute rund 50 000 Objekte.

Klein Flottbek | Ohnhorststr. 18, Botanischer Garten | S-Bahn: Klein Flottbek (b4) | www.loki-schmidt-haus.de | Tel. 42 81 65 83 | Di–Sa 13–17, So 10–17, Nov.–März bis 16 Uhr | Eintritt frei

Museum der Arbeit ⚔ K 1

Das sozialgeschichtliche Museum ist auf dem ehemaligen Gelände der »New York-Hamburger Gummi-Waren Compagnie« im Stadtteil Barmbek untergebracht, dort, wo einst Kautschuk verarbeitet wurde. Es dokumentiert die Geschichte der Arbeit, zeigt alte Maschinen und Techniken, erzählt vom Alltag der Arbeiter an der Werkbank und von der Arbeiterkultur.

Barmbek | Wiesendamm 3 | S-/U-Bahn: Barmbek (d4) | www.

museum-der-arbeit.de | Mo 13–21, Di–Sa 10–17, So 10–18 | Eintritt 6 €, Fr. 3 €, Kinder frei

Museum für Kunst und Gewerbe ⚑ H 5

Wer Porzellan aus dem Fernen Osten liebt oder Glas, Möbel und Textilien aus der Zeit des Fin de Siècle, ist in diesem traditionsreichen Museum richtig. Einmalig: die Jugendstilabteilung mit dem »Pariser Zimmer«.

Den Anstoß für den Bau eines Kunstgewerbemuseums gab die Hamburger Patriotische Gesellschaft, um vor allem die heimischen Gewerbe zu unterstützen. 1877 gründete Justus Brinckmann (1843–1915) das Museum, das mit seinem Bestand von rund 500 000 Objekten als eines der bedeutendsten deutschen Museen für angewandte europäische, islamische und fernöstliche Kunst vom Mittelalter bis zur Gegenwart gilt. Die Fotoabteilung ist mit 45 000 Fotografien seit dem 19. Jh. die umfangreichste in Hamburg.

Teeliebhaber können übrigens im echt japanischen Teeraum »Sho-Sei-An« an einer Teezeremonie teilnehmen (Datum telefonisch erfragen, Anmeldung erforderlich, 2,50 € plus Museumseintritt). Im ersten Stock liegt das empfehlenswerte Café-Restaurant Destille.

Innenstadt | Steintorplatz 1 | S-/U-Bahn: Hauptbahnhof (c5) | www.mkg-hamburg.de | Di–So 11–18, Do bis 21 Uhr | Eintritt 8 €, Do ab 17 Uhr 5 €, Kinder frei

Museumshafen Oevelgönne 🚶 ⚑ B 6

Dampfschlepper und Barkassen, Hochseekutter und ein Feuerschiff, deutsche und holländische Plattbodenschiffe und ein Dampfkran – am vergnüglichsten erreicht man dieses maritime «Museum» auf dem Wasserweg.

Övelgönne | HADAG-Fähre Linie 62 ab Landungsbrücken bis Fähranleger Neumühlen/Övelgönne (b5) | www.museumshafen-oevelgoenne.de

Naturwissenschaftliche Museen der Universität ⚑ F 3 + westl. A 5

Im Grindelviertel widmen sich vier wissenschaftliche Museen der Universität Hamburg der Pflanzenwelt, den Tierarten und dem Erdreich. Im Zoologischen Museum (Di–So 10–17 Uhr) etwa verteilen sich auf 2000 qm präparierte Tiere, vom Bären bis zum Panzernashorn, Skelette der großen Meeressäuger und viele verschiedene Vögel. Im Botanischen Museum (Di–So 10–17 Uhr) erfährt der Besucher Interessantes über die Vielfalt der Nutzpflanzen, und das Geologisch-Paläontologische Museum (Mo–Fr 9–18 Uhr) erzählt anschaulich von der Evolutionsgeschichte des Menschen und der Entstehung der Tier- und Pflanzenwelt. Im Mineralogischen Museum (Mo–Fr 9–18 Uhr) schließlich kann man Kristalle und Korallen, Edelsteine und Perlen bewundern.

Rotherbaum | Rothenbaumchaussee 64 | U-Bahn: Hallerstraße (c4) | www.museen.uni-hamburg.de

Panoptikum 🚶 ⚑ E 5

Hier stehen sie, in Wachs gegossen und unverwechselbar, die Berühmten und Berüchtigten der Welt: Karl der Große und Martin Luther, Theodore Roosevelt und Josef Stalin, Freddy Quinn und Uwe Seeler.

St. Pauli | Spielbudenplatz | U-Bahn: St. Pauli (c5) | www.panoptikum.de | tgl. 11–21, Sa bis 24, So ab 10 Uhr | Eintritt 5,50 €, Kinder 3,50 €

Puppenmuseum Falkenstein
westl. A 5

Hoch oben auf dem Falkenstein, direkt am Elbufer bei Blankenese, steht eine Bauhaus-Villa, die sich der Architekt Karl Schneider einst errichten ließ. Das sehenswerte Haus beherbergt heute das von der Hamburger Galeristin Elke Dröscher gegründete Puppenmuseum. Figuren und Puppenhäuser, Spielzeug und Bilderbücher spiegeln den Zeitgeist und die Wohnkultur aus drei Jahrhunderten wider. Sehenswert!

Blankenese | Grotiusweg 79 | Bus: Falkenstein | www.elke-droescher.de | Di–So 11–17 Uhr | Eintritt 5 €, Kinder 3 €

Speicherstadtmuseum
F 6

Hamburg ist Europas Kaffeehauptstadt und seit mehr als 100 Jahren wichtigster europäischer Hafen für Rohkaffee-Importe aus aller Welt. Wie die Quartiersleute, als Quarteerslüüd die eigentlichen Herren der Speicherstadt, hochwertige Importgüter wie beispielsweise den Kaffee lagerten, bemusterten und veredelten, wird hier in authentischem Rahmen anschaulich dokumentiert. Im Café »Kaffeeklappe« werden Kaffee, Tee und Kuchen serviert. Auch finden regelmäßig Kaffeeverkostungen und Krimilesungen mit renommierten deutschen und internationalen Autoren statt.

Speicherstadt | Am Sandtorkai 36 | U-Bahn: Baumwall (c5) | www.speicherstadtmuseum.de | Mo–Fr 10–17, Sa, So bis 18, Nov.–März Di–So 10–17 Uhr | Eintritt 3,50 €, Kinder 2 €

Spicy's Gewürzmuseum
F 6

Allein die Düfte! Intensiv verbreiten Curry und Vanille, Nelken und Zimt ihre köstlichen Aromen. Das Motto des Museums, das in einem ehemaligen Kakaospeicher in der HafenCity untergebracht ist: riechen, schmecken, anfassen. Mehr als 900 Exponate aus den vergangenen fünf Jahrhunderten laden zur Begutachtung ein. Man erfährt viel über den Anbau der Gewürze aus aller Welt und kann ihren Weg bis zum Fertigprodukt verfolgen.

Für Gruppen veranstaltet Spicy's eine unterhaltsame Zeitreise, die »Hamburger Kaufmannstour«. Sie führt durchs Museum und die Speicherstadt. In den Restaurants Zippelhaus (Zippelhaus 3) und Schönes Leben (Alter Wandrahm 15) gibt es passende Gewürzmenüs.

HafenCity | Am Sandtorkai 34 | U-Bahn: Baumwall (c5) | www.spicys.de | Di–So 10–17 Uhr | Eintritt 3,50 €

Telemann-Museum
F 5

Dass Johannes Brahms gebürtiger Hamburger war und hier das »Deutsche Requiem« op. 45 komponierte, wer unter den Musikliebhabern wüsste es nicht. Wenig bekannt hingegen ist, dass auch der bedeutende Barockkomponist Georg Philipp Telemann (1681–1767) mehr als die Hälfte seiner Lebenszeit in Hamburg verbrachte: Als Komponist und Musikdirektor der fünf Hauptkirchen und zeitweiliger Leiter der Oper am Gänsemarkt organisierte er das gesamte Konzertleben an der Elbe. Das Telemann-Museum liegt in der historischen Peterstraße, im selben kleinen Barockhaus mit den liebevoll restaurierten Zimmerchen, das auch die Adresse des Brahms-Muse-

Vanille, Curry, Nelken, Zimt: In Säcken wurden solche Rohstoffe früher nach Hamburg verschifft. Spicy's Gewürzmuseum (▶ S. 151) nimmt die Besucher mit auf eine Zeitreise.

ums ist und nur wenige Schritte von St. Michaelis entfernt.

Innenstadt | Peterstr. 39 | U-Bahn: St. Pauli (c5) | Tel. 87 60 40 22 | Di, Do–So 10–17 Uhr | Eintritt 3 €

GALERIEN

Flo Peters Galerie   G 5

Auf die großen Namen der Foto-Kunst spezialisiert. Architektur-Fotografie.

Innenstadt | Chilehaus C, Pumpen 8 | U-Bahn: Meßberg (c5) | www.flopeters-gallery.com | Mo–Fr 10–18, Sa 11–15 Uhr

Galerie Commeter   G 5

Hamburgs älteste Galerie wurde 1821 von Johann Matthias Commeter gegründet, einem leidenschaftlichen Sammler und Kunstförderer. Zu sehen: Kunst der Klassischen Moderne und des Expressionismus, Zeitgenössisches.

Innenstadt | Bergstr. 11 | www.comme-ter.de | U-Bahn: Rathaus (c5) | Di–Fr 11–18, Sa bis 16 Uhr

Galerie Hans Brockstedt   G 3

Künstler wie Horst Janssen, Johannes Grützke und Pit Morell.

Rotherbaum | Magdalenenstr. 11 | U-Bahn: Hallerstraße (c5) | wwwbrock stedt.com | Di–Fr 10–18, Sa bis 14 Uhr

Galerie Jürgen Becker   F 5

Etablierte Avantgarde (S. Polke, K. Sonnier) und aktuelle Kunst.

Innenstadt | Admiralitätsstr. 71 | S-Bahn: Stadthausbrücke (c1) | www.galerie becker.de | Di–Fr 13–18, Sa 11–15 Uhr

Galerie Karin Guenther   F 5

Vorwiegend junge Künstler. Zeitgenössische Fotografie und Malerei.

Innenstadt | Admiralitätsstr. 71/ Fleetin-
sel | U-Bahn: Stadthausbrücke (c4) | Di–Fr
www.galerie-karin-guenther.de | Di–Fr
13–18, Sa 12–15 Uhr

Galerie Levy ◢◣ G 3

Expressionismus und Surrealismus,
Künstler wie Meret Oppenheim und
Man Ray.
Rotherbaum | Magdalenenstr. 44 |
U-Bahn: Hallerstraße (c4) | www.levy-
galerie.de | Di–Sa 10–18 Uhr

Galerie Renate Kammer Architektur und Kunst ◢◣ H 5

Die einzige der modernen Architektur
gewidmete Galerie Hamburgs.
Innenstadt | Münzplatz 11 | U-Bahn:
Steinstraße (c5) | www.galerierenate-
kammer.de | Di–Fr 12–18, Sa 11–15 Uhr

Galerie Sfeir-Semler ◢◣ F 5

Die im Libanon geborene Galeristin ist
international bekannt für ihre Ausstellungen mit Arbeiten jüngerer Konzept-
künstler und etablierter Namen.
Innenstadt | Admiralitätsstr. 71 |
U-Bahn: Stadthausbrücke (c5) | www.
sfeir-semler.de | Di–Fr 11–18, Mo/Sa 12–
15 Uhr

Gruner + Jahr Pressehaus ◢◣ F 5/6

Hochkarätige Ausstellungen. Dabei
steht die Förderung des fotografischen
Nachwuchses im Vordergrund.
Innenstadt | Am Baumwall 11 | U-Bahn:
Baumwall (c5) | www.guj.de | Mo–So
10–18, Mi 10–20 Uhr

Hauswedell & Nolte ◢◣ G 3

Hamburgs großes Auktionshaus. Alte
Meister und moderne Kunst sowie
wertvolle Bücher.

Harvestehude | Pöseldorfer Weg 1 |
U-Bahn: Hallerstraße (c4) | www.haus
wedell-nolte.de

Holger Priess ◢◣ F 5

Zeitgenössische Kunst. Malerei, Foto-
grafie, Skulptur. Zu den Künstlern der
Galerie gehört der Bildhauer Stephan
Balkenhol. Von ihm stehen in Ham-
burg sechs Skulpturen im öffentlichen
Raum.
Innenstadt | Admiralitätsstr. 71/Fleet-
insel | S-Bahn: Stadthausbrücke (c5) |
www.holgerpriess.com | Di–Sa 14–19,
Sa 11–15 Uhr

Photography Monika Mohr Galerie ◢◣ G 2

Mode- und Aktfotografie auf höchstem
Niveau (Peter Lindbergh, Helmut
Newton, Sarah Moons) oder auch der
Altmeister Henri Cartier Bresson.
Rotherbaum | Mittelweg 45 | S-Bahn:
Dammtor (c4) | www.photographygale-
rie.de | Di–Fr 12–19 Uhr

Produzentengalerie ◢◣ F 5

Etablierte Galerie, die international bekannte Künstler der deutschen Gegen-
wartskunst im Programm hat.
Innenstadt | Admiralitätsstr. 71 |
S-Bahn: Stadthausbrücke (c5) | Di–Fr 11–
13 und 15–19 Uhr, Sa 11–15 Uhr

Vera Munro ◢◣ G 1

Hochkarätige moderne Kunst in
besonders schönen Räumen am Alsterufer. Ausstellungseröffnungen der
Galerie Munro sind meist ein viel be-
achtetes gesellschaftliches Ereignis.
Winterhude | Heilwigstr. 64 | U-Bahn:
Kellinghusenstraße (c3/c4) | www.
veramunro.de | Di–Fr 9–18, Sa 11–14 Uhr

IMMER AM FLUSS ENTLANG:
DER ELBUFERWANDERWEG

*Von Altona bis Blankenese liegen entlang der Elbchaussee die vor-
nehmen Wohnorte des Hamburger Westens. Auf dem Elbuferwanderweg können Sie von den Ausläufern der Großstadt bis zu den reetgedeckten Häusern des mondänsten Hamburger Stadtteils laufen
und dabei die vorbeifahrenden Schiffe beobachten. Der Blick auf
die Elbe ist einige Pausen wert – zum Beispiel an der legendären
Strandperle oder dem Anleger Teufelsbrück.*

◄ Der Vollmond taucht die Elbe in ein sanftes Licht – hier am Strand bei Wittenbergen.

START S-Bahn Altona
ENDE Willkommhöft,
S-Bahn: Wedel
LÄNGE 9 Kilometer

Kann es möglich sein, dass sich Hamburg an diesem Tag tatsächlich in Grau hüllt und es sogar nieselt, also Schmuddelwetter herrscht, Schietwetter, wie die Hanseaten sagen? Egal. Trotzen Sie ihm mit hochgeklapptem Kragen und einem großen Regenschirm. Gewiss wird der Himmel bald aufreißen. Die Luft ist herrlich, und langweilig ist es an der Elbe sowieso nie.
Von der S-Bahn Altona kommend geht es die Museumsstraße entlang in Richtung Strom. Ein kurzer Blick in die Straße **Palmaille** zur Linken ist deshalb interessant, weil sie mit ihren klassizistischen Häusern von Christian Frederik Hansen, vierreihiger Lindenallee und breiten Fahrwegen für die Pferdekutschen früher Altonas Prachtstraße war. Tragisch, dass der Zweite Weltkrieg so viele Bauten zerstörte.

Den Fischereihafen zu Füßen

Bevor Sie rechts in die kleine Klopstockstraße einbiegen und den Dichter Friedrich Gottlieb Klopstock (1724–1803) auf dem kleinen Friedhof bei der Christianskirche kurz besuchen, gehen Sie, es sind nur ein paar Schritte, zum **Altonaer Balkon**. Das ist eine terrassenförmige Parkanlage im Süden Altonas, und von diesem hohen Punkt über dem Elbufer ist die Aussicht grandios! Zu Ihren Füßen liegt der Fischereihafen Altona, Zentrum des deutschen Fischimports und wichtigster Fischmarkt der Bundesrepublik.
Wie ein schnittiger Schiffsbug ragt das gläserne Bürohaus **Dockland** 40 m über die Wasserfläche der Elbe hinaus. Hadi Teherani ist der Architekt. Besucher dürfen auf der öffentlichen Aussichtsplattform über den fünf Etagen des spektakulären Baus einen einzigartigen Blick über den Hafen genießen. Beeindruckend, wie leicht und elegant sich die **Köhlbrandbrücke** als Straßenverbindung zwischen dem Hafen und dem Container-Zentrum Waltershof über den 3 km breiten Wasserarm Köhlbrand schwingt. Apropos: Mehr Brücken als die Hansestadt hat keine zweite Stadt in Europa, es sind insgesamt 2453. Nehmen Sie sich, wenn es Ihre Zeit erlaubt, irgendwann einmal Hamburgs Brücken vor, die Lombardsbrücke in der Innenstadt etwa, die Elbbrücken oder die Bellevuebrücke über den Goldbekkanal in Winterhude. Es sind eindrucksvolle Baudenkmäler.

Feine Adresse für Gourmets

Zurück zur Klopstockstraße. Bevor sie in die Elbchaussee übergeht, erinnert links ein winziges Gässchen mit dem Namen »Rainvilleterrasse« daran, dass hier einmal eins der berühmtesten Restaurants Hamburgs stand. César Claude Rainville, ein französischer Oberst, der 1794 vor dem Terror Robespierres nach Hamburg emigriert war, hatte hier ein ehemaliges Landhaus gekauft und darin ein stilvolles Restaurant eingerichtet, von dem der Schriftsteller Heinrich Campe schwärmte: »Alle Gastwirte in Europa sollten Wallfahrten zu diesem Rainville anstellen, um hier in der Wirklichkeit zu sehen, was

in ihren eigenen Gasthöfen und An-
stalten größtenteils nur gewünscht zu
werden pflegt.«

Das wunderschöne Rainville war eine
der allerfeinsten Adressen für Gour-
mets. Zu dem großen Haus mit dem
Säulenvorbau gehörte ein weitläufiger
Park mit Blick auf die Elbe – die wurde
damals an dieser Stelle natürlich noch
nicht vom Hafen berührt. Der französische Diplomat Michel Ange Bernard
de Mangourit schrieb darüber 1805 en-
thusiastisch: »Ich ging nach Rainville's
Garten um zu Mittag zu essen. Die Ele-
ganz dieses Hauses, die Reinlichkeit
der Bedienung, die delikaten Speisen,
das Zuströmen der schönen Welt (…)
Ich habe gewiß auf meinen langen
Wanderungen Gegenden angetroffen,
die zum Entzücken hinrissen, aber diese, ich muß es gestehn, hat einen sol-
chen majestätischen Charakter an sich,
daß sie das schönste Bild meiner Erinnerung bei weitem übertraf; (…) Ha!
wenn die Götter es wollten, daß Homer
und Ossian hieher kämen auf diese an-
dachtsvolle Bank, um die erhabenen
und wilden Schönheiten dieser Aussicht zu besingen, ich glaube die Götter
würden Ossian den Preis zuerkennen.«
Haus und Park bestanden bis 1868,
dann wurde das Gebäude abgerissen

und das Grundstück parzelliert. Und
heute? Na ja, sehen Sie selbst.

Deutschlands reichste Straße

Nun beginnt die **Elbchaussee**, Deutschlands vermutlich reichste Straße, doch
hier ist viel Verkehr, darum sollte man
sie bald wieder verlassen und durch die
kleinen Grünanlagen Donnerspark und
Rosengarten auf die elbnahe Straße
Neumühlen stoßen, die schließlich in
den Elbuferwanderweg übergeht.

Vor langer, langer Zeit war die Elbchaussee ein sandiger Fahrweg, hier
und da gesäumt von einem englischen
Landhaus mit wunderschönem Garten. Hier verbrachten Hamburger Reeder und ihre Familien im 18. und frühen 19. Jh. das Wochenende, und wenn
Sie die Anwesen sehen, die sich oberhalb der Elbe aneinanderreihen, gehört
nicht viel Fantasie dazu, sich vorzustellen, was für ein Lebensstil hier gepflegt
wurde. An Repräsentationslust war er
kaum zu übertreffen. Saalartig die
Wohn- und Esszimmer im Erdgeschoss. Cremeweiß gestrichen die
stuckverzierten Wände. Strahlend das
Licht der kristallenen Lüster. Auf der
Anrichte die feinsten Weine. Um 1830
ließen die Anlieger den Sandweg als
Privatstraße ausbauen. Wer sie nutzen

wollte, musste Gebühren zahlen, immerhin bis Ende der 1880er. An Sonn- und Feiertagen war die Chaussee für Karossen und Fuhrwerke sogar gesperrt, und als zehn Jahre später die ersten Motorwagen in Richtung Blankenese fuhren, fühlten sich die Hausbesitzer in ihrer ländlichen Idylle so gestört, dass sie die Elbchaussee kurzerhand auch werktags ab 15 Uhr für den Verkehr sperren ließen. Nur Fußgänger durften dort weiterhin spazieren gehen. Bis Hamburgs Bürgermeister Max Brauer (1887–1973) die Idee hatte, den Besitzern der Parks und Gärten, die noch bis in die 1930er-Jahre bis an die Elbe reichten, den Uferstreifen nach und nach abzukaufen und einen öffentlichen Strandweg anlegen zu lassen. Daraus wurde schließlich der Elbuferwanderweg, der über Blankenese bis nach Wittenbergen führt.

Mit den Füßen im Sand

Sie haben inzwischen die biedermeierlich anmutende Kapitäns- und Lotsensiedlung **Övelgönne** 🔺 erreicht. Hier reiht sich ein liebevoll herausgeputztes Häuschen mit kleinem Gärtchen an das andere. Gaststätten und Cafés locken mit Fischgerichten und einem kühlen Bier. Immer wieder fällt der

Blick auf den breiten Strom und die vorbeiziehenden Ozeanriesen. 12 000 Schiffe sollen es jährlich sein, die in Hamburg ein- und auslaufen. Nostalgiker freuen sich, wenn sie in dem kleinen Museumshafen von Övelgönne ausrangierte Hochseekutter und ein altes Feuerschiff bestaunen können – während unter ihnen, in der Tiefe der Elbe, man glaubt es nicht, seit 1975 täglich Tausende von Autos auf einer achtspurigen Autobahn (A7) durch den 3,3 km langen Neuen Elbtunnel rasen, der heute zu den längsten Unterwasserstraßentunneln der Welt gehört.

In Övelgönne beginnt der Elbstrand. Gleich die Schuhe ausziehen, mit dem großen Zeh die Temperatur der Elbe prüfen und dann bis zur Strandperle spazieren, die es schon gab, als weder das Wort Beach Club in aller Munde war noch die Stadtstrände Strand Pauli und Lago Bay zum Chillen einluden. Eigentlich ist die Strandperle nur ein Kiosk, an dem man Bier, Eis und Würstchen kaufen kann. Doch was hier im Sommer los ist! Eigenartig – wen hat man denn da auf der Elbe ausgesetzt? Eine Figur mitten auf dem Strom trotzt Wind und Wetter. Es ist der Bojenmann des berühmten Bildhauers Stephan Balkenhol.

Haben Sie es gemerkt? Inzwischen durchbrechen zarte Flecken aus hellem Blau das Grau des Himmels, hier und da leuchtet bereits ein Sonnenstrahl auf einer Welle. In Kürze wird Postkartenstimmung herrschen, versprochen!

Steil hinauf: die Himmelsleiter

Vom Fußgängerweg Övelgönne führt eine steile Freitreppe, genannt **Himmelsleiter**, mit 126 Stufen hinauf zur Elbchaussee. Viele der Häuser an Hamburgs Prachtboulevard sind sehenswert. Zu den bekanntesten gehören das Gartenhaus des Bankiers Salomon Heine, der ein Onkel von Heinrich Heine (Nr. 31) war, das weiße »Säulenhaus« Brandt (Nr. 86) und das ehemalige Stallgebäude »Halbmond« (Nr. 228).

Beim Anleger Teufelsbrück mit dem kleinen Jollenhafen treffen Elbchaussee und Elbuferweg kurz zusammen. Empfehlenswert ist ein Besuch im schwimmenden Restaurant Engel, und wenn es nur für einen kurzen Kaffee ist. Das großzügig verglaste Restaurant auf dem Fähranleger Teufelsbrück hat so gar nichts von einem Ausflugslokal und ist für viele Hamburger die schönste Adresse nach einem Elbspaziergang oder am Abend, wenn im Hafen die Lichter angehen und sich auf dem bewegten Wasser spiegeln.

Hanseatische Gartenkultur

Auf der anderen Straßenseite, gegenüber dem Engel, dehnt sich großräumig der herrliche **Jenisch-Park** mit seinen hügeligen Wiesen und uralten Bäumen aus, ein besonders beliebtes Ausflugsziel. Er ist dem in Hamburg geborenen Caspar Voght (1752–1839) zu verdanken, der gemeinsam mit seinem Geschäftspartner und Freund Georg Heinrich Sieveking (1751–1792) eines der großen Handelshäuser in der Hansestadt führte und um 18. Jh. zu den reichsten Hamburgern gehörte. Nach ausgedehnten Garten- und Landschaftsstudien in England ließ er im heutigen Othmarschen einen Landschaftsgarten anlegen, gedacht als Arbeitsplatz für zahlreiche Menschen und Erholungsort zugleich. 1828 wurde das Mustergut an den einflussreichen Hamburger Senator Martin Johann Jenisch (1793–1857) verkauft, der auf der höchsten Stelle des zur Elbe abfallenden Geländes einen Herrensitz im klassizistischen Stil errichten ließ. Werfen Sie einen Blick in das **Jenisch-Haus** – hier kann man wunderbar die Wohnkultur des hanseatischen Großbürgertums studieren.

Wo Hamburg ganz fein wird

Ganz in der Nähe, in einer Senke des Parks, leuchtet weiß das Kunstmuseum **Ernst-Barlach-Haus**. Der Hamburger Fabrikant und Mäzen Hermann F. Reemtsma ließ es für seine umfangreiche Sammlung von Werken des berühmten expressionistischen Bildhauers bauen. In mehreren Räumen, die sich um einen Innenhof gruppieren, sind Barlachs Plastiken ausgestellt.

Vom Jenisch-Park führt die Baron-Voght-Straße zurück zur Elbchaussee. Das Elbschlösschen (Nr. 372) im Garten der 1881 gegründeten Elbschlossbrauerei fällt auf. Georg Friedrich Baur (1768–1865) ließ es errichten, noch so ein ganz besonders wohlhabender Hamburger Kaufmann, der viel Land an der Elbe besaß. Nach ihm wurde der Baurs-Park in Blankenese benannt.

Es geht auf dem Elbuferweg weiter. Sie erreichen jetzt den wohl feinsten der Elbvororte, nämlich **Nienstedten**, das erst ab 1937 zu Hamburg gehörte. Man versäume nicht, sich die kleine romantische Backsteinkirche (1751) anzuschauen! Sie ist als »Hochzeitskirche« der Hamburger Reedersöhne und Bankierstöchter überaus beliebt. Schön ist der kleine Friedhof neben der Kirche, auf dem die Hamburger Schriftsteller Hans Henny Jahnn und Hubert Fichte sowie die Angehörigen vieler Fischer- und Schifferfamilien begraben sind.

Auf der gegenüberliegenden Straßenseite zieht das vornehme Hotel-Restaurant Louis C. Jacob seit 1791 Gäste aus aller Welt an. Allein die Terrasse mit dem tollen Elbblick! Max Liebermann hat sie 1902 gemalt, sein Gemälde hängt in der Kunsthalle.

Was für ein brummendes Geräusch am Himmel, das immer lauter wird? Ein voluminöses Flugzeug. Man hat das Gefühl, gleich fällt es herunter. Die Airbus 380 Frachtmaschine setzt zur Landung auf Finkenwerder an, das südlich der Elbe liegt und Werksflugplatz (und größte Lackierhalle der Welt) von Airbus ist. Hier findet die Endmontage des A 318, A 319 und des A 321 statt. Heute arbeiten rund 11 000 Menschen auf dem Gelände, davon fast 2000 für die Produktion des neuen A 380, des bislang größten Verkehrsflugzeugs der Welt.

Wie groß – und vergeblich – war die Empörung der Elbvorortbewohner wegen Lärmbelästigung, als 2006 mit der Verlängerung der Start- und Landebahn begonnen wurde und dafür Teile eines Biotops zugeschüttet wurden.

Der Jenisch-Park in Othmarschen lockt mit Wiesen, einem Bach und altem Baumbestand. Wem der Sinn nach Kultur steht, der besucht das Jenisch-Haus (▶ S. 158).

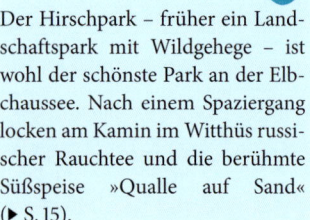

Hirschpark und Witthüs

Der Hirschpark – früher ein Land-schaftspark mit Wildgehege – ist wohl der schönste Park an der Elb-chaussee. Nach einem Spaziergang locken am Kamin im Witthüs russi-scher Rauchtee und die berühmte Süßspeise »Qualle auf Sand« (▶ S. 15).

Sie kommen nun zum **Hirschpark**. Die-ses weitläufige Gelände mit dem Dam-hirschgehege, der Rhododendronallee und einem uralten Baumbestand wurde 1786 von der Reeder- und Kaufmanns-familie Godeffroy angelegt. Für die Öf-fentlichkeit zugänglich, gehört es zu den schönsten grünen Oasen zwischen Al-tona und Blankenese. Das weiße Her-renhaus im streng klassizistischen Stil mit Säulenvorbau ließen die Godeffroys 1789 vom dänischen Architekten Chris-tian Friedrich Hansen bauen – als stan-desgemäße Ergänzung zu ihrem Wohn- und Kontorhaus am Hafen.

Pause bei einem Rauchtee

Im reetgedeckten Kavaliershaus am nördlichen Ausgang lebte in den 1950er-Jahren der Dichter Hans Henny Jahnn (1894–1959). Eine Büste erinnert an ihn. Gönnen Sie sich auf jeden Fall eine Tasse Rauchtee und selbst ge-machten Kuchen in diesem **Witthüs** genannten Haus – im Sommer sitzt man im Garten, im Winter am Kamin. In Blankenese, am Mühlenberg, geht der Elbuferweg in den Strandweg über. Total der Süden, oder? Jollenhafen Mühlenberg, Jollenhafen Blankenese, Straßencafés, Strandkörbe, ein strah-lend weißes Hotel direkt am Wasser. »Op'n Bull'n« ist der Anlegesteg für die Kursschifffahrt auf der Elbe und die Fähre nach Cranz am Ufer gegenüber.

4864 Treppenstufen hinauf

Blankenese (»weiße Landzunge«), 1302 erstmals erwähnt, war einmal ein Fischerdorf. Der Elbhang, an den sich der kleine Ort schmiegt, steigt steil an. Reetgedeckte Kapitänshäuser, stattliche Villen, winklige Gassen, üppig blühen-de Gärten und 4864 Treppenstufen. Ganz oben, auf dem **Süllberg**, machte der Wiener Psychoanalytiker Sigmund Freud seiner Geliebten Martha Bernays aus Wandsbek 1885 eine Liebeserklä-rung. Das Paar heiratete ein Jahr später. Ebenso verbrachte Detlev von Lilien-cron verliebte Stunden hoch über der Elbe: »Nach dem Süllberg muss man mit der Droschke nachts ein Uhr fah-ren, wenn die Nachtigallen schlagen auf der Flottbeker Chaussee und in den Villengärten …«
Den Hügel krönt das Gourmet-Restau-rant Seven Seas, das zu den schönsten Lokalen von Hamburg gehört: Wegen seiner einzigartigen Lage und der exquisiten Küche des deutschen Spit-zengastronoms Karl Heinz Hauser. Gönnen Sie sich auf jeden Fall einen Snack auf der Terrasse! Angeschlossen ist ein kleines, sehr feines Hotel.
Die Bahnhofstraße ist Blankeneses Haupteinkaufsstraße. Besonders schön zeigt sich der kleine Ort an seinen Markttagen (Di, Fr, Sa). Sollten Sie Lust auf einen Tee und Gebäck haben: Die Spezialität von »Lühmann Laden und Teestube« (Blankeneser Landstr. 29) ist der Cornish Cream Tea mit selbst ge-backenen Scones.

Wer hier wohnt, hat es gut: Das Treppenviertel von Blankenese (▶ S. 160) liegt am Elbufer-hang und ist mit seinen Villen und Kapitänshäusern auch ein beliebtes Ausflugsziel.

Reicht es Ihnen? Dann wäre jetzt der Augenblick günstig, den Bus (36) oder die S-Bahn (Blankenese) in Richtung Innenstadt zu nehmen.

Ein rot-weißer Leuchtturm als Ziel

Hinter Blankenese verändert sich die Landschaft, das Ufer wird einsamer. Ein beliebter Aussichtspunkt ist der **Bismarckstein**. Man geht am Römi-schen Garten vorbei, einer Parkanlage mit kleinem Naturtheater, und stößt auf den Sven-Simon-Park, den der Ver-leger Axel Springer der Hansestadt zum Andenken an seinen verstorbenen Sohn vermachte. An den Park schließt sich Hamburgs nobelste Golfanlage an, der Golfclub Falkenstein. In einer wei-ßen Bauhausvilla beherbergt das Pup-pen Museum Falkenstein eine großar-tige Sammlung historischer Puppen.

Sehen Sie ihn schon? Der rot-weiße Leuchtturm von **Wittenbergen** ist die letzte Station Ihres Spaziergangs: An der berühmten **Schiffsbegrüßungsan-lage Willkommhöft** wird jedes ein- und auslaufende Schiff mit National-hymne und Flaggedippen begrüßt. Von Wedel können Sie mit der S-Bahn zurück in die Innenstadt fahren.

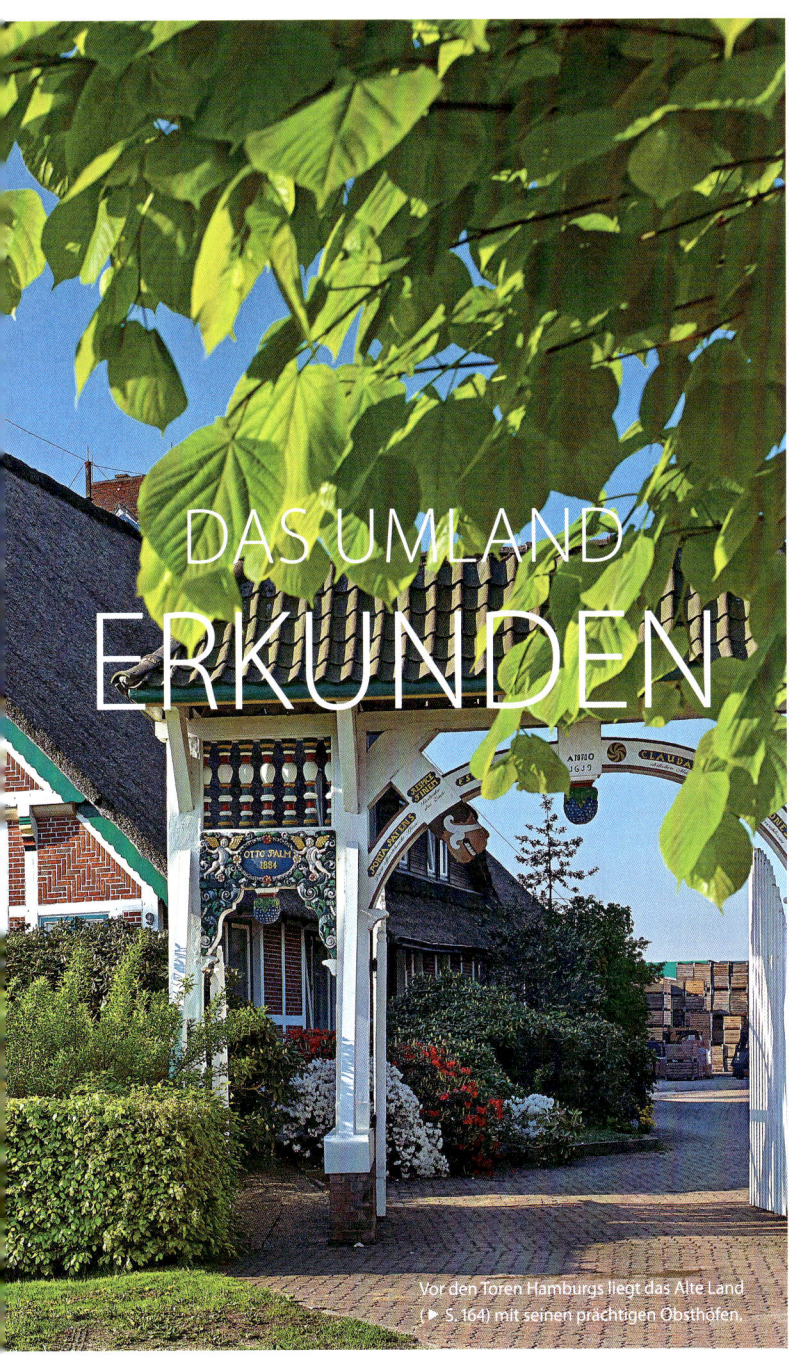

DAS UMLAND ERKUNDEN

Vor den Toren Hamburgs liegt das Alte Land
(▸ S. 164) mit seinen prächtigen Obsthöfen.

ZUR APFELBLÜTE INS ALTE LAND

CHARAKTERISTIK: Gegenüber von Blankenese am Elbstrom, besonders schön ist der Ausflug zur Blütezeit der Obstbäume **DAUER:** Tagesausflug **ANFAHRT:** Mit dem Auto über die A 7, Abfahrt Moorburg; mit dem Schiff ab Landungsbrücken oder Blankenese nach Cranz oder Lühe **EINKEHRTIPPS:** Hotel Altes Land, Jork, Schützenhofstr. 16, Tel. 0 41 62/9 14 60, tgl. 11.30–15, 17.30–21 Uhr, €€–€€€; Altes Fährhaus in Hamburg-Cranz, Estedeich 94, Tel. 0 40/7 45 91 32, tgl. geöffnet, €€–€€€ **AUSKUNFT:** www.tourismus-altesland.de
🚣 südwestl. A 16

Dieses Blütenmeer! Wer an einem sonnigen Frühjahrstag einmal die Kirschblüte (etwa ab Ende April) oder die Apfelblüte (in der Regel ab Anfang Mai) erlebt, einmal die duftende Pracht aus Pastellrosa-Weiß geschnuppert hat, wird in diesen fruchtbaren Landstrich an der Unterelbe zwischen Hamburg, Buxtehude und Stade immer wiederkommen, auf den Deichen sitzen, den weiten Blick in die Ferne genießen, in einem Hofcafé Apfelkuchen essen, kurz, den Frühling feiern wollen.

Gegenüber von Blankenese liegt das fruchtbare Alte Land mit seinen Obsthöfen, Mühlen und Fachwerkhäusern. Mit seinen 170 qkm ist der Landstrich Nordeuropas größtes geschlossenes Obstanbaugebiet. Im 12. und 13. Jh. wurde das Alte Land von holländischen Siedlern eingedeicht, entwässert und kultiviert. Um 1350 sollen Mönche aus dem Kloster Stade mit dem Obstbau begonnen haben. Fast 90 Prozent der Obstbäume sind heute Apfelbäume.

Elbfähre ▶ Jork

Viele Wege führen ins Alte Land. Die Kombination Elbfähre/Fahrrad ist die schönste, denn nirgends lässt es sich herrlicher radeln als auf den sattgrünen Deichen, vorbei an üppigen Blumengärten und stolzen Höfen mit strahlend weiß leuchtenden Tordurchfahrten, die hier Prunkpforten heißen. Eine Besonderheit der Altländer Fachwerkhäuser sind die zweiflügeligen, kunstvoll geschnitzten und mit frommen Sprüchen bemalten Braut- oder Nottüren. Diese repräsentativen Türen, die man nur von innen öffnen konnte, führten in einen Raum, in dem die Mitgift der Braut aufgehoben wurde. Im Brandfall konnte so das wertvolle Gut besser gerettet werden. Sonst öffnete man die Tür nur bei der Hochzeit oder bei Beerdigungen.

Besonders prächtige Beispiele solcher Bauernhäuser stehen in **Jork**, dem Herzen der Region. Dort ist das Rathaus mit einem uralten Trauzimmer sehenswert. In der kleinen Barockkirche von Jork soll Gotthold Ephraim Lessing vor rund 200 Jahren geheiratet haben; doch das ist wohl eher ein Gerücht.

Man schaue sich unbedingt die barocke Backsteinkirche von Steinkirchen an, sie hat eine wertvolle Orgel des berühmten Arp Schnitger (1648–1719), die hervorragend restauriert wurde.

Die St.-Martin-Kirche von **Estebrügge** stammt aus dem Jahr 1700. Zu dem einschiffigen Backsteinbau gehört ein

Goldglänzende Orgelpfeifen und ein wunderbarer verzierter Musikkörper: In Steinkirchen (▶ S. 164) steht in der barocken Backsteinkirche ein Meisterwerk von Arp Schnitger.

hölzerner Glockenturm von 1640. Er ist mit 8000 Holzschindeln gedeckt und hat sich im Laufe der Jahrhunderte verdreht, das heißt verzogen. Zur Zeit der Kirschblüte werden in St. Martin Konzerte auf der Arp-Schnitger-Orgel gegeben. Der berühmte Orgelbauer ist in seiner Heimatkirche St. Pankratius in **Neuenfelde** begraben. Die Innenausstattung dieses Ende des 17. Jh. entstandenen Backsteinsaalbaus ist ein sehenswertes Beispiel für den ländlichen Kirchenbarock Norddeutschlands. Altar, Kanzel und Empore sind aus Holz. Achten Sie auf die Logen und das »bunte Gestühl«. Auch in Neuenfelde finden in den Sommermonaten Orgelkonzerte statt.

Estebrügge ▶ Buxtehude

Wer mit dem Auto unterwegs ist: Von Estebrügge sind es nur 5 km bis nach **Buxtehude**, einer ehemaligen Hansestadt, die wegen ihrer hübschen historischen Altstadt und der Backsteinkirche St. Petri einen Besuch lohnt. Ebenso sollte man sich das alte malerische Städtchen **Stade** an der Unterelbe anschauen, das im Mittelalter die einflussreichste Hansestadt neben Hamburg war.

NORDSEEINSEL HELGOLAND

CHARAKTERISTIK: Abwechslungsreiche Schiffsreise mit ca. 4-stündigem Aufenthalt auf Helgoland **DAUER:** Tagesausflug **ANFAHRT:** Ab St.-Pauli-Landungsbrücken, Brücke 4, fährt zwischen April und Okt. tgl. 9 Uhr der Katamaran »Halunder Jet« über Wedel und Cuxhaven nach Helgoland. Rückfahrt 16.30 Uhr ab Helgoland, Ankunft Hamburg Landungsbrücken ca. 20.15 Uhr **EINKEHRTIPPS:** Restaurant Bunte Kuh, Hafenstr. 1013–1018, Helgoland, Tel. 0 47 25/81 13 43, www.buntekuh-helgoland.de, Sommersaison tgl. 11–1 Uhr, €€; Düne-Süd, Lung Wai 41, Helgoland, Tel. 0 47 25/81 10 31, www.duene-sued.com, Mo–Do 10–24, Fr–So 9–24 Uhr, €€ **AUSKUNFT:** www.helgoline.de

Landungsbrücken heißt Hamburgs quirliger Wasserbahnhof mit seinen kupfernen Kuppeln und dem langen Schwimm-Ponton, an dem neben den zahlreichen Hafenfähren der Katamaran »Halunder-Jet« ablegt. Mit nahezu 70 Stundenkilometern schnürt das Schnellschiff über die Elbe und bringt seine Fahrgäste in weniger als vier Stunden weit hinaus in die **Deutsche Bucht**, wo ein einsamer roter Fels mitten aus dem Meer ragt – eine Steinformation, die 1 qkm groß und als Seeheilbad sehr beliebt ist: Helgoland. Die Luft ist hier pollenfrei, das türkisfarbene Nordseewasser sauber, die Ruhe herrlich. Denn auf dem naturgeschützten Eiland mit seinen gerade 1370 Einwohnern gibt es keine Autos, und selbst Fahrradfahren ist während der Saison nicht erlaubt.

Ausbooten ▸ Auf der Insel
»Grün ist das Land, rot ist die Kant, weiß ist der Strand, das sind die Farben von Helgoland«. Fröhlich flatternd begrüßt die grün-rot-weiße Inselflagge die einlaufenden Schiffe. Und was sind das für Boote, die an der Landungsbrücke mit dem kleinen Badestrand dümpeln? Die so typischen Helgoländer

Börteboote aus massivem Eichenholz stehen für das sogenannte »Ausbooten« bereit, das Übersetzen der Fahrgäste auf die Insel, wenn die weißen Seebäderschiffe auf der Helgoländer Reede vor Anker gehen. Ein Abenteuer, das sich meistens unter großem Gelächter vollzieht, für Anreisende auf dem Katamaran allerdings entfällt.

Oberland ▸ Unterland
Ober-, Mittel- und Unterland: So ist die Hochseeinsel eingeteilt. Im südlich gelegenen Unterland am Binnenhafen fallen sofort die hölzernen, bunt bemalten Hummerbuden ins Auge, einst Wohn- und Werkstätten der Fischer. Heute werden hier kleine Kunstausstellungen gezeigt, Bistros laden zur Rast, Läden zum Stöbern ein.
Übrigens: Helgoland ist zollfreie Zone, und so dürfen sich die Besucher auf der Insel nach Herzenslust mehrwertsteuerfrei mit Whisky, Zigaretten und goldenen Uhren eindecken.
Weiter nördlich, gleich hinter dem Meerwasser-Schwimmbad, lohnt ein Besuch des Inselmuseums. Bilder und Objekte informieren über die wechselvolle und teilweise dramatische Geschichte Helgolands, das Ende des

Zweiten Weltkriegs arg unter den Bombardierungen der Briten litt. Das kleine **James-Krüss-Museum** zeigt Fotografien, Manuskripte und Briefe des Autors, der auf Helgoland geboren wurde und seine Kindheit hier verbrachte.

Natürlich hat Helgoland, das im Norden, Westen und Südwesten, also im Oberland, in steilen Klippen gut 50 m zum Meer hin abfällt, auch ein Wahrzeichen: Die »**Lange Anna**« heißt der rote, frei stehende Buntsandsteinblock von 47 m Höhe.

Hauptort ▶ Lummenfelsen

Für Vogelkundler ist das Natur- und Vogelschutzgebiet **Lummenfelsen** am westlichen Rand der Insel, im sogenannten Mittelland, ein bevorzugtes Ziel, denn hier nisten die verschiedensten Möwenarten, und nirgends kann man sie besser beobachten. Dicht gedrängt brüten Trottellumme und Dreizehenmöwe, Eissturmvogel und Basstölpel. Während des Vogelzugs im Frühling und Herbst nutzen Scharen von Zugvögeln die Insel als Rastplatz.

Hauptinsel ▶ Düne

Eigentlicher »Schatz« der Hauptinsel ist ein winziges, nur 1 km östlich gelegenes Eiland, das kurz »Düne« heißt, zwei weiße Badestrände hat, für Robben und Seehunde ein beliebter Tummelplatz ist und ein absolutes Paradies für Sonnenanbeter.

Vor allem findet man hier den nur auf Helgoland vorkommenden roten Flint, der, poliert, auch als »Helgoländer Edelstein« in den Souvenirläden verkauft wird. Zwischen Insel und Düne verkehrt halbstündlich eine Dünenfähre, und wer über Nacht bleiben möchte: Es gibt genügend Hotelbetten.

Als Wahrzeichen von Helgoland (▶ S. 166) ragt die »Lange Anna« wie ein Fels in der Brandung als roter Steinkoloss an der Nordspitze der Hochseeinsel empor.

Die Werft Blohm + Voss und der Hamburger
Michel: zwei Wahrzeichen einer Stadt.

HAMBURG
ERFASSEN

AUF EINEN BLICK

Hier erfahren Sie alles, was Sie über die Hansestadt wissen müssen – kompakte Informationen über Land und Leute, von Bevölkerung und Sprache über Geografie und Politik bis Religion und Wirtschaft.

BEVÖLKERUNG

Von den rund 1,8 Mio. Einwohnern sind knapp 4 % türkischer Herkunft. Mehr als ein Viertel aller in Hamburg gemeldeten Ausländer entstammt einem Mitgliedsland der Europäischen Union.

LAGE UND GEOGRAFIE

Die Freie und Hansestadt Hamburg ist die zweitgrößte Stadt der Bundesrepublik. Sie liegt in Norddeutschland an der Mündung der beiden kleinen Flüsse Alster und Bille in die Elbe, die 110 km weiter nordwestlich in die Nordsee fließt. Die beiden Ufer der Elbe werden durch die Elbbrücken und den Alten und Neuen Elbtunnel verbunden. Im Norden grenzt Hamburg an Schleswig-Holstein, im Süden an Niedersachsen.

Aufgrund der ozeanischen Einflüsse ist das Klima in Hamburg verhältnismäßig mild und vorwiegend feucht. Der wärmste Monat ist der Juli mit Spitzentemperaturen bis zu 38 °C, der kälteste der Januar mit 1,3 °C im Durchschnitt. Im Herbst und Winter ist es häufig neblig, oft fällt ein feiner Nieselregen.

◀ Hier gibt es Hering, aber auch vieles mehr: Stand auf dem Fischmarkt von St. Pauli.

Dank der vom Meer her wehenden Winde, die auch sehr stürmisch sein können, ist die Luft klar und gut.

Die Hamburger Innenstadt wird von der Binnen- und Außenalster geprägt, einem See, der durch die Stauung des Flusses Alster kurz vor seiner Mündung entstand. Getrennt werden die beiden Becken durch die Lombards- und die Kennedybrücke. Insgesamt überspannen 2500 Brücken die zahlreichen Fleete und Kanäle, die Hamburg durchziehen.

POLITIK UND VERWALTUNG

Die Freie und Hansestadt Hamburg ist ein Stadtstaat, ist also Gemeinde und Bundesland zugleich. Rechtliche Grundlagen sind das Grundgesetz und die Verfassung der Freien und Hansestadt. Hamburg ist verwaltungstechnisch in sieben Bezirke aufgeteilt, diese wiederum gliedern sich in mehrere Stadtteile, von denen es insgesamt 105 gibt. Das Landesparlament (Bürgerschaft) wählt die Regierung (Senat). Aus seinen Reihen werden der Erste und der Zweite Bürgermeister gewählt.

RELIGION

Seit der Reformation ist Hamburg eine evangelisch-lutherisch geprägte Stadt, aufgrund ihrer Situation als Hafenstadt ist sie jedoch besonders offen gegenüber anderen Konfessionen. 16 937 Juden lebten bei der Machtübernahme der Nationalsozialisten 1933 in Hamburg. Am Ende des Zweiten Weltkriegs waren es nur noch 647. Die Namen der Ermordeten auf mehr als tausend goldglänzenden Stolpersteinen im Straßenpflaster erinnern an das jüdische Leben in »Klein Jerusalem« im Grindelviertel.

SPRACHE

In Hamburg wird Hochdeutsch gesprochen, oft auch Hamburger Platt; der spezifisch hamburgische Dialekt heißt Missingsch und ist eine Sprachmischung aus Platt- und Hochdeutsch.

WIRTSCHAFT

Die wirtschaftliche Bedeutung der stets wachsenden Hafenstadt Hamburg liegt über dem Durchschnitt. Mit Airbus und der Lufthansa hat Hamburg zwei Unternehmen von Weltruf, auch sind drei international bekannte Marken an der Elbe zu Hause: Montblanc (edles Schreibgerät), Nivea (Beiersdorf AG) und Steinway (Konzertflügel). Mit den Verlagshäusern von SPIEGEL und Gruner + Jahr und dem öffentlichrechtlichen Sender NDR ist Hamburg einer der wichtigsten Medienstandorte der Bundesrepublik, mit drei Theatern und 4500 Plätzen Deutschlands Musical-Hauptstadt und als grüne Metropole am Wasser ein höchst attraktiver Anziehungspunkt für den internationalen Tourismus.

AMTSSPRACHE: Deutsch
BEVÖLKERUNG: ca. 14 % Ausländer, davon ca. 50 000 Türken, 22 000 Polen und 12 000 Afghanen
EINWOHNER: nahezu 1,8 Mio.
FLÄCHE: 755 qkm
INTERNET: www.hamburg.de
RELIGION: 32 % evangelisch, 10 % katholisch, 58 % andere Religionen oder konfessionslos
VERWALTUNG: Stadtstaat mit 7 Bezirken

GESCHICHTE

Mit einer Fluchtburg am nördlichen Elbufer hat es im 9. Jh. begonnen. Das Recht auf freien Handel machte aus Hammaburg eine blühende Hafen- und Hansestadt, die Wikinger, Großbrände, Sturmfluten und Cholera überstand. Und bis heute immer weiter wächst.

um 825 Bau der Hammaburg

»Ham«, auf Altsächsisch bedeutet das: Ufergelände, Marschland. Ein unwegsames Gebiet am nördlichen Elbufer. Ein Blick auf den heutigen Stadtplan zeigt: Im Herzen Hamburgs, dort, wo die Steinstraße nach Westen in die Straße Speersort und weiter in die Große Johannisstraße führt, lässt Kaiser Ludwig der Fromme um 825 eine Fluchtburg errichten, die »Hammaburg«, und beauftragt den 30-jährigen Benediktinermönch Ansgar mit dem Bau einer Klosteranlage. Der zum Erzbischof Geweihte soll die Bekehrung der Heiden im Norden vorantreiben. Zu Füßen der Hammaburg lassen sich Fischer und Handwerker nieder. Immer mal wieder macht eine Kogge an der hölzernen Kaimauer fest, dann belebt sich der kleine Siedlungsplatz. Doch Kontinuität ist Hamburgs erstem Hafen noch lange nicht gesichert. Gefahr droht dem eben gegründeten Bischofssitz von allen Seiten, noch immer ist die Gegend Schauplatz heftiger Fehden zwischen Sachsen, Slawen und Wikingern.

1189 Freie Schifffahrt auf der Unterelbe

Es ist ein später Abend im Frühjahr 845, die Flut setzt gerade ein, als sich dänische Wikinger der Hammaburg nähern, mit ihren Schiffen die Siedlung umzingeln und Ansgars kleine Marien-

Graf Adolf III. von Holstein legt die Neustadt neben der erzbischöflichen Altstadt an.

um 825 Bau der Hammaburg.

832

1188

1189

Ludwig der Fromme erhebt Hamburg zum Erzbistum. Erster Erzbischof ist der Benediktinermönch Ansgar.

In einem »Freibrief« gewährt Kaiser Friedrich I. Barbarossa den Bürgern der Neustadt das Recht auf freien Handel und Zollfreiheit auf der Niederelbe.

kirche in Brand stecken. Dem Erzbischof bleibt nichts als die Flucht. Auf der steinernen Trostbrücke, die über das Nikolaifleet in der Innenstadt führt, hat man Ansgar ein Denkmal errichtet, ebenso wie dem Sachsenherzog Adolf III. zu Schauenburg. Er legte 1188 neben der erzbischöflichen Altstadt die Neustadt an, und weil Kaiser Friedrich I. Barbarossa den Hamburgern nur ein Jahr später, 1189, in einem »Freibrief« angeblich das Recht auf freien Handel und Zollfreiheit auf der Unterelbe garantierte, konnte es sich zur blühenden Hafen- und Hansestadt entwickeln. Hunderte illuminierter Schiffe paradieren auf der Elbe, Böller krachen, und ein riesiges Feuerwerk erhellt den Himmel, wenn Hamburg alljährlich im Mai mit dem »größten Hafenfest der Welt« seinen Hafengeburtstag feiert.

1230 Mitglied der Hanse

Die Dänen. Was kann man nur gegen die Eindringlinge tun? Nahezu 30 Jahre lang herrschen sie über Hamburg, und die Konflikte werden erst weniger, als sich die Stadt ab 1230 mit anderen norddeutschen Handelsstädten zur politisch und wirtschaftlich mächtigen Hanse zusammenschließt.

1401 Störtebekers Tod

Schon seit Langem treiben Piraten ihr Unwesen auf der Ost- und Nordsee. Gnadenlos überfallen sie die Hansekoggen auf Kurs nach England oder Skandinavien. Als Kopf der Bande ist ein Mann bekannt, der Klaus Störtebeker heißt. Seitdem sein blutrünstiges Geschwader den Kaufleuten fässerweise Bier und Heringe raubt, leidet Hamburg unter einer schweren Wirtschaftskrise – schließlich beruht sein Reichtum vor allem auf dem Export von Bier und Hering. Am 22. April verlässt das Flaggschiff »Bunte Kuh von Flandern« unter dem Kommando des Schiffshauptmanns Simon von Utrecht den Hamburger Hafen, um dem Unheil mit einer bewaffneten Aktion ein Ende zu bereiten. Bei den erbitterten Kämpfen auf offener See kommen mehr als 40 Piraten um, Störtebeker selbst und 70 seiner Leute werden gefangen genommen. Die Hinrichtung

14./15. Jh. Als Mitglied der Hanse sichert Hamburg die Schifffahrt vor der Elbmündung.

1522–1529 Infolge der Reformation wird Hamburg zu einer lutherischen Stadt.

um 1450 Hamburg zählt etwa 16 000 Einwohner. Die Stadt hat eine nahezu vollkommene Freiheit von ihren Landesherren erreicht. Umfangreicher Handel mit Flandern und Friesland.

des legendären Freibeuterkapitäns findet am 20. Oktober 1401 auf dem Großen Grasbrook (HafenCity) statt.

1529 Im Wandel der Reformation

Im Zuge der Reformation wird Hamburg lutherisch. Um 1600 strömen aus ganz Europa Glaubensflüchtlinge an die Elbe. Die Entdeckung Amerikas und die neuen Handelsströme bringen der »kaiserlich freyen Reichsstadt« (ab 1616) enormen Aufschwung. Dank einer mächtigen Festungsanlage kann sich Hamburg vor den Auswirkungen des Dreißigjährigen Krieges weitgehend schützen. Der Handel läuft weiterhin über seinen Hafen und bringt der Stadt beträchtlichen Wohlstand. Mit mehr als 500 Brauhäusern, die vorwiegend an den Fleeten liegen, wird sie als »Brauhaus der Hanse« gerühmt. Die Künste blühen. An der Elbe werden die großartigsten Orgeln gebaut – bedauerlicherweise ist nur die von Arp Schnitger in St. Jacobi erhalten geblieben.

Dabei leben die Menschen unter hygienisch katastrophalen Verhältnissen. In den Straßen türmt sich der Dreck, Abfälle und Fäkalien landen in den Fleeten, wo Wäsche gewaschen und zugleich Trinkwasser geschöpft wird. Kein Wunder, dass hier die Pest wütet, Pocken und Typhus die Menschen dahinraffen und die Cholera häufig wiederkehrt.

1770 Die Kultur erblüht

Hamburg ist im 18. Jh. nicht nur ökonomisches Zentrum, sondern auch kulturell bedeutend. Mit Georg Philipp Telemann und Carl Emanuel Bach werden zwei der bedeutendsten Komponisten als Musikdirektoren an die Elbe berufen. Die Dichter Friedrich von Hagedorn und Friedrich Gottlieb Klopstock halten sich dort auf, Gotthold Ephraim Lessing schreibt hier seine »Hamburger Dramaturgie«, und während eines Spaziergangs an der Alster trifft Johann Gottfried Herder den jungen Poeten Matthias Claudius, der ihn sofort um einen Beitrag für seinen »Wandsbeker Boten« bittet, ein Blättchen, das vier Seiten hat und auf unterhaltsame Weise über Neues aus Politik, Wissenschaft und Kultur berichtet. Claudius hat sich mit seiner

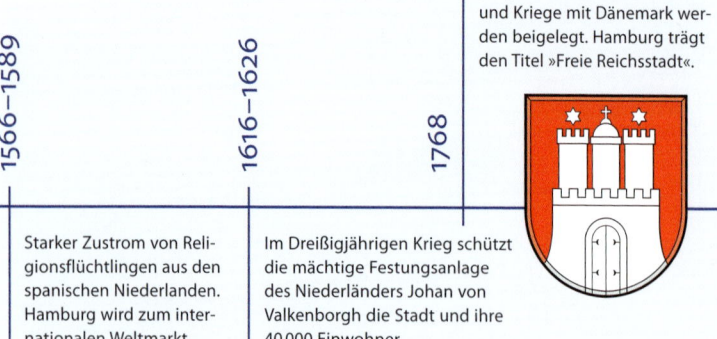

1566–1589

Starker Zustrom von Religionsflüchtlingen aus den spanischen Niederlanden. Hamburg wird zum internationalen Weltmarkt.

1616–1626

Im Dreißigjährigen Krieg schützt die mächtige Festungsanlage des Niederländers Johan von Valkenborgh die Stadt und ihre 40 000 Einwohner.

1768

Die jahrhundertealten Konflikte und Kriege mit Dänemark werden beigelegt. Hamburg trägt den Titel »Freie Reichsstadt«.

kinderreichen Familie im idyllischen Wandsbek vor den Toren Hamburgs niedergelassen, wo er 1778 sein berühmtes »Abendlied« dichtet.

1806–1814 Unter französischer Besatzung

Napoleonische Truppen besetzen die Stadt, von 1811 bis 1814 ist sie als Hauptstadt des Départements Elbmündungen Teil des französischen Kaiserreichs. Es sind schlimme Jahre für Hamburg. Wirtschaftlicher Ruin ist die Folge der erzwungenen Blockade gegen England. Der Hafen ist verödet, die Arbeitslosigkeit gestiegen. Nach Napoleons Abzug kann sich die Stadt nur schwer wieder erholen. Und der Katastrophen nicht genug: Am Morgen des 5. Mai 1842 bricht in der Deichstraße ein Feuer aus, das innerhalb von nur vier Tagen nahezu die gesamte Altstadt zerstört. 20 000 Hamburger sind obdachlos, 51 Menschen sterben.

Mit diesem Großen Brand beginnt der Auf- und Umbau Hamburgs zur modernen Metropole. Gasbeleuchtung, Hausnummern, Bürgersteige, ein neu-

es Abwassersystem. Hölzerne Brücken werden durch steinerne ersetzt. Aus den Trümmern entsteht der Alsterdamm, der heute Ballindamm heißt und zu den vornehmsten Straßen der Stadt gehört.

1869 Mehr Rechte für Arbeiter

Mit der neuen Verfassung von 1860 werden alle veralteten Kollegien und Zünfte abgeschafft, volle Glaubensfreiheit für alle und die Gewerbefreiheit eingeführt. Nur Hamburgs Arbeiter und Handwerker dürfen politisch immer noch nicht mitbestimmen, und die Bedingungen, unter denen sie ihren Zwölfstundenarbeitstag bei minimalem Lohn absolvieren müssen, sind menschenunwürdig. Mit Streiks und der Gründung von Gewerkschaften erkämpfen sie sich ihre ersten Rechte.

Der Hamburger Verleger Julius Campe, ein unabhängiger Geist, intellektuell hellwach und ein beschlagener Kaufmann, macht den Verlag Hoffmann und Campe zur Heimat für Poeten und Revolutionäre und verlegt zahlreiche Autoren des Jungen

Die Truppen Napoleons besetzen die Stadt. 1815 tritt Hamburg dem Deutschen Bund bei und erhält die volle Souveränität. Ab 1819 führt es den Titel »Freie und Hansestadt Hamburg«.

Die Stadt erhält eine parlamentarisch-demokratische Verfassung mit Senat und Bürgerschaft. Sozialdemokraten und Liberale regieren in der Zeit der Weimarer Republik.

1921

1937

Durch das Groß-Hamburg-Gesetz werden die Städte Altona, Harburg und Wandsbek sowie zahlreiche Dörfer mit Hamburg vereinigt.

1806

1842

Innerhalb weniger Tage zerstört der Große Brand ein Viertel der eng bebauten Innenstadt.

Deutschland, wie Heinrich Heine, Friedrich Hebbel oder Karl Gutzkow.

1888 Bau der Speicherstadt

Als Hamburg, um 1850 der größte Hafen in Europa, 1871 Teil des Deutschen Kaiserreichs wird, ist die Anlage eines Freihafens notwendig. Doch auf dem Gelände, das dafür vorgesehen ist, leben rund 24 000 Menschen. Diese werden nun umgesiedelt, damit mit dem Bau der Speicherstadt begonnen werden kann. Ihr erster Abschnitt wird 1888 unter katastrophalen Arbeitsbedingungen fertiggestellt. Die hygienischen Verhältnisse im Hafen sind derart schlecht, dass 1892 die Cholera ausbricht. 8000 Menschen fallen der Seuche zum Opfer.

1914–1918 Im Ersten Weltkrieg

Hamburg ist Millionenstadt und liegt als einer der größten Welthäfen auf Platz 3 hinter London und New York. Doch dann bricht der Erste Weltkrieg aus, und alle Hoffnungen auf ein ungebremstes Wirtschaftswachstum schwinden dahin. 40 000 Hamburger

Soldaten fallen. Der Versailler Vertrag ordnet die Ablieferung fast der gesamten Handelsflotte der Stadt an.

1920er-Jahre Zeit der Backsteinarchitektur

Nach Kriegsende wird in Hamburg das erste demokratisch gewählte Parlament eröffnet, die Stadt erhält eine parlamentarisch-demokratische Verfassung mit Senat und Bürgerschaft. Sozialdemokraten und Liberale regieren in der Zeit der Weimarer Republik. Mit Fritz Schumacher (1869–1947) und Fritz Höger (1877–1949) kann die Hansestadt zwei großartige Baumeister gewinnen. Charakteristisch für ihren Baustil ist sowohl das architektonisch geschlossene Backsteinensemble des Kontorhausviertels mit Högers Chilehaus als auch das Gebäude der Oberfinanzdirektion am Gänsemarkt von Fritz Schumacher.

1933–1945 Unter dem Hakenkreuz

Der Weg in die Hitler-Herrschaft vollzieht sich auch an der Elbe so konse-

1940–1945

Luftangriffe zerstören die Hälfte der Stadt und 80 % der Hafenanlagen.

1946

Max Brauer, SPD, wird Erster Bürgermeister der Hansestadt.

1962

Bei einer schweren Flutkatastrophe im Februar sterben 315 Menschen.

quent wie blutig. Am 28. Juni 1933 tagt die Bürgerschaft zum letzten Mal, drei Wochen später ist die NSDAP die einzig legale Partei in Deutschland. Das Groß-Hamburg-Gesetz (1937) bestimmt die Eingliederung der preußischen Städte Altona, Wandsbek, Harburg-Wilhelmsburg und weiterer 27 Landgemeinden.

»Operation Gomorrha« heißt der vernichtende Großangriff britischer und amerikanischer Bomber auf Hamburg im Sommer 1943. In den Konzentrationslagern Fuhlsbüttel und Neuengamme werden politische Gegner unter unmenschlichen Bedingungen inhaftiert, allein in Neuengamme und seinen Außenlagern kommen 55 000 Menschen um. An die 8000 Hamburger Juden werden ermordet.

1945 bis heute Neubeginn und Wachstum

Nachdem der Sozialdemokrat Max Brauer (1887–1973) Ende des Zweiten Weltkriegs zum Ersten Bürgermeister Hamburgs gewählt worden war, folgten ihm 1960 Paul Nevermann und 1965 Herbert Weichmann, beide SPD. Seit dem Jahr 2011 regieren die Sozialdemokraten unter Bürgermeister Olaf Scholz die Hansestadt.

Die Metropole an der Elbe wächst und verändert sich in rasantem Tempo. Im Zuge der städtebaulichen Orientierung zum Fluss entsteht mit Europas größtem innerstädtischen Bauprojekt HafenCity ein großflächiges Stadtviertel mit spektakulären Bauten direkt am Wasser. Seit der Erweiterung über die Elbe und Richtung Süden befasst sich Hamburg außerdem mit einem weiteren Stadterneuerungs-Großprojekt: Die Elbinsel Wilhelmsburg, wo in einer Februarnacht 1962 eine schwere Sturmflut Häuser und Straßen überschwemmte und zahllose Menschen in den Tod riss, soll sich vom Arbeiter- und Immigrantenviertel in einen begehrten Stadtteil verwandeln. Der Besucherstrom wollte nicht enden, als hier 2013 die Internationale Bauausstellung (IBA) und die Internationale Gartenschau (igs) zu Gast waren.

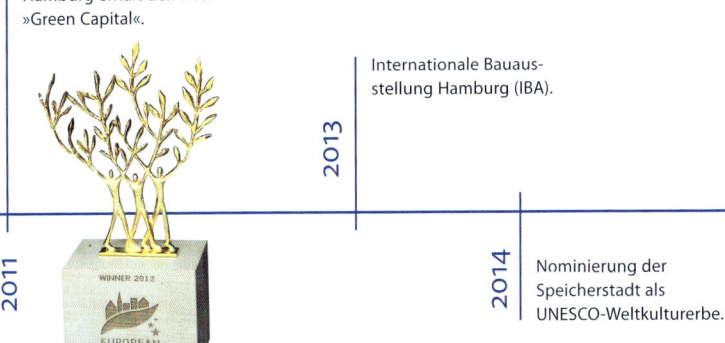

Hamburg erhält den Titel »Green Capital«.

Internationale Bauausstellung Hamburg (IBA).

2013

2011

WINNER 2012

EUROPEAN GREEN CAPITAL

2014

Nominierung der Speicherstadt als UNESCO-Weltkulturerbe.

SERVICE

Anreise

MIT DEM AUTO

Von Süden führt die Autobahn Würzburg–Kassel–Hannover (A 7) durch den Neuen Elbtunnel nach Hamburg. Reisende aus dem Südwesten nehmen die Autobahn A 1 (»Hansalinie«) Köln–Osnabrück–Bremen und werden über die Elbbrücken geleitet. Wer aus östlichen Richtungen kommt (A 24), landet am Horner Kreisel, wo die Autobahn endet. Von dort geht es über die Sievekingallee in die Innenstadt.

MIT DEM BUS

In allen größeren Städten Deutschlands bieten Reisebüros und Busunternehmen preiswerte Pauschalreisen nach Hamburg an. Der zentrale Omnibus-Bahnhof (ZOB) liegt zwischen Adenauer- und Kurt-Schumacher-Allee ganz nahe dem Hauptbahnhof (www.zob-hamburg.de). Hamburgs größtes Busunternehmen:

Jasper Reisen J 4
Hohenfelde | Mühlendamm 86 | Tel. 2 27 10 60-10 | www.jasper.de

MIT DEM FLUGZEUG

Von Hamburgs Flughafen Fuhlsbüttel, mit nur 10 km Entfernung sehr stadtnah gelegen, werden regelmäßig 130 Städte auf der ganzen Welt angeflogen. Die nationale Fluggesellschaft Lufthansa hat in Fuhlsbüttel ihre Werft. Vom Flughafen in die Innenstadt kommt man mit der S-Bahn-Linie S1. Die Fahrzeit beträgt 25 Minuten.

Fuhlsbüttel | Flughafen Hamburg GmbH | Lufthansa Service Hotline 0 69/86 79 97 99 (Reservierung, Information)

MIT DEM SCHIFF

Leider haben nur Reisende von der Insel Helgoland sowie die Passagiere der großen Kreuzfahrer das Vergnügen, an Deck eines Dampfers durch das »Tor zur Welt« zu gelangen. Fährschiffe zwischen Hamburg und Helgoland legen an den St.-Pauli-Landungsbrücken an, die Ozeanliner wie etwa die »Queen Mary 2« machen weiter elbaufwärts an der Überseebrücke fest.

MIT DEM ZUG

Mit den Intercity-Zügen der Deutschen Bahn ist Hamburg von allen deutschen Großstädten aus schnell, bequem und zu Spar- und Super-Spar-Tarifen günstig zu erreichen. Besonders für den Nord-Süd-Verkehr (Vogelfluglinie von und nach Skandinavien) ist Hamburg von großer Bedeutung. Der gesamte Eisenbahnverkehr führt über die Norder- und die Süderelbe zu den drei Bahnhöfen Hauptbahnhof, Dammtor-Bahnhof und Altona. Im Tourismusbüro am Hauptbahnhof können Sie sich einen U-/S-Bahn-Plan sowie Informationsbroschüren besorgen.

Auskunft

IN ÖSTERREICH UND DER SCHWEIZ
Deutsche Zentrale für Tourismus
Schubertring 12 | 1010 Wien | Tel. 01/5 13 27 92

Deutsches Verkehrsbüro

Freischützgasse 3 | 8004 Zürich | Tel.
0 44/2 13 22 00 | www.deutschland
tourismus.de

IN HAMBURG
Touristeninformation ⚑ H 5

Alle Auskünfte rund um die Reise, vom
Hotelzimmer bis zur »Hamburg Card«.
Tel. 30 05 17 01 (Mo–Sa 9–19 Uhr). Info-
schalter u.a. am Hauptbahnhof (Ausgang
Kirchenallee, Mo–Sa 9–19, So 10–18 Uhr),
am Hafen (St.-Pauli-Landungsbrücken,
zwischen Brücke 4 und 5, So–Mi 9–18,
Do–Sa 9–19 Uhr), Flughafen tgl. 6–23 Uhr

Bootsvermietung

Um die Alster können Ruderboote, Kajaks und Segelboote gemietet werden.

Alfred Seebeck ⚑ H 4

St. Georg | An der Alster (Hotel Atlantic) |
S-/U-Bahn: Hauptbahnhof (d4) | Tel. 2
4 76 52

Bobby Reich ⚑ G 2

Harvesterhude | Fernsicht 2, am oberen
Ende der Außenalster | U-Bahn: Kloster-
stern (c4) | Tel. 48 78 24

Bootsvermietung Stadtparksee ⚑ H 1

Winterhude | Südring 5a | U-Bahn:
Saarlandstraße (d3) | Tel. 27 34 16

Hans Pieper ⚑ H 4

St. Georg | An der Alster, am Dampfer-
steg vor dem Hotel Atlantic | S-/U-Bahn:
Hauptbahnhof (d4/d5) | Tel. 24 75 78

Käpt'n Prüsse ⚑ H 4

St. Georg | An der Alster 47 a |
S-/U-Bahn: Hauptbahnhof (d4/d5) |
Tel. 2 80 31 31

Buchtipps

John le Carré: Marionetten (Ull-
stein, 2009) Der Brite lässt seinen
Agentenkrimi im regennassen
Hamburg an Elbe und Alster spielen. Eine mörderische Jagd nach einem Mann, der im Verdacht steht,
ein Terrorist zu sein.
**Olaf Irlenkäuser und Stephan
Samtleben, Hamburg – 69 Dichter
und ihre Stadt** (Hoffmann und
Campe, 2006) Eine originelle An-
thologie und geistvolle Textsamm-
lung zur Hansestadt.
**Christiane Kruse: Wer lebte wo in
Hamburg** (Verlagshaus Würzburg,
2011) In der Hafen- und Handels-
stadt hatten neben Reedern und
Bankiers auch zahlreiche Literaten,
Schauspieler und Musiker ihr Zu-
hause.
Kulturführer Hamburg (Junius-Ver-
lag, 2013) Ein höchst informativer
Überblick über Hamburgs kulturelle
Landschaft von Bühne über Kunst
und Musical bis zu Stadtteilkultur.
Außerdem sind zu Hamburg noch
ein **MERIAN-Magazin** (TRAVEL
HOUSE MEDIA, 2014) und der
Band »**Hamburg. Eine Stadt
in Biographien**« von Marina
Bohlmann-Modersohn aus der Rei-
he MERIAN*porträts* (TRAVEL
HOUSE MEDIA, 2013) erhältlich.

Diplomatische Vertretungen
Honorarkonsulat der Republik
Österreich ⚑ G 5

Innenstadt | Kurze Mühren 2 |
S-/U-Bahn: Hauptbahnhof (d4) | Tel.
30 80 12 05 | www.austria-hamburg.de

Schweizerisches Konsulat 🚲 nördl. G 1

Fuhlsbüttel | Flughafenstr. 1–3 |
U-Bahn: Fuhlsbüttel Nord (c3) | www.
eda.admin.ch

Fahrradverleih

Es gibt an vielen Standorten Leihräder.
Für die Benutzung müssen Sie sich einmalig unter stadtrad.hamburg.de oder
über die App »StadtRad Hamburg« registrieren. Die erste halbe Stunde ist
gratis, der Tagessatz beträgt 12 €.
Ein weiterer Anbieter am Markt ist
Nextbike. 30 Min. kosten hier
1 €, der Tagessatz beträgt 9 €, mit der
Kundenkarte gibt es Ermäßigungen.
Die Registrierung ist online, telefonisch oder am Stationsterminal möglich. www.nextbike.de

Feiertage

1. Jan. Neujahr
Karfreitag
Ostersonntag/ Ostermontag
1. Mai Tag der Arbeit
Christi Himmelfahrt
Pfingstsonntag/Pfingstmontag
3. Okt. Tag der Deutschen Einheit
25./26. Dez. 1. und 2. Weihnachtstag

Fußball

Der HSV spielt in der Imtech-Arena
am Volkspark, der FC St. Pauli im Mil-
lerntor-Stadion.

Hamburger Sportverein (HSV) 🚲 A 1

Bahrenfeld | Stadion: S-Bahn: Stellingen
(b4) | Bus: Hellgrundweg | Ticket-Hot-
line: 0 18 05/47 84 78 | (0,12/€ min aus
dem deutschen Festnetz) | www.hsv.de

FC St. Pauli von 1910 e. V. 🚲 E 4

St. Pauli | Millerntor-Stadion | Auf dem
Heiligengeistfeld | U-Bahn: Feldstraße

(c4) | Ticket-Hotline: 0 18 05/99 77 19
(€ 0,14/min aus dem deutschen Festnetz)

Kunstmeilenpass

Der Gast ist zum Besuch aller fünf renommierten Kunsthäuser berechtigt,
die an der sogenannten Kunstmeile im
Zentrum Hamburgs liegen: Hamburger Kunsthalle, Bucerius Kunstforum,
Deichtorhallen Hamburg, Kunstverein
Hamburg und das Museum für Kunst
und Gewerbe. Der Kunstmeilenpass
gilt für 12 Monate. Kosten: 29 € (mit
Hamburg-Card: 24,50 €). www.kunst-
meile-hamburg.de

Links und Apps

LINKS

www.hamburg-tourism.de
Diese Seite ist vor allem für die Bu-
chung von Hotelpauschalen interessant.

www.hamburg.de
Das offizielle Stadtportal für die Hansestadt bietet interessante Ausflugstipps
und gute Infos auch für Hamburger.

www.hamburg-magazin.de
Viele Veranstaltungs- und Ausgeh-
tipps, Events und Shopping: übersicht-
liche Infoquelle, auch für Restaurants
und Kneipen sowie Übernachtungs-
möglichkeiten. Weiterführende Links.

www.kino-fahrplan.de
Programm aller Hamburger Kinos.

www.kultur-hamburg.de
Kalender speziell für kulturelle Veranstaltungen.

www.metropolregion.hamburg.de
Wer sich für Ausflüge aller Art in die
Umgebung von Hamburg interessiert,
findet hier gute Tipps und Vorschläge.

www.prinz.de
Auf dieser Seite gibt es aktuelle Infor-

mationen über Veranstaltungen, Gastronomie und Lifestyle in Hamburg.
www.szene-hamburg.de
Theater, Musik, Nachtleben. Aktuelle Szene-Übersicht.

APPS

Hamburg-App
Die offizielle App der Stadt, mit Kinokalender, Busfahrplänen, Parkplatzsuche, Restaurantguide. Gratis für iPhone und Android.

HafenCity-App
Wo genau steht die Elbphilharmonie? Oder der Michel? Sehenswertes, Läden und Restaurants im neuen Stadtteil HafenCity. Mit Lageplan. Gratis für iPhone und Android.

Mytaxi
Knopf drücken und schon ist das Taxi da. Mit Funktion für Sonderwünsche und Fahrerprofil. Bezahlung mit App möglich. Gratis für iPhone und Android.

Medizinische Versorgung

KRANKENVERSICHERUNG

Für Österreicher und Schweizer ist die Vorlage einer Europäischen Krankenversicherungskarte (EHIC) ausreichend. Zusätzlich empfiehlt sich der Abschluss einer Auslandskrankenversicherung, da diese Krankenrücktransporte mitversichert.

KRANKENHAUS

Asklepios-Klinik St. Georg 🚩 H 4
St. Georg | Lohmühlenstr. 5 | Tel. 1 81 88 50 | www.asklepios.com/sanktgeorg

APOTHEKEN

Apotheken sind in der Regel von 9 bis 18 Uhr geöffnet.

Internationale Apotheke 🚩 G 5
Hier können Sie auch ausländische Präparate erhalten.
Innenstadt | Ballindamm 40 | S-/U-Bahn: Jungfernstieg (c5) | Tel. 33 53 33 | Mo–Fr 8–20, Sa 8–21, So 12–18 Uhr

Nebenkosten

1 Tasse Kaffee	2,00–3,50 €
1 Bier	2,60–3,50 €
1 Alsterwasser (Radler)	2,60 €
1 Wein	3,00–5,50 €
1 Bratwurst	2,60–3,00 €
1 Fischbrötchen	1,50–3,50 €
1 Liter Normal-Benzin	1,60 €
Mietwagen/Tag	50–90 €

Notruf

Euronotruf Tel. 112
(Polizei, Feuerwehr, Rettungsdienst)

Post

Briefmarken erhält man in den Postfilialen. Eine Postkarte nach Österreich und in die Schweiz kostet 75 Cent.

Reisedokumente

Österreicher und Schweizer können mit einem gültigen Reisepass oder Personalausweis einreisen. Kinder benötigen ein eigenes Ausweisdokument.

Reisewetter

Das Hamburger Klima ist besser als sein Ruf. Es wird durch ozeanische Einflüsse bestimmt. Die Winter sind in der Regel mild; die langjährige Durchschnittstemperatur im Januar beträgt 0 °C. Wärmster Monat ist der Juli mit einem Mittelwert von 22 °C, nur an durchschnittlich 13 Tagen im Jahr steigt die Temperatur über 25 °C. Die jährliche Niederschlagsmenge erreicht mit

714 mm etwa die Werte von Trier oder Stuttgart. Dank der beständigen Meereswinde ist die Luft recht gut.

Stadttouren
MIT DEM BUS

Es bietet sich Ihnen eine Vielzahl von Möglichkeiten, Hamburg per öffentlichen wie auch privaten Bussen zu erkunden. Etwa bei einer Fahrt mit den roten Doppeldeckerbussen – hier können Sie einfach dort aus- oder umsteigen, wo es Ihnen gefällt.

Haltestelle für alle Rundfahrten ⚑ H 5

St. Georg | Kirchenallee beim Hauptbahnhof | S-/U-Bahn: Hauptbahnhof (d4/d5) | www.die-roten-doppeldecker.de | www.hamburg.de/Stadtrundfahrt

MIT DEM SCHIFF AUF DER ALSTER
Alster-Kreuzfahrt
Dauer 45 Min., April–Sept. tgl. 10.15–17.15 Uhr stdl.

Alster-Rundfahrt
Dauer ca. 1 Std., April–Okt. tgl. 10–18 Uhr alle 30 Min.

Fleet-Fahrt
Dauer 2 Std., April–Okt. tgl. 10.45, 13.45, 16.45 Uhr

Kanal-Fahrt
Dauer 2 Std., Mai–Sept. tgl. 9.45, 11.45, 12.45, 14.45, 15.45, 17.45 Uhr

Vierlande-Fahrt
Mit dem Schiff elbaufwärts durch Hamburgs üppig bestellten Gemüsegarten bis in den Bergedorfer Hafen.
Dauer 3 Std., Mai–Sept. Mi–So 10.15 Uhr ab Jungfernstieg (c5) | S-/U-Bahn: Jungfernstieg | 14 Uhr ab Bergedorf

Abfahrt für alle Rundfahrten ⚑ G 5

Innenstadt | Anleger Jungfernstieg | S-/U-Bahn: Jungfernstieg (c5) | www.alstertouristik.de

MIT DEM SCHIFF DURCH DEN HAFEN
Große Hafenrundfahrt

In der kalten Jahreszeit sind die Schiffe beheizt. Gastronomie an Bord – kein Verzehrzwang.

St. Pauli | St.-Pauli-Landungsbrücken, Brücke 2 oder 6 | www.hamburg.de/hafenrundfahrt | S-/U-Bahn: Landungsbrücken (b5) | Erwachsene 18 €, Kinder

Klima (Mittelwerte)

	Januar	Februar	März	April	Mai	Juni	Juli	August	September	Oktober	November	Dezember
Tagestemperatur	2	3	7	13	17	21	22	22	19	13	7	4
Nachttemperatur	-3	-2	0	3	7	10	12	12	9	6	2	-1
Sonnenstunden	2	2	4	6	7	7	7	6	6	3	2	1
Regentage pro Monat	12	10	8	10	10	10	12	12	10	11	11	11

(4–16 Jahre) 9 € | Die Rundfahrt dauert eine Stunde, Abfahrten täglich zwischen 11 und 16 Uhr, meist stdl., November bis März letzte Abfahrt ca. 15/ 15.30 Uhr.

Maritime Circle Line

Die Barkassenfahrt im Hafen verbindet in 90 Min. Hamburgs maritime Sehenswürdigkeiten miteinander. Das bedeutet: Für einen Fahrpreis von 16 € (2 Kinder bis 6 Jahre sind frei) können Sie ab Landungsbrücken über die Speicherstadt, HafenCity, das Internationale Maritime Museum, das Hafenmuseum und BallinStadt zurück zum Ausgangspunkt schippern – überall mit der Möglichkeit eines Zwischenstopps.

Neuerdings halten die Barkassen auch am Spreehafen im Stadtteil Wilhelmsburg (Reiherstiegviertel), bevor sie die BallinStadt auf der Veddel erreichen. St. Pauli | St.-Pauli-Landungsbrücken, Brücke 10 | Tel. 28 49 39 63 | www. maritime-circle-line.de | ab April tgl. 10, 12, 14 und 16, Nov.–März nur Sa, So 12, 14 und 16 Uhr

MIT DEM SCHIFF AUF DER NIEDERELBE

Von der City über Blankenese bis ins Alte Land

Am Museumshafen Oevelgönne vorbei, am Anleger Teufelsbrück, an Blankenese mit seinen weißen Villen und dem Restaurant Süllberg in Richtung Altes Land – nichts ist schöner als eine Hamburg-Tour auf dem Wasserweg an Deck eines HADAG-Dampfers. HADAG-Seetouristik und Fährdienst | St. Pauli | St.-Pauli-Landungsbrücken, Brücke 2 | Linie 62 | S-/U-Bahn: Landungsbrücken (b5) | Dauer: bspw. City bis Finkenwerder ca. 40 Min. | 1. April– 3. Okt. Sa, So und feiertags 10, 14.30 Uhr |

St.-Pauli-Landungsbrücken

Ein Erlebnis für die Sinne! An Hamburgs berühmtem Wasserbahnhof legen Barkassen und Fähren an und ab, hier tuckern Schuten und Fischerboote vorbei, und über allem kreisen kreischend die Seemöwen (▶ S. 15).

Hin- und Rückfahrt 13 €, Kinder (4–15 Jahre) halber Preis

ZU FUSS

Historische Führungen bieten das Museum der Arbeit und der Museumspädagogische Dienst.

Museum der Arbeit　　　　 K 1

Neustadt | Wiesendamm | S-/U-Bahn: Barmbek (d4) | Tel. 4 28 13 30

Museumspädagogischer Dienst　　 G 5

Innenstadt | Glockengießerwall 5 A | S-/U-Bahn: Hauptbahnhof (d5/d5) | Tel. 4 28 13 10 | Mo–Fr 9–16.30 Uhr

Taxi

In Hamburg gibt es rund 3500 Taxen. Der Grundbetrag auf dem Taxameter beträgt 2,90 €, danach gelten gestaffelte Kilometerpreise. Wenn es eilt, bestellt man am besten über eine der Funktaxi-Zentralen. Meist kann man nach Voranmeldung mit Kreditkarte zahlen.

Hansa Taxi
Tel. 21 12 11
Taxi Hamburg
Tel. 66 66 66

Telefon

VORWAHLEN

A, CH ▶ Deutschland 00 49
Deutschland ▶ A 00 43
Deutschland ▶ CH 00 41
Hamburg 0 40

Theater- und Konzertkassen

Theaterkasse Schumacher 🔖 G 5
Tickets zu allen Veranstaltungen, von
Klassik über Oper, Musical, Theater,
Pop, Kunst bis zum Sport.
Innenstadt | Kleine Johannisstr. 4 |
U-Bahn: Rathaus (c5) | Tel. 34 30 44 |
www.tk-schumacher.de | Mo–Fr 10–18, Sa
13 Uhr

Tiere

Hunde und Katzen aus Österreich und
der Schweiz benötigen zur Einreise von
ihrem Tierarzt einen EU- bzw. Schweizer Heimtierausweis mit Nachweis einer Tollwutprüfung. Das Tier muss
außerdem per Mikrochip identifizier-
bar sein. Für Schweizer Hunde und
Katzen ist zusätzlich eine Gesundheits-
bescheinigung nötig.
In ganz Hamburg gilt für Hunde die
allgemeine Anleinpflicht. Eine Befrei-
ung ist möglich beim Nachweis einer
geeigneten Prüfung (Hundeführer-
schein, Begleithundeprüfung o. Ä.).
Infos zu Auslaufzonen unter www.
hamburg.de/hundeauslaufzonen

Verkehr

HAMBURG CARD

Das preiswerte und praktische Entde-
cker-Ticket ermöglicht freie Fahrt mit
den öffentlichen Verkehrsmitteln im
Großbereich Hamburg, auch, passend
zur Stadt am Wasser, mit den Hafenfähren. Hamburg-Besucher erhalten
außerdem bis zu 50 % Ermäßigung bei
über 130 Sehenswürdigkeiten und Ra-
batt bei Restaurants, Souvenirs und
beim Einkauf – günstiger geht es kaum.
Man kann die Hamburg CARD bei den
Tourist Informationen (Hbf, Hafen,
Flughafen), an den Fahrkartenautoma-
ten des Hamburger Verkehrsvereins
(HVV), in den Reisebüros und in vielen Hotels erwerben. Eine Tageskarte
für eine Person kostet 9,50 € (der Kar-
teninhaber kann bis zu drei Kinder unter 14 Jahren mitnehmen). Es gibt zudem Mehrtageskarten (3 Tage 22,90 €)
und Gruppentickets, max. fünf Personen (1 Tag 15,50 €, 3 Tage 39,90 €,
5 Tage 64,90 €).

ÖFFENTLICHE VERKEHRSMITTEL

Hamburgs öffentlicher Nahverkehr ist
übersichtlich organisiert – am besten,
Sie besorgen sich gleich bei der Ankunft am Flughafen oder Bahnhof einen Plan des Hamburger Verkehrsver-
bundes (HVV). Rund 170 Stadt- und
Regionalbuslinien, 7 Schnellbuslinien,
4 Eilbuslinien, 9 Hafenlinien, 16 Nacht-
buslinien und vor allem 15 Schnell-
bahnlinien (S- und U-Bahn) mit einem
Streckennetz von rund 2080 km bringen die Verkehrsteilnehmer an fast jeden Punkt der Hansestadt.
Für alle Verkehrsmittel gilt der HVV-
Gemeinschaftstarif. Alle angeschlosse-
nen Verkehrsmittel können mit einem
Fahrschein benutzt werden, der auch
zum Umsteigen berechtigt. Die Fahr-
preise sind an allen Haltestellen sowie
bei den Schnellbahnen an den Fahr-
kartenautomaten angegeben. Für Ein-
zelfahrten gibt es vier Preisstufen:
Kurzstrecke 1,50 €, Nahbereich 2 €,
Großbereich Hamburg 3 €, Gesamt-

bereich 8,20 €. Der Zuschlag für die Benutzung der 1. Klasse sowie der Schnellbusse kostet 1,80 €.

Für Touristen sind die 9-Uhr-Karten – als Tageskarten für Einzelpersonen oder als Familienkarte für einen Erwachsenen und drei Kinder erhältlich – besonders günstig, weil sie beliebig viele Fahrten während des ganzen Tages (montags bis freitags ab 9 Uhr, Sa, So ganztägig) ermöglichen. Mit der Tageskarte für 5,90 €, die für den Großbereich Hamburg gilt (Gesamtbereich 15, 60 €), kann man fast alle Ausflugsorte erreichen.

Sie können die Fahrkarten an allen Schnellbahnhaltestellen über Automaten oder auch direkt bei den Busfahrern erhalten. Nähere Auskünfte erteilt die Tourist-HVV-Information im Hauptbahnhof oder der HVV (Tel. 1 94 49, tgl. 7–20 Uhr). Menschen mit Mobilitätseinschränkung finden unter dem Stichwort »Mobilität für alle« hilfreiche Infos unter www.hvv.de.

Zeitungen und Zeitschriften

Die lokalen Tageszeitungen sind das »Hamburger Abendblatt« und die »Morgenpost«. Die monatlich erscheinenden Stadtmagazine »Oxmox« und »Szene Hamburg« liefern aktuelle Veranstaltungsinformationen.

Zoll

Reisende aus Österreich dürfen Waren abgabenfrei mit nach Hause nehmen, wenn diese für den privaten Gebrauch bestimmt sind. Es gelten bestimmte Richtmengen (z.B. 800 Zigaretten, 90 l Wein, 10 kg Kaffee). Weitere Auskünfte unter www.zoll.de und www.bmf.gv.at/ zoll. Reisende aus der Schweiz dürfen Waren im Wert von 300 sFr abgabenfrei mit nach Hause nehmen, wenn diese für den privaten Gebrauch bestimmt sind. Tabakwaren und Alkohol bleiben in bestimmten Mengen abgabenfrei (z. B. 200 Zigaretten, 2 l Wein). Weitere Auskünfte unter www.zoll.ch.

Entfernungen (in Minuten) zwischen wichtigen Sehenswürdigkeiten
*mit öffentlichen Verkehrsmitteln

	Blankenese	Hauptbahnhof	Jungfernstieg	Övelgönne	Rathaus	Reeperbahn	Speicherstadt	St. Michaelis	St.-Pauli-Landungs-brücken	Tierpark Hagenbeck
Blankenese	–	30*	25*	120*	30*	180	25*	25*	20*	30*
Hauptbahnhof	30*	–	15	35	15	45	20	35	45	20*
Jungfernstieg	25*	15	–	35*	5	40	15	15	35	15*
Övelgönne	120	35*	35*	–	30*	60	30*	120	105	30*
Rathaus	30*	15	5	30*	–	40	10	15	25	20
Reeperbahn	180	45	40	60	40	–	15*	25	20	20*
Speicherstadt	25*	20	15	30*	10	15	–	30	40	20*
St. Michaelis	25*	35	15	120	15	25	30	–	10	25*
St.-Pauli-Landungsbrücken	20*	45	35	105	25	20	20	10	–	20*
Tierpark Hagenbeck	30*	20*	15*	30*	20*	20*	20*	25*	20*	–

ORTS- UND SACHREGISTER

Wird ein Begriff mehrfach aufgeführt,
verweist die **fett** gedruckte Zahl auf die Hauptnennung.
Abkürzungen: Hotel [H] · Restaurant [R]

Aktivitäten und Wellness 33, **52**
Albers, Hans 84, 86, 127
Alster [MERIAN TopTen] 6, 12, 22, 42, 47, 48, 49, 52, 58, **60**, 61, 108, 119, 128, 170, 178
Alsterarkaden 34, 58, **59**
Alsterhaus 34, 59, **69**
Alsterkanalfahrt **52**, 182
Alsterpavillon 59, 62, **68**
Alsterpark **14**, 109, 112
Alsterschwimmhalle 120
Alstervergnügen 48
Alt Hamburger Aal- speicher [R] 66
Alter Elbtunnel **133**, 160, 170
Altes Land **164**, 183
Altes Mädchen [R] 17, **94**
Altonaer Balkon **101**, 155
Altonaer Museum 104, **145**
Altonaer Perlenkette 13, 106
Anreise 178
Antiquitäten 35, 89
Atlantic [H] 22, 118, 123
Auberge [R] 110
Auktionen 114
Au Quai [R] 14, 106
Auskunft 178
Auswandererhafen Hamburg 140
Auswanderermuseum BallinStadt 15, **140**, 143, 183
Außen Alster Hotel [H] 23

Bach, Carl Philipp Emanuel 12, 44, 47, 64, 174
Ballett 9, 38, 40, 42, 48
Ballin, Albert 82, 140
BallinStadt 15, 140, **143**, 183
Baracca [R] 76
Bars, Clubs, Diskotheken 69, 90, 106, 115
Bauprojekt HafenCity 81
Beachclub 97
Bei der Esplanade [H] 23
Bevölkerung 170
Bismarck-Denkmal 85
Blankenese [MERIAN Top Ten] 14, **133**, 160, 183
Börse 60
Bootsvermietung 178
Borchert, Wolfgang 44, 116, 126
Brahms, Johannes 17, 148, 151
Bucerius Kunst Forum 28, 65, **145**, 180
Buchtipps 179
Bullerei [R] 94
Bungee HafenCity 76
Buxtehude 165
Brunch im Stillen 74
Bücher 34, 69, 115, 124
Byntze 1318 [R] 120

Café Paris [R] 27
Café Schöne Aussichten 113
Cafés 28, 68, 78, 88, 96, 105, 112, 123
Cap San Diego [Museums- frachter] 23, 57, **85**

Carls [R] **76**, 82
Casse-Croûte [R] 27
Chilehaus 32, **60**, 62, 176
Chilli Club [R] 77
Christianskirche 101, 155
Coast [R] 77
Cornelia Poletto [R] 110
Cox [R] 121
Cruise Center 82, **83**
Cuneo [R] 88
Cyclassics 48

Daniel Wischer [R] 66
Dammtor-Bahnhof **61**, 178
Das weiße Haus [R] 104
Deichstraße 62
Deichtorhallen Hamburg 65, 66, **146**, 180
Deutsches Schauspielhaus **40**, 45, 119, 126, 168
Deutsches Zollmuseum 65, **146**
Dialog im Dunkeln 74
Die Bank [R] 27
Die Boutique [R] 122
Diplomatische Vertretungen 179
Dockland **102**, 155

East [H, R] 22, 85, **88**, 91
Einheimische empfehlen 56
Einkaufen 32, **34**, 69, 78, 89, 97, 106, 114, 124
Einkaufspassagen 8, 27, 34, 59
Eisenstein [R] 104
Elbchaussee 15, 58, **102**, 155

Der Michel.
Das Wahrzeichen Hamburgs.

St. Michaelis

Turm

Der Turm mit der unverwechselbaren Kupferhaube ist das Wahrzeichen Hamburgs, der „Michel". Genießen Sie den einmaligen Blick von Hamburgs schönstem Aussichtspunkt auf Stadt und Hafen – 106 Meter über der Elbe.

Kirche

Lassen Sie sich faszinieren vom Innenraum der bedeutendsten Barockkirche Norddeutschlands. Ein Kirchenraum mit Platz für mehr als 2.500 Menschen, mit einem Altar mit einer Höhe von 20 Metern, mit drei historischen Orgeln und der „unsichtbaren" Orgel, dem Fernwerk in 27 Meter Höhe.

Krypta

Besuchen Sie die weltweit einzigartige Krypta, zwei Ausstellungen mit Geschichte der Kirche und Grabfunden aus der Krypta. Erleben Sie hier eine spannende Zeitreise durch mehr als 1.000 Jahre bewegte Geschichte Hamburgs und seiner fünf Hauptkirchen. DVD, Dauer: 30 Minuten

Öffnungszeiten

Mai bis Oktober: täglich   9:00 - 19:30 Uhr
November bis April: täglich 10:00 - 17:30 Uhr

Hauptkirche St. Michaelis

Englische Planke 1, 20459 Hamburg
Telefon: (040) 3 76 78 - 0, Telefax: (040) 3 76 78 - 310
info@st-michaelis.de, www.st-michaelis.de

Tickets, Musik-CDs, Bücher, Schmuck und Souvenirs finden Sie im MichelShop.

www.michelshop.de

Elbe 8, 47, 60, 80, 102, 133, 134, 137, 154, 160, 164, 170, 172
Elbfähre 164, 182
Elbinseln 15, 27, 161, 124, 160, 164, 177
Elbjazz 18, 39, **91**
Elbmündung 8, 170, 173, 175
Elbphilharmonie [MERIAN TopTen] 9, 19, 40, **74**, 82, 181
Elbsegler 35
Elbuferwanderweg 154
Empire Riverside [H] 23
Ernst-Barlach-Haus **146**, 158
Essen und Trinken 14, 17, 26, 31, 51, 52, 66, 76, 88, 94, 104, 110, 120, 126
Estebrügge 164

Fabrik 36, 39, **106**
Fahrradverleih 180
Falkensteiner Ufer und Römischer Garten 134
Feiertage 180
Feuerschiff 91
Fillet of Soul [R] 66
Filmhauskneipe [R] 104
Fischauktionshalle [R] 51
Fischereihafen Altona 28, 155
Fischereihafen-Restaurant [R] 28
Fischmarkt St. Pauli 36, **51**
Fischmarkt [R] 88
Fleetinsel 13, 59, 66, 144
Frau Hedis Tanzkaffee 18, **90**
Freihafen 10, 72, 81, 176
Fritzhotel [H] 24
Fußball 180

Galerie der Gegenwart 144, **146**
Galerien 13, 59, 65, 66, 110, 144, **152**
Gängeviertel **62**, **72**, 164
Gänsemarkt 8, 35, 44, 46, 176
Geschichte 42, 62, 81, 140, 155, 172
gestern & heute 192
Gosch im Café Keese [R] 88
Großneumarkt 59
Gründgens, Gustaf 9, 40, **45**

Händel, Georg Friedrich 43
Hafen 6, 8, 10, 18, 24, 39, 47, 51, 52, 56, 62, 72, 80, **86**, 91, 100, 102, 131, 133, 134, 135, 140, 147, 151, 155, 172, 182
HafenCity [MERIAN TopTen] 9, 19, 56, **73**, 80, 148, 160, 177, 181
Hafengeburtstag 47, 173
Hafenmuseum 183
Hafenradweg 160
Hafenrestaurants 27, 28, 32, 76
Hafenrundfahrt **182**, 184
Hafenviertel 26, 35
Hamburg Dungeon 74
Hamburger Dom [Volksfest] 7, **47**, 75, 93
Hamburger Kammerspiele 44, **116**
Hamburger Kunsthalle [MERIAN TopTen] 14, 28, 51, 144, **146**, 180
Hamburgische Staatsoper **40**, 42, 48
Hamburgisches Museum für Völkerkunde 24, 114, **147**
Hamburgmuseum 28, 65, **147**

Hamburgs Bühnen 42
Hans-Albers-Platz 86
Hanseatensport 128
HAPAG 82, **140**
Harbour Front Literaturfestival 39, **52**
Harrys Hafenbasar 78
Heiligengeistfeld 7, 47, 93, 98, 180
Heine, Heinrich 9, 58, 62, 158, 176
Heine, Salomon 58, 158
Hein-Köllisch-Platz 86
Heinrich-Heine-Denkmal 58
Helgoland 166
Henssler & Henssler [R] 104
Herbertstraße 86
Hin & Veg [R] 31
Hirschpark 15, **160**
Hoffski Hausgemachtes [R] 31
Holthusenbad 52
Hotel am Museum [H] 24
Hotel Hafen Hamburg [H] **24**, 89
Hotel Speicherstadt [H] 24
Hummer-Pedersen [R] 88
Hygieia-Brunnen 12, 64

IndoChine [R] 104
Internationales Maritimes Museum Hamburg 76, **148**
Internationales Musikfest Hamburg 19, **79**
Isemarkt 37, 115

Jacobs Restaurant [R] **51**, 159
Jaipur [R] 122
Jenisch-Haus 148, 158
Jenisch-Park 148, **158**
Johannes-Brahms-Museum 65, **148**

Jork 164

Jüdischer Friedhof Altona 102

Jungfernstieg 7, 34, 59, 60, **62**

Juwelier [R] 94

Kaffeeverkostung 51

Kampnagel 39, **40**, 48

Kapitäns-Brunch 51

Kinos 70, 98, 115, 124

Kneipen 59, 86, 101, 109, 113

Köhlbrandbrücke **135**, 155

Kontorhausviertel 62

Kosmetik 106, 115

Kleiner Speisesaal [R] 122

Klopstock, Friedrich Gottlieb 101, 155, 174

Krameramtsstuben [R] 66

Kreuzfahrtterminals 82, 83

Küchenwerkstatt [R] 122

Kulinarisches 13, 32, 36, 51, 69, 115, 124

Kultur und Unterhaltung 18, 38, 52, 70, 79, 90, 98, 106, 115, 124

Kulturzentren 71, 91, 92, 101, 106, 125

Kunstmeilenpass 180

Kunstverein 65, 146, **148**, 180

KZ-Gedenkstätte Neuengamme 136

Lage und Geografie 170

Laeiszhalle [Musikhalle Hamburg] 9, 39, **40**, 148

La Mirabelle [R] 112

La Monella [R] 112

Landhaus Walter [R] 123

Leaf [R] 105

Le Canard Nouveau [R] 28

Lessing, Gotthold Ephraim 8, 44, 164, 174

Lessing-Denkmal 8, 44

Lichtwark, Alfred 14, 120, 145, 146

Liebermann, Max 14, 51, 147, 159

Links und Apps 180

Literaturhaus [R] 25, 52, **126**

Lokal 1 [R] 18, 94

Loki Schmidt Haus 17, **149**

Love It Green 32

Lühmanns [R] 31

Märkte 36, 51, 78, 101, 115, 125, 134, 160

Marinehof [R] 13, 66

Mahler, Gustav 40, 43

Manufactum 32

Man Wah [R] 88

Maygreen 32

Mellin-Passage 34

Medizinische Versorgung 181

Michel [St. Michaelis] [MERIAN TopTen] 9, 13, 17, 39, 47, **64**

Mikawa Restaurant [R] 94

Mode 32, 34, 70, 79, 97, 115, 124

Moschee 120

Miniatur Wunderland [Modelleisenbahn] 9, **75**

Museen 17, 47, 65, 76, 87, 104, 110, **144**

Museum der Arbeit 65, **149**, 183

Museum für Kunst und Gewerbe 28, 65, 117, 124, 145, **150**, 180

Museums-Cafés 28

Museumsfrachter Cap San Diego 23, 57, **85**

Museumshafen HafenCity 78

Museumshafen Oevelgönne 104, **150**, 157

Museumsschiff »Rickmer Rickmers« 87

Musical 38, 41, 57, 81, 91, 93, 107, 183

Musik 13, 18, 19, 39, 40, 42, 47, 64, 79, 82, 98, 106, 117, 120, 124, 126, 165

Nachtasyl 19, **71**

Nationalpark Hamburgisches Wattenmeer 33

Naturschutzgebiet Heuckenlock 161

Naturwissenschaftliche Museen der Universität 110, **150**

Nebenkosten 181

Nello [R] 66

Neue Flora 107

Neuenfelde 165

Neumeier, John 38, 40, 42, 48

Neuwerk 33

Nil [R] 32

Nochtspeicher 19, **91**

Notruf 181

Oberhafenkantine [R] 77

Ökotel Hamburg [H] 31

Övelgönne [MERIAN TopTen] **102**, 157

Off-Club [R] 28

Ohlsdorfer Friedhof **14**, 45, 137

Ohnsorg-Theater 40

Oper 9, 38, 42

Osteria due [R] 112

Palmaille **102**, 155

Parlament [R] 66

Panoptikum 87, **150**

Park Fiction 87

Peterstraße 17, **62**, 151

Petit Bonheur [R] 18, **67**

Piment [R] 29

Planetarium 53, 57

Planten un Blomen – Alter Botanischer Garten 110

Plat du jour [R] 67

Politik und Verwaltung 171

Portonovo [R] 112

Post 181

Puppenmuseum Falkenstein 151

Rathaus 7, 12, 34, 58, **63**, 64

Rathaus Altona 100, **103**

Rathaus Jork 164

Rathausmarkt 7, 9, 46, 58

Reeperbahn [MERIAN TopTen] 39, 75, **85**

Reiherstiegviertel 160, 183

Reisedokumente 181

Reisewetter 181

Religion 171

Rexrodt [R] 123

Rialto [R] 67

Rote Flora 92

Royal Méridien [H] 22

RuBios Bio-Delikatessen 32

Saliba [R] 67

Schanzenstern [R] 95

Schiffsbegrüßungsanlage Willkommhöft 137

Schlachterbörse [R] 95

Schmidt, Helmut 116

Schmidt, Loki 17, **149**

Schmidt Theater **41**

Sgroi [R] 112

Shalimar [R] 67

Side [H] 24

Spaziergang am Elbuferwanderweg 154

Speicherstadt [MERIAN TopTen] 9, 29, 51, **72**, 81

Speicherstadtmuseum 51, 73, **151**

Spicy's Gewürzmuseum 73, **151**

Sprache 171

St. Jakobi 64

St. Katharinen 64

St. Martin [Estebrügge] 164

St. Matthias [Jork] 164

St. Michaelis [Michel] [MERIAN TopTen] 9, 13, 17, 47, **64**

St.-Nikolai-Turm 65

St. Pankratius [Neuenfelde] 165

St. Petri 65

St.-Pauli -Landungsbrücken 15, 49, 81, 133

St. Pauli Museum e.V. 87

Stade 165

Stadtplan 53, 57, **120**, 126

StadtRad Hamburg 33

Stadttouren 182

Stage Theater im Hafen 41

Störtebeker-Denkmal 76

Strandperle [R] 157

Süllberg 133, **160**

Talmud-Tora-Schule 130

Tanz 38, 40, 42, 48

Taxi 183

Teehaus »Hamburg Yu Garden« 114

Telefon 184

Telemann, Georg Philipp 17, 43, **151**, 174

Telemann-Museum 17, 151

Teufelsbrück 158

Thalia Theater 19, **41**

Thalia in der Gaußstraße 41, **107**

Theater 9, 38, 42, 48, 71, 91, 107, 116, 126

Theater- und Konzertkassen 184

The George [H] 22, **25**

Tiere 184

Tierpark Hagenbeck [MERIAN TopTen] 85, **137**

Treppenviertel Blankenese 14, **134**, 160

Tschebull [R] 68

Übernachten **22**, 31

Universität für Baukunst und Metropolentwicklung 76

Veddel 143

Verkehr 184

Vienna [R] 96

Vier Jahreszeiten [H] 8, 22, 59, 68

Vlet [R] 32

Volkspark 104

Warburg, Max 137

Wedina [H] 25

Witthüs [R] 15, 160

Wilhelmsburg 138, 139

Wirtschaft 171

Wohnen 37, 79, 90, 98, 115

Zeitungen und Zeitschriften 185

Zoll 185

Zum Schiffchen [R] 76

HAMBURG GESTERN & HEUTE

Ein Bummel über den Hamburger **Jungfernstieg** (▶ S. 62) konnte im Jahr 1904 (oben) weitreichende Folgen haben: Auf der Flaniermeile führten gut betuchte Familien sonntags ihre ledigen Töchter spazieren – mit etwas Glück fand sich der passende Bräutigam. Heute ist der Prachtboulevard im Herzen der Stadt immer noch ein guter Platz, um gesehen zu werden. Und vor allem wunderbar geeignet, um bei einem Kaffee im Alsterpavillon, dem »Alex« (unten), die Binnenalster zu genießen.

Liebe Leserinnen und Leser,

vielen Dank, dass Sie sich für einen Titel aus unserer Reihe MERIAN *momente* entschieden haben. Wir wünschen Ihnen eine gute Reise. Wenn Sie uns nun von Ihren Lieblingstipps, besonderen Momenten und Entdeckungen berichten möchten, freuen wir uns. Oder haben Sie Wünsche, Anregungen und Korrekturen? Zögern Sie nicht, uns zu schreiben!

Alle Angaben in diesem Reiseführer sind gewissenhaft geprüft. Preise, Öffnungszeiten usw. können sich aber schnell ändern. Für eventuelle Fehler übernimmt der Verlag keine Haftung.

© 2015 TRAVEL HOUSE MEDIA
GmbH, München
MERIAN ist eine eingetragene Marke der
GANSKE VERLAGSGRUPPE.

TRAVEL HOUSE MEDIA
Postfach 86 03 66
81630 München
merian-momente@travel-house-media.de
www.merian.de

BEI INTERESSE AN MASSGESCHNEIDERTEN MERIAN-PRODUKTEN:
Tel. 0 89/4 50 00 99 12
veronica.reisenegger@travel-house-media.de

BEI INTERESSE AN ANZEIGEN:
KV Kommunalverlag GmbH & Co KG
Tel. 0 89/9 28 09 60
info@kommunal-verlag.de

1. Auflage

VERLAGSLEITUNG
Dr. Malva Kemnitz
REDAKTION
Susanne Kronester
LEKTORAT
Andrea Mertes
BILDREDAKTION
Lisa Grau
SCHLUSSREDAKTION
Ulla Thomsen
HERSTELLUNG
Bettina Häfele, Katrin Uplegger
SATZ/TECHNISCHE PRODUKTION
Sabine Dohme, Planegg bei München
REIHENGESTALTUNG
Independent Medien Design, Horst Moser, München (Innenteil), La Voilà, Marion Blomeyer & Alexandra Rusitschka, München und Leipzig (Coverkonzept)
KARTEN
Gecko-Publishing GmbH für MERIAN-Kartographie
DRUCK UND BINDUNG
Firmengruppe APPL, aprinta Druck, Wemding

Ein Unternehmen der
GANSKE VERLAGSGRUPPE

PEFC/04-32-0928